SOUS-OFFICIER ARMÉE DE TERRE – AIR ET ESPACE – MER

Nouvelle édition, revue et corrigée

Marc DALENS

Ouvrage dirigé par Laurence BRUNEL

W0210174

GROUPE
Studyrama

Le groupe Studyrama,
partenaire de votre avenir.

En tant qu'acteur référent du monde de l'orientation et de l'aide à la réussite aux examens et aux concours, notre vocation est de vous accompagner et de vous conseiller tout au long de votre parcours étudiant et professionnel.

Convaincus que la formation est la clé de votre employabilité, nous avons créé un écosystème pertinent pour vous aider dans les décisions déterminantes pour votre avenir.
• Chaque année, nos 140 salons permettent à plus de 500 000 jeunes de trouver la formation et l'établissement qui les mèneront vers la réussite.
• 4,5 millions de lycéens, étudiants et professionnels trouvent chaque mois, sur nos sites web et applis, les réponses à leurs questions grâce à des contenus d'experts sur l'orientation, la formation, les révisions, l'évolution de carrière, l'efficacité professionnelle...
• Nos ouvrages, rédigés par les meilleurs spécialistes, facilitent le choix d'orientation de nos lecteurs et apportent un soutien efficace dans la préparation des concours et des examens.
• Le service d'accompagnement sur-mesure de notre réseau de conseillers d'orientation tonavenir.net guide des milliers de jeunes afin qu'ils trouvent la voie du succès.

Notre démarche est fondée sur trois objectifs majeurs : fournir une information de qualité et actualisée, créer les rencontres décisives pour votre évolution et vous offrir les meilleurs conseils d'experts et services personnalisés.

Et comme c'est ensemble que nous avançons, nous sommes à votre écoute permanente pour optimiser nos produits et nos offres, afin d'être le partenaire de votre avenir à chaque étape de votre vie !

Pour découvrir l'univers de Studyrama :
Le site référent de l'orientation : studyrama.com
L'agenda de nos 140 salons : studyrama.com/salons
Nos conseillers d'orientation dans toute la France : tonavenir.net
Nos maisons d'édition : librairie.studyrama.com

Pour nous contacter : info@studyrama.com

AVANT-PROPOS

Les métiers de la défense ont indéniablement le vent en poupe. Malgré la crise actuelle et les réductions de postes dans la fonction publique, l'armée continue de recruter. Plusieurs milliers de postes sont ainsi proposés aux candidats des différents recrutements de sous-officiers de l'armée de terre, de l'armée de l'air et de l'espace et de la marine nationale (officiers mariniers). Attirés par la soif d'action, l'envie de nouveaux horizons, le respect des valeurs authentiques, le désir de ne pas tomber dans un métier routinier et - pourquoi le dissimuler ? - des rémunérations attractives, de nombreux candidats sont présents chaque année.

Ce manuel, complet et structuré en trois parties, favorise la connaissance du secteur, propose une préparation approfondie ainsi qu'un entraînement personnalisé permettant de s'exercer dans les conditions des recrutements des sous-officiers des trois armées.

Ainsi, la première partie de ce manuel est consacrée à une présentation de l'armée française, ainsi que du parcours de recrutement et des perspectives de carrière de sous-officier.

Dans une deuxième partie, les tests de recrutement et d'évaluation seront détaillés et vous pourrez vous entraîner à l'aide de nombreux exercices. Tous les types de tests seront repris : tests psychotechniques, de personnalité, de français, de mathématiques, d'anglais et de sport.

La dernière partie comprendra une présentation approfondie des entretiens. La manière de se présenter, de se comporter et de répondre au jury fera l'objet de développements importants. Enfin, des rappels de culture générale vous seront également utiles.

Nous terminerons par quelques recommandations aux candidats ;

- soyez régulier dans votre travail et fixez-vous des objectifs de préparation compatibles avec vos obligations ;
- entraînez-vous à toutes les épreuves, sans en négliger une seule ;
- tenez-vous informé de l'actualité.

Bon courage dans votre travail et bonne chance à tous !

PARTIE I
Présentation du parcours de recrutement et de l'armée française 9

1| Les conditions de recrutement de l'armée (terre, air et espace et marine) 11
- Les conditions à remplir 11
- Les qualités attendues 11

2| Le parcours de recrutement 12
- Étape 1 : étape d'entretien 12
- Étape 2 : phase des évaluations 13
- Étape 3 : phase d'orientation 14
- Étape 4 : phase de commission 15
- Étape 5 : signature du contrat 15

3| Les perspectives de carrière 16
- Le parcours professionnel dans l'armée de terre 16
- Le parcours professionnel dans l'armée de l'air et de l'espace 17
- Le parcours professionnel dans la marine nationale 18
- Les perspectives d'évolution 19
- La rémunération 19
- La reconversion 20

4| Présentation de l'armée française 21
- Présentation de l'armée de terre 21
- Présentation de l'armée de l'air et de l'espace 22
- Présentation de la marine nationale 23
- Le rôle de l'armée dans la France d'aujourd'hui 23

5| Les grades de l'armée 27

6| Le code du soldat 30

PARTIE II
Les tests de recrutement et d'évaluation 31

1| Les tests psychotechniques 33
- S'entraîner aux tests de logique 33
- Les principales logiques des tests 34
- Exercices 58
- Corrigés 75

2| Les tests de personnalité 109
- Les critères psychologiques 109
- Découvrir sa personnalité 111
- Évaluer ses qualités et ses défauts 111
- Exemples de questions de personnalité 113

3| Les tests de français 115
- Préparer les tests de français 115
- Rappels de français 116
- Exercices 138
- Corrigés 166

4| Les tests de mathématiques 196
- Quelques rappels de mathématiques 196
- Exercices 203
- Corrigés 214

5| Le test d'anglais 232
- Conseils et préparation au test d'anglais 232
- Auto-évaluation en anglais 232

6| Les tests sportifs 259
- Présentation des tests 259
- Conseils d'entraînement 260

PARTIE III

Les entretiens de recrutement et d'évaluation 263

1| La manière de se présenter 266

- L'apparence physique 266
- La prestance 269

2| L'entretien de recrutement dans l'armée 272

- La logique de l'entretien de recrutement 272
- Le déroulement de l'entretien avec le jury 272
- Préparer une présentation devant le jury 272
- Se présenter au jury le jour J 274
- Répondre aux questions du jury 274

3| Les questions du jury 276

- Comment répondre aux questions du jury 276
- Les questions ouvertes et les questions fermées 277
- Les questions portant sur le parcours du candidat 278
- Les questions portant sur les loisirs et les centres d'intérêt du candidats 280
- Les questions liées à la personnalité du candidat et à ses expériences personnelles 281
- Les questions portant sur les motivations du candidat 281
- Les questions portant sur la connaissance du métier et de l'environnement professionnel 283
- Les questions de mise en situation professionnelle 284
- Les questions portant sur l'actualité 284
- Les questions de culture générale 285
- Les questions embarrassantes 286
- L'éventuelle question finale 287

4| Améliorer sa culture générale 288
- Le suivi de l'actualité 288
- Qu'est-ce que la culture générale ? 289
- Cultiver son sens critique et son indépendance 290
- Liens internet utiles 291
- Exercice de culture générale 292

5| Rappels sur les institutions françaises et européennes 315
- Le président de la République 315
- Le Premier ministre et son gouvernement 320
- Le Parlement 325
- L'administration d'État dans le département et la région 329
- Notions de base sur les institutions judiciaires 333
- Les institutions européennes 342

6| Rappels sur les collectivités territoriales 347
- La commune et les attributions du maire 347
- Le conseil municipal 349
- L'intercommunalité 352
- Le département 355
- La région 357

ANNEXES 369

1| Sites internet 371

2| Le manuel de préparation à l'oral 372

3| Le manuel de préparation aux tests d'aptitudes, psychotechniques et de personnalité 373

4| Le manuel de préparation au concours de la DGSE 374

5| Aide-mémoire du candidat 374

PRÉSENTATION DU PARCOURS DE RECRUTEMENT ET DE L'ARMÉE FRANÇAISE

PARTIE I

1 | LES CONDITIONS DE RECRUTEMENT DE L'ARMÉE (TERRE, AIR ET ESPACE ET MARINE)

LES CONDITIONS À REMPLIR

Vous pouvez devenir sous-officier si vous remplissez les conditions suivantes :

- être de nationalité française ;
- avoir entre 17 ans et demi et 25 ans le jour de la signature de votre contrat ;
- avoir le bac (quelle que soit la série, ou bien un diplôme reconnu comme équivalent) ;
- jouir de vos droits civiques (recensement, droit de vote...) ;
- avoir effectué la journée défense et citoyenneté (JDC) ;
- être déclaré physiquement et médicalement apte ;
- satisfaire aux épreuves de sélection.

LES QUALITÉS ATTENDUES

- Vous recherchez l'action et le travail au grand air.
- Vous aimez la vie en collectivité.
- Vous avez l'esprit d'équipe.
- Vous aimez voyager et aller à la rencontre des autres.
- Vous êtes dynamique.
- Vous êtes de bonne moralité et animé par un sens patriotique.
- Vous êtes mature, responsable et apte à l'encadrement d'autres hommes, y compris en situation de danger.
- Vous avez une bonne capacité d'acceptation des contraintes militaires (horaires, discipline, risque, disponibilité, mobilité géographique...).

2| LE PARCOURS DE RECRUTEMENT

Qu'il s'agisse de l'armée de terre, de l'armée de l'air ou de la marine nationale, le parcours de recrutement d'un sous-officier comprend plusieurs étapes.

Source : armée de terre

■ ÉTAPE 1 : ÉTAPE D'ENTRETIEN

L'étape se compose d'un entretien de prise de contact et, si vous le souhaitez, d'une ou plusieurs autres entrevues. Elle vous familiarisera avec le métier de sous-officier en vous permettant d'acquérir les informations nécessaires pour mûrir votre candidature. Elle s'achèvera par l'ouverture d'un dossier. C'est le moment de poser toutes vos questions.

Pour cela, vous adressez une demande de contact *via* les sites internet (www.sengager.fr, www.devenir-aviateur.fr et www.etremarin.fr)
- Prenez rendez-vous par téléphone, par mail ou par courrier auprès du centre d'information et de recrutement des forces armées (Cirfa) le plus proche de chez vous.
- Rendez-vous spontanément dans le Cirfa le plus proche de votre domicile.

Le déroulement de l'entretien sera le suivant :
- un conseiller en recrutement vous recevra individuellement pour vous expliquer les spécificités liées au métier de sous-officier et répondra à toutes vos questions ;
- à la fin de l'entretien, et si vous êtes d'accord, il vous donnera la liste des documents à fournir pour ouvrir un dossier. Les informations que vous lui donnerez sont naturellement confidentielles.

Cette phase est importante. Voici quelques recommandations :
- posez bien toutes les questions qui vous viennent à l'esprit (salaire, logement, avantages, contraintes liées au métier...) ;
- répondez aux questions avec franchise ;
- si vous avez un niveau scolaire supérieur à bac + 2, venez aussi avec un CV et une lettre de motivation.

■ ÉTAPE 2 : PHASE DES ÉVALUATIONS

La seconde étape a pour but de déterminer votre aptitude à vous former au métier de sous-officier. Vos capacités physiques, médicales et psychologiques seront évaluées. Après vos entretiens en Cirfa, vous serez contacté(e) dans les 48 heures pour fixer un rendez-vous d'évaluation en centre de sélection et d'observation (CSO) pour l'armée de terre (ou centre de sélection pour la marine nationale ou l'armée de l'air). Vous bénéficierez d'un bon de transport SNCF fourni avec votre convocation pour un trajet aller-retour entre votre domicile et le centre de sélection.

Il y a cinq CSO : Vincennes, Nancy, Lyon, Bordeaux et Rennes. Pour les candidats des Dom-Tom, c'est le Cirfa qui fait passer les évaluations.

L'évaluation se déroule sur quatre demi-journées et comprend plusieurs étapes :
- un bilan médical complet ;
- des évaluations sportives ;
- des évaluations psychotechniques, pouvant également comporter des tests de français et de mathématiques ;
- en fonction du niveau scolaire, des tests d'anglais ;
- des entretiens individuels d'évaluation ;
- des séances d'information sur le métier de sous-officier et les emplois de l'armée de terre, de l'armée de l'air ou de la marine nationale.

Vous y êtes nourri(e) et logé(e). La visite médicale s'effectuera sous la responsabilité du médecin du centre de sélection. L'aptitude générale des candidats est vérifiée : rythme cardiaque, absence de consommation de stupéfiants, analyse sanguine, test d'audition, vision... Cette visite médicale comprendra notamment l'établissement :
- d'un questionnaire médico-biographique ;
- d'un certificat médical d'aptitude initiale ;
- d'un certificat médico-administratif d'aptitude initiale. Ce document mentionnera l'aptitude générale au service, l'aptitude à certaines spécialités pour lesquelles vous postuleriez et l'aptitude à certaines unités et missions (exemples : troupes aéroportées, plongeur).

Le cas échéant, le médecin du centre de sélection peut solliciter une visite médicale complémentaire auprès d'un hôpital militaire.

Votre conseiller en recrutement recevra vos résultats une dizaine de jours après votre passage en évaluation et vous les communiquera. Les résultats et l'avis de l'évaluateur seront ajoutés à votre dossier de recrutement en vue de l'orientation.

Voici quelques conseils pour préparer votre passage en centre de sélection :
- venez avec tous les documents médicaux en votre possession (bilan dentaire, carnet de vaccinations, livret médical...) ;
- mettez toutes les chances de votre côté en sport : entraînez-vous régulièrement (au moins une séance par semaine de footing, vélo, roller, tractions...). Votre capacité à développer une bonne condition physique sera uniquement évaluée ;
- les évaluations psychotechniques sont destinées à évaluer votre potentiel et ne requièrent donc pas de préparation spécifique (vous pouvez cependant vous familiariser avec les tests présents dans ce manuel) ;
- si vous pensez ne pas être au meilleur de votre forme (maladie, fatigue...), prévenez votre conseiller pour repousser la date de votre convocation.

ÉTAPE 3 : PHASE D'ORIENTATION

Les résultats du centre de sélection seront ensuite envoyés au Cirfa (ou à son équivalent de la marine ou de l'armée de l'air). En fonction des résultats et des souhaits formulés, une orientation sera envisagée. Vous discuterez de votre évaluation avec votre conseiller en recrutement. Vous formaliserez ensemble votre projet professionnel. C'est le conseiller qui vous a fait passer vos entretiens qui reprendra contact avec vous pour convenir de la suite à donner à votre dossier :
- soit vous continuez et vous passez un entretien d'orientation en Cirfa ;
- soit vous êtes inapte définitif ou décidez d'arrêter vos démarches et votre dossier sera clos.

Cet entretien permettra de déterminer avec votre conseiller les domaines d'emploi auxquels vous pouvez postuler en fonction :
- de vos souhaits ;
- des résultats de votre évaluation ;
- des postes offerts par l'armée de terre, l'armée de l'air ou la marine nationale.

En général, vous pourrez formuler trois choix parmi les emplois qui vous seront proposés. Soyez réaliste :
- vous êtes désormais en concurrence avec d'autres candidats ;

• le conseiller est là pour vous dire avec franchise et réalisme quelles sont vos chances d'être retenu(e) sur les postes auxquels vous postulez ;
• profitez de son expérience et de ses conseils et formulez les choix les plus diversifiés possible pour valoriser votre dossier.

ÉTAPE 4 : PHASE DE COMMISSION

Votre dossier sera examiné par une commission au niveau national. C'est le moment où vous allez savoir si votre candidature a été retenue. Si votre dossier est accepté, votre conseiller vous donnera des informations détaillées sur vos premiers pas dans l'institution et vos premières semaines de formation. Si votre dossier est refusé, avec votre conseiller, vous pourrez, soit :
• renouveler votre demande pour un autre passage en commission sur les mêmes choix ;
• revoir votre orientation (autres postes...). Nous vous conseillons cette révision.

ÉTAPE 5 : SIGNATURE DU CONTRAT

Étape particulièrement importante, la signature de votre contrat marque votre premier pas en tant que soldat de l'armée de terre ou de l'armée de l'air et de l'espace ou de marin. Elle finalise votre projet professionnel. Votre conseiller en recrutement vous convoquera au Cirfa pour signer votre contrat d'engagement. Vous rejoindrez ensuite la garnison du régiment, de l'unité ou de l'école que vous intégrerez.

Le jour de votre départ, le Cirfa vous délivrera un bon de transport. À votre arrivée, vous suivrez un « circuit d'incorporation » avec les autres nouveaux engagés de l'unité. Vous y ferez une visite médicale pour vérifier que le bilan fait lors de votre évaluation est toujours valable. Il y aura aussi une partie administrative permettant de mettre à jour votre dossier.

Vous aurez une période d'essai de six mois qui peut être prolongée sous certaines conditions. Votre formation générale initiale débutera alors.

3| LES PERSPECTIVES DE CARRIÈRE

Source : ministère des Armées

■ LE PARCOURS PROFESSIONNEL DANS L'ARMÉE DE TERRE

Les sous-officiers occupent une place charnière dans l'armée de terre, entre le corps des officiers chargé de la conception et celui des militaires du rang chargés de l'exécution. Cadre de contact par excellence, homme de terrain en charge de responsabilités humaines et techniques, le sous-officier est un exemple permanent pour les militaires du rang.

Deux grandes voies sont possibles pour devenir sous-officier. La première, la voie directe, demande une décision précoce et un niveau d'études initial plus élevé. Le volontaire doit au minimum être titulaire d'un baccalauréat et satisfaire aux épreuves de sélection sur dossier pour intégrer l'École nationale des sous-officiers d'active (ENSOA) à Saint-Maixent-l'École (79). Il est nommé sergent après six mois de service. Sa formation dure sept mois. La deuxième voie est réservée aux engagés volontaires de l'armée de terre (Evat). Ils peuvent, si leur aptitude le permet, suivre une carrière comparable à celle des sous-officiers recrutés directement. Cette seconde voie mène également à l'ENSOA et permet de devenir sous-officier après deux ou quatre ans de service.

Un sous-officier peut devenir adjudant entre 30 et 37 ans, adjudant-chef entre 33 et 40 ans, s'il a réussi tous les examens qu'il doit passer dans le cadre d'une formation continue très développée. Les meilleurs d'entre eux peuvent devenir officiers par la voie des recrutements semi-direct ou semi-direct tardif.

En principe, il existe quatre incorporations à l'École de sous-officiers de Saint-Maixent-l'École. Il faut avoir conscience que le délai entre la réussite aux tests de recrutement et l'incorporation en école peut être long (jusqu'à un an et demi), notamment pour les spécialités très demandées.

Vous suivrez une formation en deux temps : formation initiale d'une durée de huit mois, à l'ENSOA, pour acquérir les bases du métier de soldat et apprendre à commander ; puis vous suivrez une formation technique appelée « Brevet de spécialité de l'armée de terre » (BSAT), d'une durée de 5 à 36 semaines selon votre spécialité. Les sous-officiers choisissant de servir dans les troupes de montagnes intégreront l'École militaire de haute montagne (EMHM), à Chamonix-Mont-Blanc (74), pour deux semaines à l'issue de la signature de leur contrat, puis l'ENSOA de Saint-Maixent-l'École pendant deux mois. À l'issue de cette formation, ils réintégreront l'EMHM pour une durée de 12 mois.

Vous signerez un premier contrat de cinq ans, renouvelable sous conditions. Tout au long de votre engagement, une formation continue vous permettra de progresser dans votre spécialité et d'acquérir de nouvelles compétences.

Chaque soldat est un combattant mais aussi un spécialiste dans son domaine. L'armée de terre dispose de 400 spécialités très variées dans les domaines du combat, de l'informatique, de la santé, de la sécurité, de la mécanique...

LE PARCOURS PROFESSIONNEL DANS L'ARMÉE DE L'AIR ET DE L'ESPACE

Principale entité des écoles de formation des sous-officiers et des militaires du rang de l'armée de l'air, l'École de formation des sous-officiers de l'armée de l'air et de l'espace de Rochefort (17) assure notamment la formation militaire des sous-officiers de l'armée de l'air. Les jeunes élèves, après avoir effectué plus de quatre mois de formation militaire, sont orientés vers des écoles de spécialisation professionnelle. Près de 60 % d'entre eux restent à Rochefort pour effectuer leur formation professionnelle dans 10 spécialités différentes, le reste rejoignant d'autres écoles de l'armée de l'air, de l'armée de terre, de la marine ou en interarmées.

L'École de formation des sous-officiers de l'armée de l'air et de l'espace (EFSOAAE) forme aujourd'hui, avec l'École d'enseignement technique de l'armée de l'air et de l'espace (EETAAE), l'escadron de formation à la maintenance aéronautique du ministère des Armées. Au sein de cet escadron sont formés tous les mécaniciens de spécialités aéronautiques de l'armée de l'air, de l'aéronavale, de l'aviation légère de l'armée de terre, de la gendarmerie, ainsi que certains personnels civils du ministère des Armées.

L'offre de formation s'étend du certificat d'aptitude professionnelle, préparé à l'EETAA de Saintes, à la licence professionnelle, en partenariat avec l'université d'Aix-Marseille.

L'escadron de formation à la maintenance aéronautique du ministère des Armées propose également des formations à des qualifications techniques particulières (kapton, matériaux stratifiés et plastiques aéronautiques...) et à des fonctions transverses (pédagogie, management technique, qualité...)

Exemples de spécialités dans l'armée de l'air et de l'espace :

- Acheteur public
- Comptable finances
- Concepteur et manager des systèmes d'information

- Construction opérationnelle et d'infrastructure
- Contrôleur de circulation aérienne
- Contrôleur des opérations aériennes
- Exploitant renseignements
- Fusilier parachutiste de l'air
- Gestionnaire restauration et hôtellerie
- Gestionnaire RH - secrétaire
- Intercepteur réseaux de télécommunications
- Intercepteur technique
- Intercepteur traducteur de langues
- Interprétateur images
- Logisticien
- Maître-chien parachutiste de l'air
- Mécanicien avionique
- Mécanicien structure aéronefs
- Météorologiste
- Moniteur d'entraînement physique militaire et sportif
- Moniteur de simulateur de vol
- Pompier de l'armée de l'air
- Réseaux informatiques et sécurité des systèmes d'information et de communication
- Spécialiste défense sol-air
- Spécialiste des systèmes et supports de télécommunications
- Spécialiste électrotechnicien opérationnel des infrastructures aéronautiques
- Technicien armement bord et sol
- Technicien communication, navigation et surveillance (CNS)
- Technicien de maintenance vecteur et moteur
- Technicien matériels, environnement aéronautique
- Technicien métiers de l'image

LE PARCOURS PROFESSIONNEL DANS LA MARINE NATIONALE

La marine nationale offre, par la diversité de ses métiers (plus de 50 métiers), de multiples opportunités d'évolution et de mobilités internes en métropole, outre-mer et à l'étranger. Des carrières motivantes et gratifiantes sont accessibles à tous. Dans la marine, c'est la volonté et la motivation qui priment : quels que soient son profil, ses compétences et son âge, un marin se voit confier des responsabilités à la hauteur de son engagement personnel. Quel que soit leur métier, la vie des marins est jalonnée de passages réguliers en école, qui leur permettent d'approfondir les connaissances techniques, de monter en grade et d'accéder à des responsabilités supérieures.

Lors de leur entrée à l'École de maistrance à Brest (29), les futurs officiers mariniers signent un contrat d'engagement de 10 ans. Ils acquièrent le premier grade d'officier marinier après un an (en moyenne) de service. Lors de leurs premières années, la marine les encourage à poursuivre leur évolution professionnelle. Si leur motivation et leurs résultats professionnels le permettent, ils peuvent accéder à la formation du brevet supérieur (BS), nécessaire pour devenir militaire de carrière. Leur évolution dépendra de leur volonté de construire une carrière longue dans la marine, des résultats obtenus lors de leur formation et des notations successives reçues lors de leur parcours professionnel.

LES PERSPECTIVES D'ÉVOLUTION

L'armée (terre, air et marine) est ouverte à tous. Votre motivation et votre mérite seront les seuls critères qui vous permettront d'évoluer dans le métier de sous-officier.

Les contrats initiaux de 5 ou 8 ans sont renouvelables sous certaines conditions.

Vous aurez la possibilité de progresser tout au long de votre vie militaire et d'évoluer tout au long de votre parcours professionnel.

En réussissant vos évaluations militaires et en fonction de votre aptitude au commandement, vous pourrez progresser en grade puis devenir sous-officier de carrière, voire officier de carrière.

50 % des officiers de l'armée de terre ont débuté comme sous-officiers.

LA RÉMUNÉRATION

Le montant est donné à titre indicatif. Il évoluera selon votre grade, les examens militaires que vous réussirez ainsi que votre situation de famille. Cette solde est de 1 450 euros nets/mois, au départ pour un sergent (solde en vigueur pour un célibataire sans enfants à charge, au premier échelon).

Vous serez également nourri(e) et logé(e) durant toute la durée de votre formation en école. En régiment, vous pourrez bénéficier d'un logement dans le bâtiment des cadres célibataires (BCC). De nombreuses primes peuvent d'ajouter à la solde, notamment au regard de la situation familiale ou des missions extérieures (Opex : opérations extérieures).

LA RECONVERSION

Aujourd'hui, l'armée propose un parcours professionnel. La moitié des spécialités proposées sont transposables ou adaptables dans le secteur civil. De plus, le label de l'armée est très apprécié des employeurs. À la fin de votre parcours, l'armée vous accompagne dans votre retour à la vie civile :

- en organisant dans certains cas une seconde partie de parcours militaire, dans une spécialité différente, pour acquérir des compétences plus facilement transposables dans le civil ;
- en proposant une série d'aide à la reconversion (stages, formation...).

Lorsqu'il quitte l'institution, avec une expérience professionnelle et humaine incomparable, le militaire peut bénéficier d'une aide à la reconversion vers le civil ou la fonction publique, voire d'une validation des acquis de l'expérience (VAE) :

- l'aide à la reconversion du personnel militaire : le militaire peut bénéficier, sous conditions et sur demande, de dispositifs d'évaluation et d'orientation professionnelle destinés à préparer son retour à la vie civile et d'une formation professionnelle ou d'un accompagnement vers l'emploi ;
- la VAE : c'est un droit individuel permettant de faire reconnaître officiellement par un diplôme, un titre à finalité professionnelle ou un certificat de qualification de branche professionnelle, les compétences et les savoir-faire acquis par l'expérience professionnelle. Aucune condition de diplôme initial ou de qualification n'est exigée pour entreprendre une VAE. Pour en bénéficier, il faut totaliser en tant que militaire au moins trois ans d'expérience professionnelle en rapport avec la certification visée. Compte tenu de la richesse des parcours individuels dans l'armée de terre, on ne peut définir de passerelles systématiques par spécialité.

4| PRÉSENTATION DE L'ARMÉE FRANÇAISE

Pour mémoire, compte tenu des évolutions actuelles, et notamment des restrictions budgétaires conduisant à une réduction du format de nos armées, il est possible qu'une partie de cette présentation soit devenue obsolète au moment de votre lecture. Il est donc important de suivre régulièrement l'actualité. En effet, la prise en compte de la réalité de la menace intérieure, liée au terrorisme islamique, a conduit les politiciens à revoir partiellement la réduction du format des armées.

PRÉSENTATION DE L'ARMÉE DE TERRE

À l'heure actuelle, l'armée de terre comprend environ 121 000 personnels. Les engagés volontaires, ou militaires du rang, sont les plus nombreux (57 % des effectifs, soit environ 62 000 personnes), suivis par les sous-officiers (31 %), puis par les officiers (12 %). L'armée de terre comprend également environ 8 000 personnels civils (administratifs, techniciens...) et 27 000 réservistes opérationnels environ.

Les personnels de l'armée de terre sont répartis en 150 régiments et près de 330 implantations (états-majors, écoles, régiments, centres et établissements). Sur le territoire national et en outre-mer, l'armée de terre est principalement engagée dans le cadre du plan Vigipirate. Sur le plan international, elle a réduit son déploiement dans plusieurs opérations extérieures (Opex) en Afrique (région du Sahel principalement). Des militaires ont également été déployés en Roumanie et en Estonie en raison de la proximité du conflit russo-ukrainien.

L'armée de terre, comme le reste de l'armée française, est professionnelle depuis 2001 (fin du service militaire). Elle comprend environ six hommes pour une seule femme.

L'armée de terre est composée de plusieurs armes :

- les troupes de marine (TDM), qui sont composées de l'infanterie de marine (dont les unités blindées) et de l'artillerie de marine ;
- l'arme blindée cavalerie (ABC), qui comprend notamment les chars de combat ;
- l'artillerie ;
- l'aviation légère de l'armée de terre (ALAT), composée principalement d'hélicoptères ;
- le génie militaire ;
- l'infanterie (qui comprend le gros des troupes) ;
- le matériel ;
- le train ;
- les transmissions.

La Légion étrangère n'est pas une arme, mais dispose d'un commandement particulier.

Il convient d'avoir bien présent à l'esprit que le contexte actuel est celui d'une forte réduction du format de nos armées. Ainsi, le Livre blanc paru en 2013 projetait de réduire la capacité opérationnelle de l'armée de terre à 66 000 hommes à l'horizon 2020. Pour autant, à l'heure actuelle, l'armée de terre recrute chaque année entre 10 et 12 000 personnes.

PRÉSENTATION DE L'ARMÉE DE L'AIR ET DE L'ESPACE

L'armée de l'air et de l'espace comprend actuellement environ 41 000 militaires et environ 5 000 personnels civils. Les sous-officiers sont les plus nombreux (58 %), suivis par les militaires techniciens de l'air (militaires du rang : 25 %) et les officiers (17 %). Le reste des effectifs est composé des volontaires. Le taux de féminisation de l'armée de l'air et de l'espace est d'un effectif sur quatre.

Sa flotte comprenait, selon les derniers chiffres disponibles, 578 aéronefs, dont 252 avions de combat (Rafale, Mirage 2000 et Mirage F1). L'armée de l'air et de l'espace dispose également, en effectifs réduits, d'avions de surveillance et de drones, ainsi que d'hélicoptères.

Outre les différents états-majors et commandements opérationnels ou organiques, l'armée de l'air et de l'espace est organisée en 21 bases aériennes en métropole et 4 implantations en outre-mer. Toutes les bases ou implantations ne comprennent pas obligatoirement des avions de chasse ou de transport : il existe ainsi des bases de radars ou des postes de commandement.

Un escadron de chasse compte une vingtaine d'avions de chasse, répartis en général en trois escadrilles. Un escadron de transport peut compter jusqu'à une douzaine d'aéronefs en effectif théorique (avions C-160 Transall, le plus souvent) mais l'effectif réel est souvent plus réduit en fonction du type de machines, des disponibilités et des missions exercées.

À l'instar de la marine nationale et de l'armée de terre, l'armée de l'air est engagée sur les opérations extérieures menées par la France. De même, l'armée de l'air et de l'espace est très concernée par la réduction du format de nos forces de défense.

La protection physique des implantations de l'armée de l'air et de l'espace est confiée aux commandos de l'air.

PRÉSENTATION DE LA MARINE NATIONALE

Environ 38 000 militaires (5 000 officiers, 25 000 officiers mariniers et 8 000 quartiers-maîtres et matelots) servent actuellement dans la marine nationale, qui emploie également 2 700 civils.

Sur le plan des moyens, la marine nationale dispose de 116 bâtiments et de 177 aéronefs. Présente sur toutes les mers du globe (n'oubliez pas que la France dispose du second espace maritime mondial), la marine française est la seule marine européenne à disposer d'un porte-avions à propulsion nucléaire (le porte-avions *Charles-de-Gaulle*). Sa flotte sous-marine est composée de dix sous-marins, tous à propulsion nucléaire, dont quatre sont armées de missiles nucléaires balistiques (SNLE : sous-marin nucléaire lanceur d'engins). À ce dernier titre, la marine nationale est un acteur essentiel de la dissuasion nucléaire française.

Outre ses missions militaires et de sauvegarde des intérêts français, la marine nationale consacre environ 25 % de son emploi à l'action de l'État en mer (lutte contre les pollutions maritimes, l'immigration irrégulière par voie maritime, les trafics illicites en mer, la pêche illégale...). L'élite de ses forces spéciales, les commandos-marine, participe activement aux opérations menées à l'étranger sous l'autorité du commandement des opérations spéciales (COS).

Dans le contexte de réduction des forces armées, la marine nationale risque de ne pouvoir disposer, à terme, que de 80 bâtiments de combat et 130 aéronefs de combat, mais d'un second porte-avions.

On estime actuellement qu'un marin passe en moyenne 110 jours par an en mer et qu'au cours d'une carrière, il aura visité 45 pays.

Inchangée depuis la marine royale, la devise de la marine nationale est inscrite sur tous ses bâtiments : « Honneur, patrie, valeur, discipline ».

LE RÔLE DE L'ARMÉE DANS LA FRANCE D'AUJOURD'HUI

La France a mis fin à la conscription obligatoire. L'armée de métier a remplacé le service national. Période d'apprentissage et de découverte de l'armée, mais aussi brassage social, le service national trouve encore beaucoup de défenseurs. Et, s'il en a encore, c'est bien parce que l'on a conscience du rôle que peut jouer l'armée dans un pays en crise morale et d'identité. Pour autant, le retour du service national n'est pas une perspective immédiate et l'on peut cependant s'interroger sur la place qu'occupe l'armée dans la France d'aujourd'hui.

PRÉSENTATION DU PARCOURS DE RECRUTEMENT ET DE L'ARMÉE FRANÇAISE

Ce rôle de l'armée dans la France du début du xxie siècle tient à deux domaines principaux : la préservation des liens armée-nation et le maintien de la paix. Même si la conscription obligatoire n'existe plus, il faut reconnaître que l'armée a su maintenir des liens étroits avec la population de ce pays. Ces liens s'expriment notamment à l'occasion de multiples événements favorisant la découverte et la valorisation de l'armée auprès des citoyens et de la jeunesse. Remplaçant le service national, la journée de défense et citoyenneté (ex-JAPD) permet de maintenir une découverte de l'armée et des institutions militaires par la jeunesse. Il faut aussi noter que cette journée présente un caractère obligatoire à la fois pour les jeunes filles et pour les garçons. D'une façon générale, l'armée s'attache à intervenir dans les établissements scolaires afin d'y présenter ses missions et ses personnels.

Plus anecdotiquement, il faut évoquer ici les multiples défilés et festivités auxquels l'armée participe. Le défilé militaire du 14 Juillet exprime un lien très fort entre une armée et son peuple. En outre, ces événements constituent d'importants facteurs de lien social, en ce qu'ils permettent de prendre conscience de l'histoire nationale et de l'unité du pays. Cette découverte et cette valorisation de l'armée par la population génèrent indiscutablement une certaine harmonie sociale. Il en est de même des diverses actions de formation professionnelles effectuées par l'armée.

L'armée continue de maintenir son rôle de brassage social, notamment par sa politique de recrutement d'engagés et de formation à un métier. Un jeune sans diplôme et en quête de soi pourra trouver une place dans l'armée en signant un contrat d'engagé. Il ne faut pas négliger ce rôle tenu par l'armée : elle donnera à ce jeune un métier, un cadre structurant, une formation et des camarades. Peut-on imaginer meilleur moyen de sortir de l'ornière de l'inactivité et de l'échec scolaire ?

De même, l'armée s'attache à former les jeunes appelés afin qu'ils soient aptes à exercer un emploi civil à la fin de leur engagement. Particulièrement valorisées auprès des employeurs, les formations dispensées par l'armée peuvent permettre de trouver des emplois dans des secteurs où notre pays manque parfois de main-d'œuvre : transports, restauration ou emplois de techniciens par exemple. Prenant le relais d'une institution scolaire parfois dépassée, l'armée peut aider des jeunes à trouver un métier, à s'intégrer dans la société et à ressentir l'envie de se conduire selon des règles.

Le maintien de certaines missions civiles par l'armée est aussi un facteur consolidant les liens avec la population de notre pays. Dans le domaine de la santé, l'armée continue de jouer un rôle non négligeable. De fait, elle continue d'entretenir un important réseau d'hôpitaux militaires, qui sont ouverts à la population civile, assure de nombreuses formations aux premiers secours et lutte contre les maladies tropicales.

Il est très fréquent que lors de catastrophes naturelles, comme des incendies importants ou des inondations, l'armée intervienne en soutien des services de secours. Souvent très médiatisées, ces interventions renforcent l'image positive de l'armée dans notre pays et lui assurent des liens forts avec une population en détresse. Dans le domaine de la santé et des catastrophes naturelles, l'armée assure des missions importantes, notamment grâce à ses capacités logistiques et à son expérience en outre-mer. Ainsi, malgré la disparition du service national, l'armée a su préserver des liens étroits avec la population afin de continuer à exercer son rôle social.

Il n'est certainement pas inutile de rappeler ici que la mission principale de l'armée reste la défense du territoire national et des intérêts du pays. S'agissant de la défense du territoire national, l'armée française continue de tenir quotidiennement ce rôle. La France, pays disposant de l'arme nucléaire, continue d'entretenir une politique de puissance. De fait, fondée sur le concept de dissuasion, la défense nationale est liée à la préservation d'une force militaire apte à défendre les frontières du pays. L'armée, par ses personnels notamment, continue de s'entraîner quotidiennement à, peut-être un jour, faire la guerre pour défendre la liberté de notre pays.

La défense nationale est renforcée par les engagements européens de la France. Une armée européenne est peut-être un projet très lointain. Pour autant, la France est protégée par ses voisins européens, et réciproquement. À ce titre, l'armée joue un rôle non négligeable dans la construction européenne, notamment dans sa quête de stabilité continentale. Par son rôle primordial dans la défense du pays, l'armée assure à notre pays une importante sécurité intérieure. Ainsi, depuis 1945, nos frontières n'ont plus été menacées directement.

Le second investissement de l'armée dans la paix du pays tient à son engagement contre le terrorisme. Danger moderne et protéiforme, le terrorisme menace notre pays. Depuis la chute du mur de Berlin et la fin de la guerre froide, il est même considéré comme l'ennemi principal. L'armée joue ainsi un rôle important dans la lutte contre le terrorisme en France, notamment par son importante implication dans le plan Vigipirate. En dehors des frontières nationales, l'armée lutte également contre cette menace. Plusieurs des engagements extérieurs de la France sont directement motivés par la lutte contre le terrorisme. De la même façon l'activité des services secrets militaires, la DGSE notamment, est fortement dirigée dans ce domaine. L'armée est ainsi particulièrement engagée contre le terrorisme, qui paraît bien aujourd'hui être la principale menace contre la paix et les intérêts de notre pays.

Disposant de capacités de projection extérieure, l'armée française est également fortement impliquée dans plusieurs missions de préservation de la paix dans le monde. Membre permanent du Conseil de sécurité de l'Organisation des Nations unies, la France se doit de participer aux missions de maintien de la paix engagées par cet organisme international. Ces missions peuvent aussi être motivées par un but humanitaire, à l'image de la lutte contre la famine où l'armée peut mettre à disposition ses moyens logistiques.

En dehors du cadre de l'ONU, la France continue d'exercer des interventions militaires à l'étranger, qu'elle décide elle-même, à l'instar de l'opération récente au Mali. C'est notamment le cas des opérations en Afrique sur le territoire de ses ex-colonies. La France peut alors, grâce à son armée, préserver la paix civile et ses intérêts - notamment économiques - en dehors des frontières nationales.

L'armée actuelle, déployée en de multiples endroits du globe, est l'un des instruments principaux d'affirmation de la politique étrangère de la France. Défendant également la paix et les populations civiles menacées, elle est aussi le témoignage de l'idéal humaniste que notre pays entend défendre. Œuvrant quotidiennement pour préserver la paix en France, en Europe et dans le monde, l'armée est aussi un des moyens de valoriser l'image de notre pays à l'étranger.

L'armée française d'aujourd'hui a su pleinement conserver ses liens avec la population et maintenir un important rôle social, notamment en direction de la jeunesse. La lutte contre le terrorisme et les différentes missions extérieures à vocation humanitaire témoignent des facultés d'adaptation de notre armée. Pour autant, en cas de renforcement de l'intégration européenne, notamment dans l'hypothèse d'une politique étrangère unique au sein de l'Union européenne, les missions de notre armée changeront certainement.

5| LES GRADES DE L'ARMÉE

Tableau de correspondance des grades

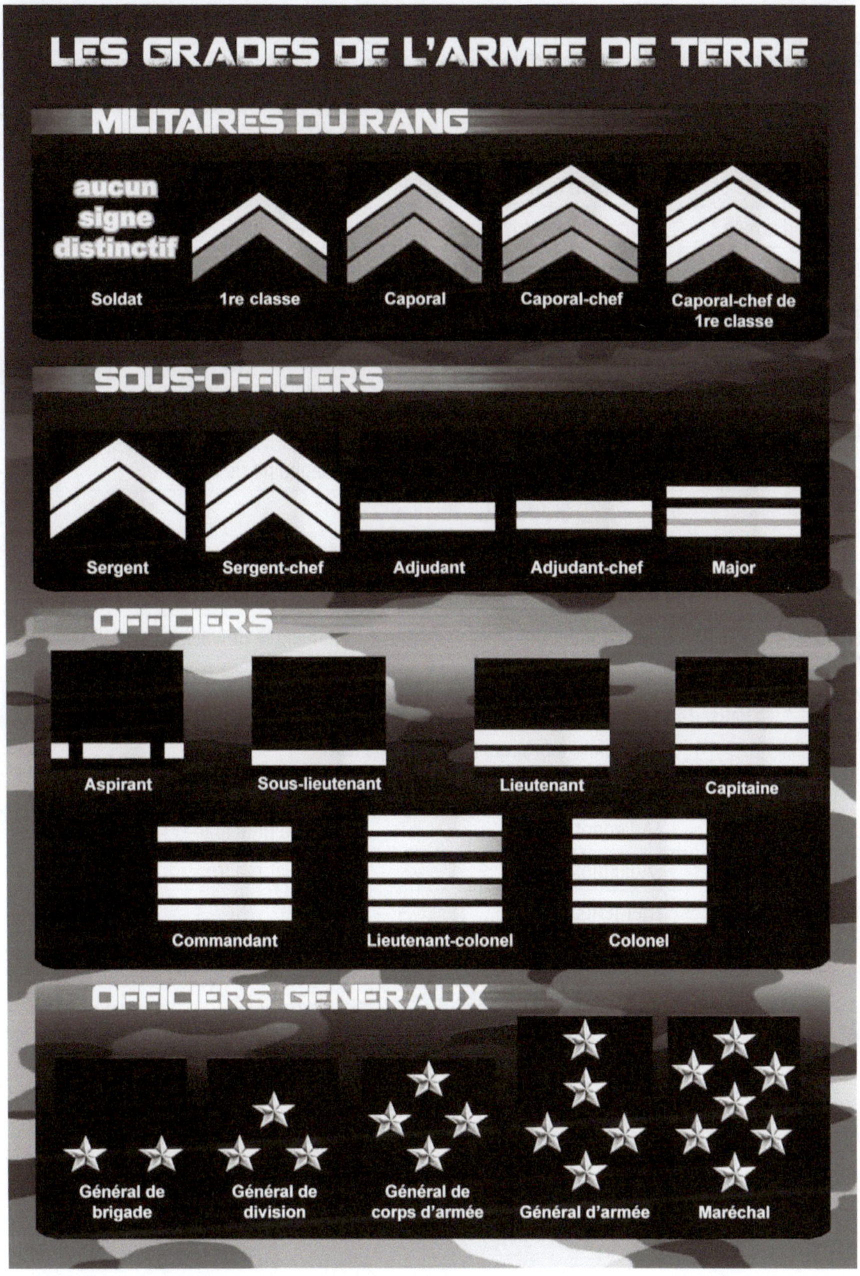

Source : ministère des Armées

PRÉSENTATION DU PARCOURS DE RECRUTEMENT ET DE L'ARMÉE FRANÇAISE

Sur le plan visuel, les grades de l'armée de terre, de l'armée de l'air et de l'espace et de la marine nationale sont identiques concernant le nombre de chevrons et de galons. En revanche, les appellations des différents grades varient : vous trouverez les correspondances entre les grades dans le tableau ci-dessous.

Armée de terre	Armée de l'air et de l'espace	Marine nationale
Officiers généraux (armée de terre et armée de l'air et de l'espace) Amiraux (marine nationale)		
Général d'armée	Général d'armée aérienne	Amiral
Général de corps d'armée	Général de corps aérien	Vice-amiral
Général de division	Général de division aérienne	Vice-amiral d'escadre
Général de brigade	Général de brigade aérienne	Contre-amiral
Officiers supérieurs		
Colonel	Colonel	Capitaine de vaisseau
Lieutenant-colonel	Lieutenant-colonel	Capitaine de frégate
Commandant	Commandant	Capitaine de corvette
Officiers subalternes		
Capitaine	Capitaine	Lieutenant de vaisseau
Lieutenant	Lieutenant	Enseigne de vaisseau de 1re classe
Sous-lieutenant	Sous-lieutenant	Enseigne de vaisseau de 2e classe
Aspirant	Aspirant	Aspirant
Sous-officiers (armée de terre et armée de l'air et de l'espace) Officiers mariniers (marine nationale)		
Major	Major	Major
Adjudant-chef	Adjudant-chef	Maître principal
Adjudant	Adjudant	Premier maître
Sergent-chef	Sergent-chef	Maître
Sergent	Sergent	Second maître
Hommes du rang		
Caporal-chef	Caporal-chef	Quartier-maître de 1re classe
Caporal	Caporal	Quartier-maître de 2e classe
1re classe	1re classe	Matelot breveté
2e classe	2e classe	Matelot

Pour l'armée de terre et l'armée de l'air et de l'espace, à partir du grade d'adjudant, on appellera le titulaire du grade précédé de « mon » (qui est le diminutif de « monsieur »). Au sein de la marine nationale, on n'emploiera pas le « mon » et on se basera sur le grade équivalent dans l'armée de terre (par exemple, on s'adressera à un lieutenant de vaisseau en lui disant simplement « capitaine »). Tous les amiraux seront appelés « amiral » et tous les officiers supérieurs seront appelés « commandant ».

6 | LE CODE DU SOLDAT

Créé en 1999 à l'usage de tous les militaires de l'armée de terre professionnelle, le code du soldat est un document constitué de 11 règles facilement mémorisables qui définissent la ligne de conduite à suivre, dans le respect de quatre principes majeurs.

Les quatre principes majeurs :

- accomplir sa mission dans l'excellence professionnelle et la maîtrise de la force ;
- faire vivre les communautés militaires unies dans la discipline et la fraternité d'armes ;
- servir la France et ses valeurs ;
- cultiver des liens forts avec la communauté nationale.

Les devoirs et l'éthique que prescrivent ces règles font la spécificité et la renommée humaniste du soldat de l'armée de terre française auprès de bien des armées étrangères.

Quelle que soit sa catégorie de personnel ou son grade, tout militaire de l'armée de terre doit connaître le code du soldat.

1. Au service de la France, le soldat lui est entièrement dévoué, en tout temps et en tout lieu.
2. Il accomplit sa mission, avec la volonté de gagner et de vaincre et si nécessaire au péril de sa vie.
3. Maître de sa force, il respecte l'adversaire et veille à épargner les populations.
4. Il obéit aux ordres, dans le respect des lois et des conventions internationales.
5. Il fait preuve d'initiative et s'adapte en toutes circonstances.
6. Soldat professionnel, il entretient ses capacités intellectuelles et physiques et développe sa compétence et sa force morale.
7. Membre d'une équipe solidaire et fraternelle, il agit avec honneur, franchise et loyauté.
8. Attentif aux autres et déterminé à surmonter les difficultés, il œuvre pour la cohésion et le dynamisme de son unité.
9. Il est ouvert sur le monde et la société, et en respecte les différences.
10. Il s'exprime avec réserve pour ne pas porter atteinte à la neutralité des armées en matière philosophique, politique et religieuse.
11. Fier de son engagement, il est toujours partout un ambassadeur de son régiment, de l'armée de terre et de la France.

LES TESTS DE RECRUTEMENT ET D'ÉVALUATION

PARTIE II

1 | LES TESTS PSYCHOTECHNIQUES

Pour les candidats souhaitant approfondir leur préparation à cette épreuve spécifique, ils peuvent se reporter au manuel *Tests d'aptitudes, psychotechniques et de personnalité* (éditions Studyrama).

Il existe de très nombreux types de tests de raisonnement logique : séries de dominos ou de cartes à jouer, suites de nombres, anagrammes, questions de vocabulaire, schémas à compléter, erreurs à trouver en comparant deux dessins paraissant identiques...
Ces tests ont pour rôle d'évaluer la capacité de raisonnement et de logique des candidats. La difficulté est que ceux-ci doivent utiliser en un temps limité plusieurs modes de raisonnement.

L'épreuve comprendra un grand nombre de questions sous des formes variées (suites logiques, questions de logique, dominos, figures géométriques...) à traiter en un temps limité. En pratique, chaque candidat disposera en moyenne de 10 à 30 secondes par question. C'est pourquoi il est souhaitable de ne pas s'attarder sur une question si la réponse ne vient pas rapidement.

Dans ce manuel, afin de vous entraîner dans les meilleures conditions, nous avons regroupé les tests en plusieurs grandes familles :
- les suites logiques ;
- les matrices ;
- les dominos et les cartes à jouer.

Les questions de logique spatiale (basées sur des dominos, des cartes à jouer, des figures de géométrie, des carrés à remplir...) impliquent une bonne intelligence logique. Pour résoudre ces tests, il faut se montrer attentif et observateur.
Si vous souhaitez approfondir votre entraînement, nous vous conseillons de vous reporter au manuel *Tests d'aptitudes, psychotechniques et de personnalité* (paru aux éditions Studyrama).

■ S'ENTRAÎNER AUX TESTS DE LOGIQUE

Comme vous l'avez vu lors de la présentation de ces différents types de tests, certains tests reprennent la logique de jeux comme le Scrabble, le Boogle, le Mastermind, les chiffres et les lettres, le jeu du pendu (lettres manquantes), les mots croisés ou les mots fléchés, le sudoku... De même, sur Internet ou dans des magazines, vous trouverez de nombreux jeux qui vous permettront de vous préparer à certains tests. En faisant de votre entraînement un jeu, vous éviterez de tomber trop facilement dans la lassitude ou le découragement. Attention cependant à tenir compte des impératifs inhérents au concours : fixez-vous toujours une limite de temps à ne pas dépasser.

Pour apprendre à maîtriser le temps, nous vous conseillons de vous entraîner à l'aide d'un chronomètre et dans les conditions du concours. Pour cela, vous pourrez vous isoler dans une pièce neutre, en travaillant sur un bureau calme et vide, le téléphone portable éteint et sans distraction autour de vous.

De même, idéalement, travaillez sur une feuille blanche en photocopiant les pages de ce livre pour former des sujets distincts (1 exercice d'entraînement = 1 sujet distinct).

En vous chronométrant, pour un même type d'exercice (avec un nombre égal de questions auxquelles répondre), vous pourrez mesurer vos progrès. Cela constituera pour vous un encouragement et un facteur supplémentaire de motivation.

■ LES PRINCIPALES LOGIQUES DES TESTS

Dans le tableau, nous vous indiquons les principales logiques de ce genre de tests. Nous vous recommandons de regarder d'abord la colonne de gauche, d'essayer de résoudre le test et ensuite de prendre connaissance de la solution. Cette liste n'est pas exhaustive, car les possibilités sont réellement très nombreuses. Néanmoins, elle constitue une bonne indication des logiques propres à ce genre de tests.

Exercice	Solution
1 - 5 - ? - 13 - 17	Ici, la solution est 9 car les nombres progressent de 4 en 4.
1 - 2 - 2 - 4 - 8 - ?	Chaque nombre est le résultat de la multiplication des deux nombres précédents. Ici, la solution est donc : 32 (4 × 8).
11 - 12 - 14 - 17 - 21 - ?	La progression est : + 1 + 2 + 3 + 4 + 5... La solution est donc 26 (21 + 5).
16 - 19 - 13 ; 21 - 24 - ?	La progression est + 3 puis - 6. La solution est donc 18.
M - O - R - T - W - ?	On alterne et on saute de 1 lettre puis de 2 lettres, en suivant l'alphabet. La réponse est donc Y.
CHIEN 5 - RIZ 3 - IF ? - PULL 4	On compte le nombre de lettres de chaque mot. La réponse est donc 2.
SOLOS - SONOS - GAG - RESSA????	Il s'agit de palindromes (mots se lisant dans les deux sens). La réponse est donc RESSASSER.
342651,TREFLE ; 426513, ?	À chaque lettre correspond un numéro. Ici, la réponse est donc REFLET.

Les suites logiques

Les suites logiques se composent de plusieurs séries d'éléments identiques (lettres ou chiffres le plus souvent) qui s'enchaînent dans une même suite et dont il convient de trouver le dernier élément. Les suites à compléter (nombres, lettres...) impliquent de trouver leur logique interne : l'addition, la soustraction, la multiplication, la symétrie...
Exemple : dans la suite « 1 - 2 - 3 - 5 - 8 - 13 - ? », on s'aperçoit que chaque nombre est le résultat de l'addition des deux nombres précédents. Ici, la bonne réponse sera 21 (8 + 13).
Ce type de test fait appel à la logique et à l'observation en un temps limité. Il s'agira de comprendre la logique propre à chaque suite : observez la suite et repérez ce qui permet de passer d'un élément (lettre, chiffre...) à un autre et reproduisez cette logique pour trouver l'élément manquant.

Les matrices

Sous le terme de « matrices », nous avons regroupé les tests d'analyse visuelle à propos de schémas, de symboles, de dessins...
Ces tests d'attention visuelle sont basés plus spécialement sur le sens de l'observation. Il s'agira de trouver des ressemblances ou des différences entre deux photographies, deux dessins, des symboles...
Outre les explications qui vous seront données dans chaque réponse et qui vous familiariseront avec la logique de ce type particulier de test, nous vous invitons à décomposer, en zones ou en parties, les différentes figures afin de mieux les observer.

Les dominos et cartes à jouer

Pour les tests avec des dominos et cartes à jouer, les principales logiques sont donc :
- la logique croissante ou décroissante ;
- les additions ou les soustractions de la valeur des dominos ;
- les symétries de valeurs.

Les tests avec des cartes à jouer sont plus complexes dans la mesure où les cartes ont des symboles (cœur, pique, carreau et trèfle) et des couleurs (rouge et noir). On retrouve néanmoins les mêmes principes logiques que pour les dominos :
- la logique croissante ou décroissante ;
- les additions ou la soustraction des valeurs des cartes ;
- les symétries (de valeurs ou de couleurs).

Pour observer des suites de dominos ou de cartes à jouer, vous pouvez respecter l'ordre suivant : la ligne, la colonne, la paire, puis le groupe, en essayant à chaque fois d'en comprendre la logique interne.

Dans la plupart des tests avec des cartes à jouer, la valeur de la carte, son symbole (pique, trèfle, cœur et carreau) et sa couleur (rouge et noir) sont indépendants les uns des autres. Il faudra procéder avec des raisonnements distincts pour chacun de ces trois éléments.
Il est souhaitable de commencer le raisonnement avec la valeur, puis le symbole et enfin la couleur.
À l'instar des dominos, la disposition spatiale des cartes à jouer (étoile, spirale, matrice...) sera utile à la résolution du test. En effet, les logiques de combinaison et de synergie répondent souvent à une disposition spatiale spécifique des cartes ou des dominos.

Exercices d'entraînement

■ Série 1

1. Trouver les deux nombres dont la somme est 23 et dont le produit est 112.

2. Une cassette pleine de pièces d'or pèse 7,5 kg. Un tiers de ces pièces étant retiré, la cassette pèse 6,14 kg. Combien pèse la cassette quand elle est vide ?

3. Dans sept ans, Boris aura deux fois l'âge qu'il avait il y a deux ans. Dans combien d'années aura-t-il deux fois l'âge qu'il a en ce moment ?

4. Une image de 20 centimètres de large est agrandie de 20 %. Puis cet agrandissement est réduit de 20 %. Quelle est la largeur finale ?

5. Dans un sac, il y a 30 boules : certaines, en bois, pèsent 250 grammes chacune et d'autres, en métal, pèsent 950 grammes chacune. Le sac pèse 17 kilos et 300 grammes, combien contient-il de boules en bois ?

6. Prenez 320, multipliez-le par deux, ajoutez 5 et divisez par trois. Quel résultat obtenez-vous ?

7. Trois manutentionnaires chargent deux semi-remorques en 1 h 20 min. Combien de semi-remorques chargeront deux manutentionnaires en 7 heures ?

8. Un article qui valait 4 525 euros est soldé à 3 801 euros. Quel est le pourcentage de la réduction ?

9. Une vaste cuve de forme cubique a été remplie d'huile de vidange jusqu'au tiers de sa hauteur en y versant 19 440 bidons de 100 litres. Quelle est la hauteur de la cuve en mètres ?

10. Une somme de 25 000 euros est placée sur un compte pendant un an. À la fin de cette période, les intérêts représentent 1 875 euros. Quel est le taux d'intérêt annuel du compte ?

Série 2

1. Dans une papeterie, 3 crayons et 4 stylos coûtent 7,20 euros ; 5 crayons et 4 stylos coûtent 8 euros. Quels sont les prix d'un crayon et d'un stylo ?

2. Quatre maçons montent un mur en une heure. En admettant qu'ils travaillent de la même façon, combien de temps mettraient-ils s'ils étaient 5 pour monter le même mur ?

3. Un train fait du 20 km/h pendant 5 minutes, du 70 km/h pendant 20 minutes et du 120 km/h pendant 2 heures et quart. S'il reste 10 minutes à l'arrêt en gare, quelle est sa moyenne horaire ?

4. Un camion chargé pèse 13,5 t. Après avoir livré les trois quarts de son chargement, il ne pèse que 9,75 t. Quel est le poids du camion ?

5. Quelle est la moitié du triple du quart de 88 ?

6. Quelle est la part de la TVA pour un article vendu 1 180 euros TTC (toutes taxes comprises) avec une TVA à 20,6 % ?

7. Pour organiser un voyage, des étudiants se sont réunis et chacun a payé 320 euros, mais il manquait 600 euros. Pour pallier cela, la participation a été augmentée de 5 % et, du coup, ils ont 312 euros de trop. Quel est le coût du voyage ?

8. Axel a trois fois plus de timbres que Blaise, qui en a quatre fois moins que Carlos. Sachant qu'à eux trois, ils ont 1 696 timbres, combien en a Carlos ?

9. En 1917, Marc avait trois fois l'âge de Rémi, qui était né 13 ans avant le début du XXe siècle. Quelle est l'année de naissance de Marc ?

10. Un article avec une démarque de 20 % est vendu 60 euros. Un autre, qui coûtait 60 euros, est vendu avec une démarque de 20 %. Combien économise-t-on par rapport aux prix d'origine en achetant ces articles soldés ?

Série 3

Inscrivez le nombre manquant dans les triangles.

1.

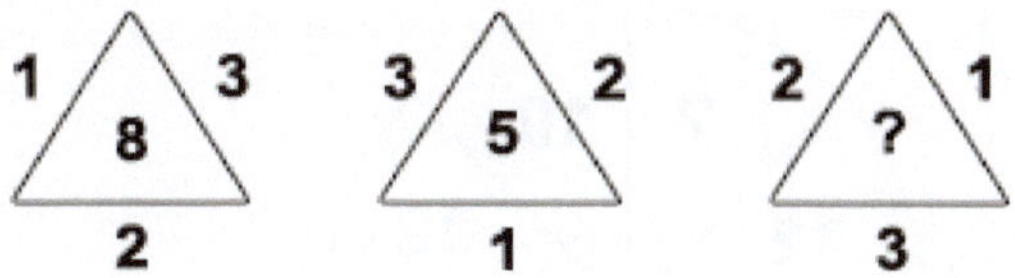

2.

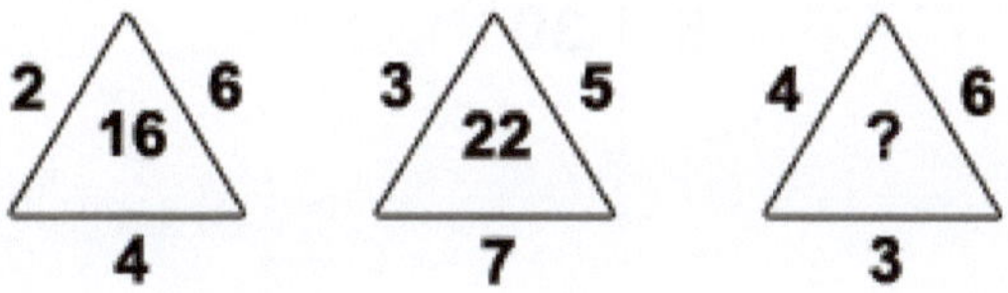

3.

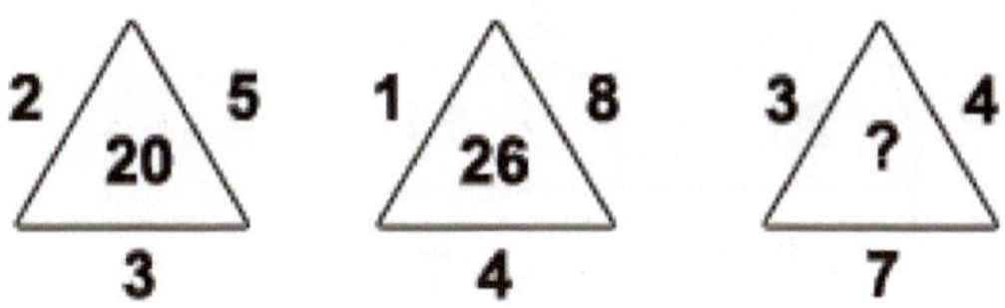

4.

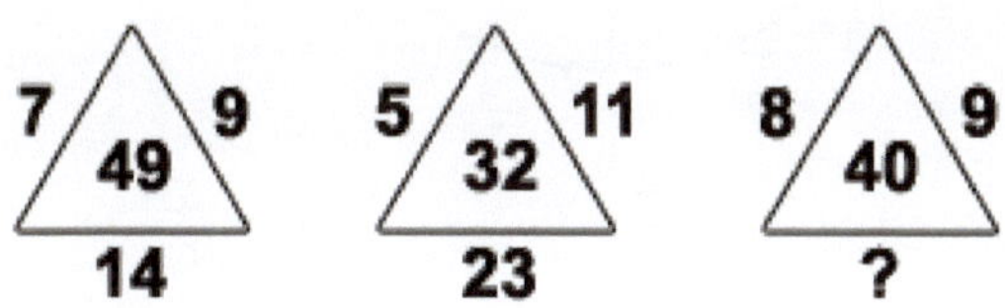

5.

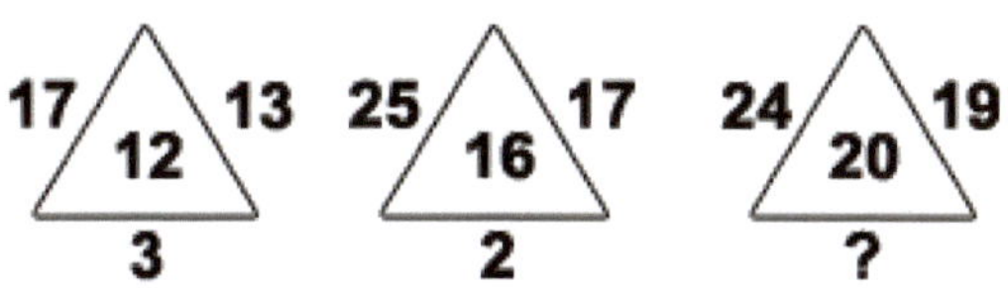

■ Série 4

Inscrivez le nombre manquant dans les cercles.

1.

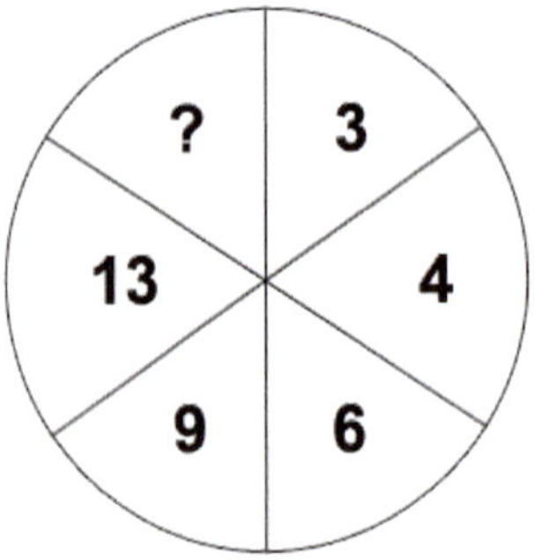

4.

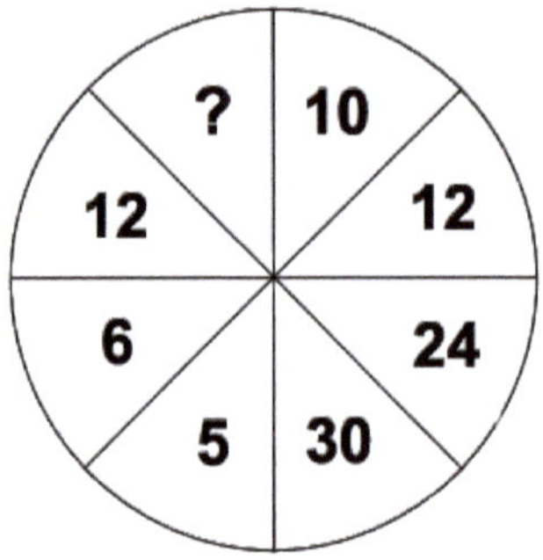

2.

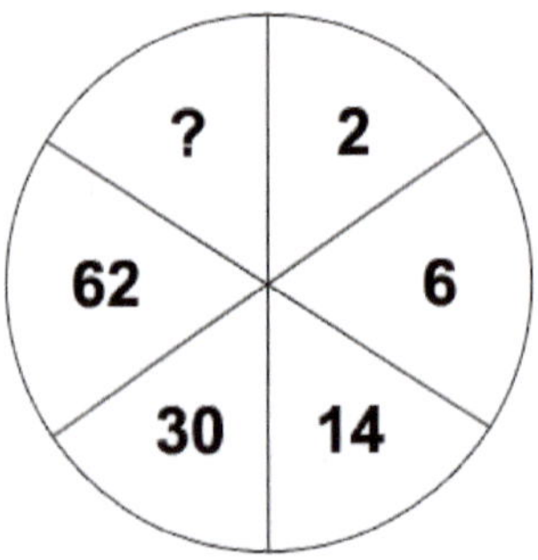

5.

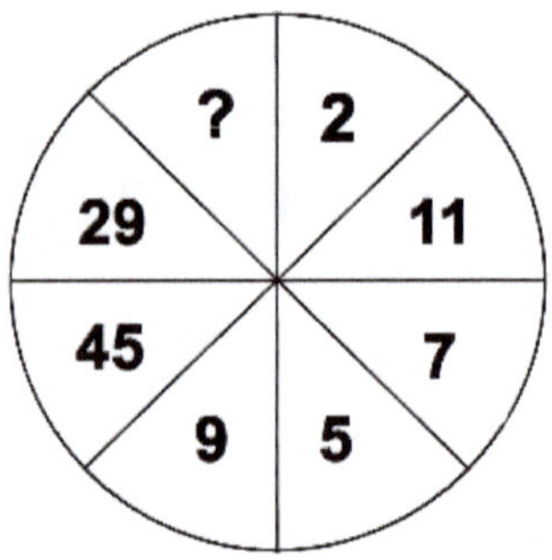

3.

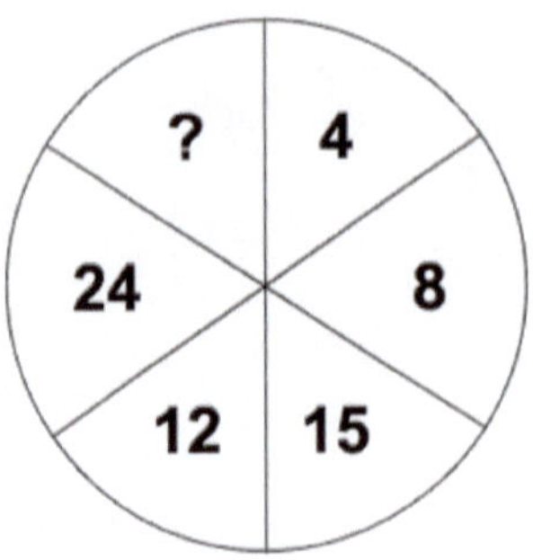

Série 5

Inscrivez les nombres manquants.

1.

1	4	8	13	?
3	7	12	18	?

2.

1	4	9	?	25
1	8	27	?	125

3.

10	8	6	4	?
25	16	9	4	?

4.

13	20	19	8	?
26	16	14	22	?

5.

4	2	13	14	?
1	7	5	25	?

Série 6

Inscrivez les lettres et les nombres manquants.

1.

A	E	I	?
5	8	11	?

2.

14	G	7	?
C	10	J	?

3.

5	8	14	?
E	H	N	?

4.

25	37	49	?
EB	GC	ID	?

5.

3	6	12	?
X	U	O	?

■ Série 7

Trouvez une solution logique.

1. Si 13 + 15 + 9 = MOI,
alors 12 + 21 + 9 = ?

2. Si SIX = 52,
alors DIX = ?

3. Si NOTE = 4 et EXAMEN = 6,
alors PROFESSEUR = ?

4. Si ÂGE = 1 et GÉNÉRATION = 5,
alors ENFANT = ?

5. Si DIFFICILE = 3 et ASTUCIEUX = 1,
alors INTELLIGENT = ?

6. À chaque lettre (A, E, I, L), on associe un chiffre différent se trouvant entre 1 et 5.
Si ELLE = 8 et AIL = 9,
Alors AILE = ?

Série 8

Parmi les six figures numérotées, trouvez celle qui complète la série.

1.

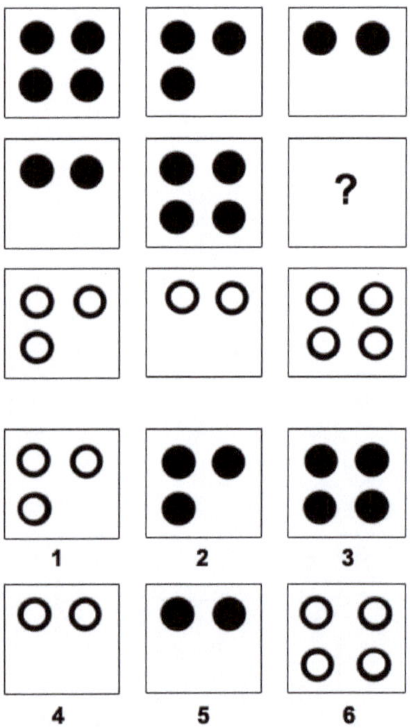

2.

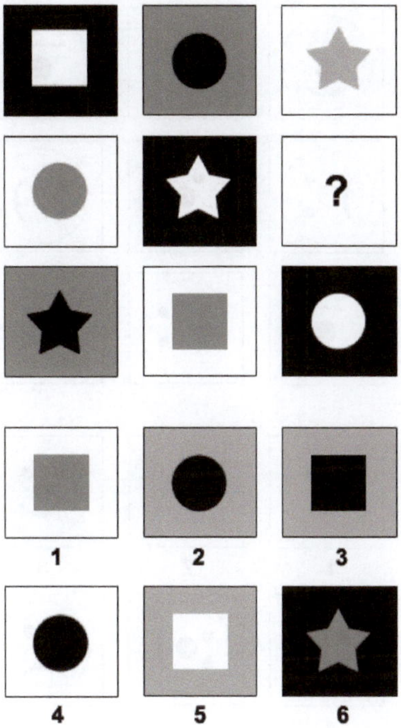

3.

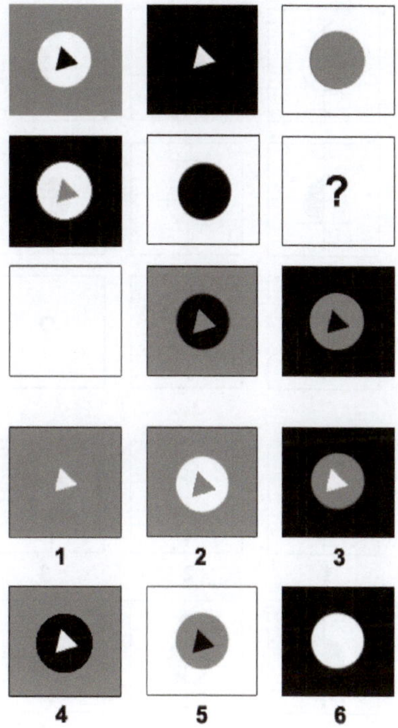

4.

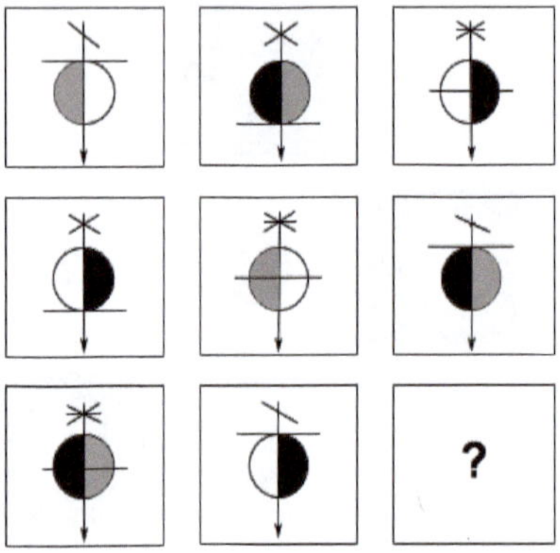

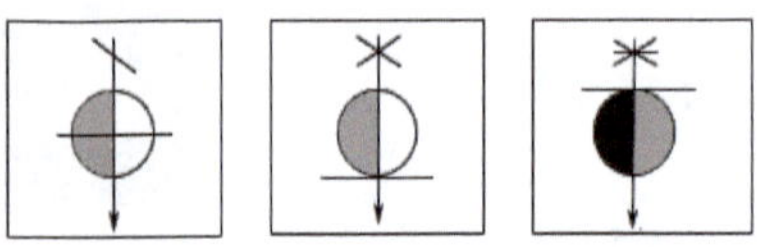

1 2 3

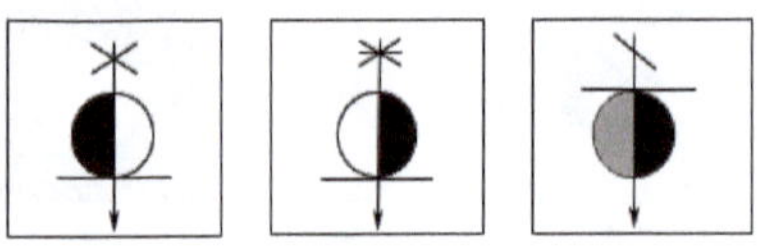

4 5 6

5.

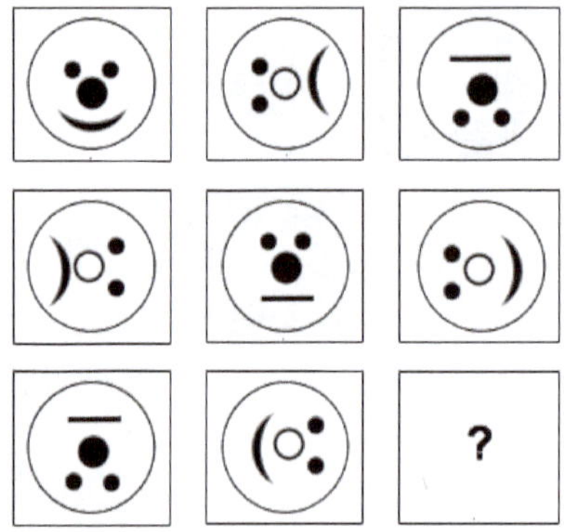

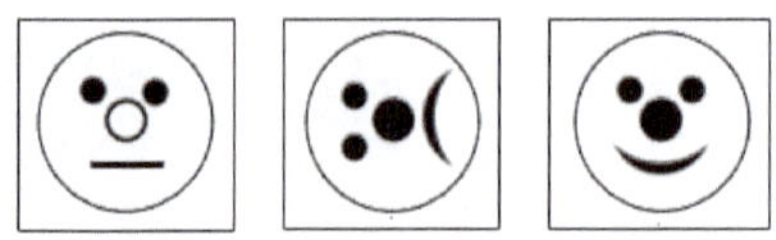

1 2 3

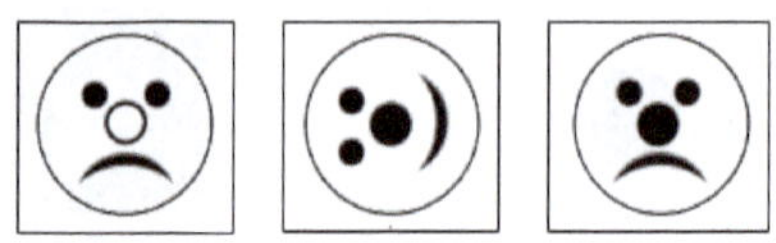

4 5 6

Série 9

Trouvez la pièce manquante des dominos.

1.

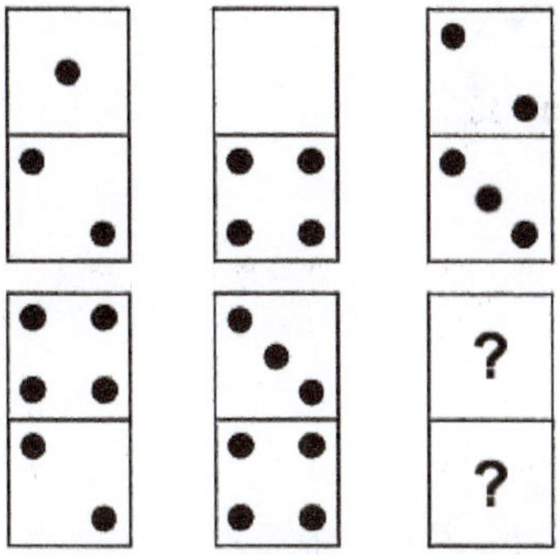

2.

3.

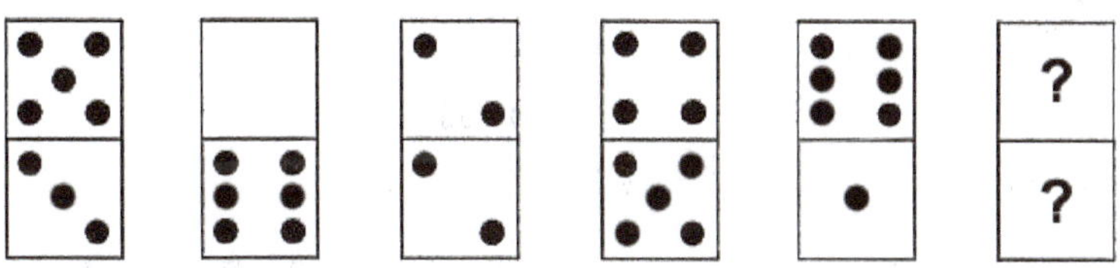

4.

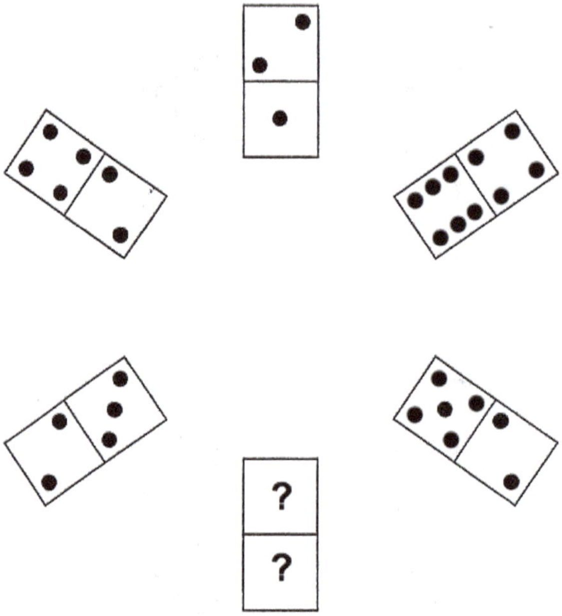

5.

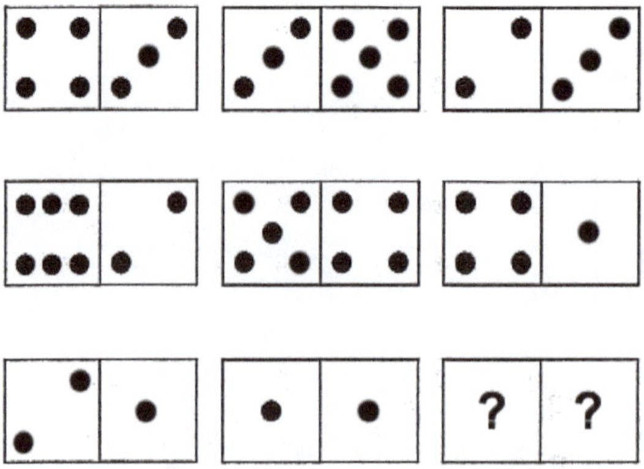

Corrigés des exercices d'entraînement

Série 1

1. 7 et 16

2. 3,42 kg.
7,5 - 6,14 = 1,36 : c'est le poids de 1/3 des pièces.
1,36 × 3 = 4,08 : c'est le poids des pièces. 7,5 - 4,08 = 3,42

3. Dans 11 ans.
B = âge de Boris actuel ; B + 7 = 2(B - 2) ; donc il a 11 ans en ce moment.

4. 19,2 cm

5. 16
Si x = nombre de boules en bois et y = nombre de boules en fer.
On obtient $250x + 950y = 17\,300$
$x + y = 30$

6. 215

7. 7

8. 16 %
724 × 100 / 4 525

9. 18 mètres
Quantité d'huile pour un tiers de la cuve = 1 944 000 litres
Pour toute la cuve, 5 832 000 litres soit 5 832 000 dm^3 ou 5 832 m^3
$\sqrt[3]{5\,832} = 18$

10. 7,5 %
100 × 1 875 / 25 000

Série 2

1. Un crayon coûte 0,40 euro et un stylo coûte 1,50 euro.

2. 48 minutes.
4 × 60 / 5 = 48

3. $d = \frac{20}{12} + \frac{70}{3} + \frac{120 \times 9}{4} = 295$ km. $t = \frac{1}{12} + \frac{1}{3} + \frac{9}{4} + \frac{1}{6} = \frac{17}{6}$

$Vm = \frac{d}{t} = 104{,}12$ km/h.

4. 8,5 tonnes
Poids chargé - poids 3/4 vide = 3/4 du chargement : 13,5 - 9,75 = 3,75 t
La totalité du chargement est :
$\frac{3{,}75 \times 4}{3}$ = 5 tonnes, que l'on déduit du poids chargé : 13,5 - 5 = 8,5 t

5. 33
Nous avons : 88 / 4 = 22
22 × 3 = 66
66 / 2 = 33

6. 201,56
Prix hors taxes :
1 180 / 1,206 = 978,44.
Donc 1 180 - 978,44 = 201,56

7. 18 840 euros.
x = nombre d'étudiants ; y = prix du voyage. On obtient : $320x = y - 600$
et $336x = y + 312$
D'où $x = 57$ et $y = 18\,840$

8. 848
B = nombre de timbres de Blaise
B + 4B + 3B = 1 696 et B = 212

9. 1827
En 1917, Rémi avait 30 ans, donc Marc en avait 90.
1917 - 90 = 1827

10. 27 euros.
Prix initial du 1er article :
60 × 100 / 80 = 75 euros
Soldé à 60 euros
Prix initial du 2e article :
60 euros - (60 × 20) / 100 = 48 euros
Prix initiaux - prix soldés :
135 - 108 = 27 euros

Série 3

1. 9
Nombre au milieu = (nombre à droite + nombre à gauche) × nombre en bas :
(2 + 1) × 3 = 9.

2. 27
Nombre au milieu = nombre à droite × nombre à gauche + nombre en bas :
4 × 6 + 3 = 27.

3. 28
Nombre au milieu = (nombre à droite + nombre à gauche + nombre en bas) × 2 :
(3 + 4 + 7) × 2 = 28.

4. 32
Nombre en bas = nombre à droite × nombre à gauche - nombre au milieu :
8 × 9 - 40 = 32.

5. 4
Nombre en bas = nombre au milieu / (nombre à droite - nombre à gauche) :
20 / (24 - 19) = 4.

Série 4

1. 18

En commençant par 3 et en avançant dans le sens des aiguilles d'une montre, on obtient une suite croissante où chaque nombre croît d'un point de plus que le précédent (+ 1, + 2, + 3, + 4, + 5).

2. 126

En commençant par 4 et en avançant dans le sens des aiguilles d'une montre, on obtient une suite croissante où chaque nombre est égal au nombre précédent multiplié par 2 plus 2.

3. 45

Les nombres dans les camemberts de gauche sont obtenus en multipliant par 3 les nombres dans les camemberts opposés.

4. 15

Les nombres dans les camemberts de gauche sont obtenus à partir des nombres opposés en divisant par 2.

5. 21

Les nombres dans les camemberts à gauche sont obtenus à partir des nombres opposés par leur multiplication par 4 plus 1 : 5 × 4 + 1 = 21.

Série 5

1.

19
25

Il y a deux séries de nombres : celle du haut et celle du bas. On obtient les nombres de ces deux séries en ajoutant au nombre précédent en haut : + 3, + 4, + 5, + 6 et en bas : + 4, + 5, + 6 et + 7.

2.

16
64

La série du haut est composée des nombres 12, 22, 32, 42, 52. La série du bas est composée des nombres 13, 23, 33, 43, 53.

3.

2
1

En haut, nous avons une suite décroissante où chaque nombre diminue de deux points par rapport au nombre précédent. En bas, nous avons une suite décroissante composée de nombres 52, 42, 32, 22, 12.

4.

25
2

Ici, il y a également deux séries. Mais pour chaque nouvelle paire de nombres, le numérateur et le dénominateur sont alternés. Dans la première série, chaque nombre augmente de 3 par rapport au nombre précédent : 13 - 16 - 19 - 22 - 25. Dans la deuxième série, chaque nombre diminue de 6 par rapport au nombre précédent : 26 - 20 - 14 - 8 - 2.

5.

49
41

Comme dans l'exercice précédent, pour chaque nouvelle paire de nombres, le numérateur et le dénominateur sont alternés. Les nombres des deux séries sont calculés de manière suivante :
1re série : nombre précédent multiplié par 2 moins 1 : 4 - 7 - 13 - 25 - 49.
2e série : nombre précédent multiplié par 3 moins 1 : 1 - 2 - 5 - 14 - 41.

■ Série 6

1.

M
14

En haut, on obtient les éléments en avançant à chaque fois de quatre lettres dans l'ordre alphabétique. En bas, on ajoute 3 au nombre précédent.

2.

L
5

Les séries numérique et littérale sont croisées. Les éléments de la série numérique sont obtenus de la manière suivante : - 4, - 3, - 2. Les éléments de la série littérale : + 4, + 3, + 2 dans l'ordre alphabétique.

3.

26
Z

On obtient les nombres de la manière suivante : nombre précédent multiplié par 2 moins 2.
Pour obtenir la série des lettres, on les numérote dans l'ordre alphabétique. Ensuite, on inscrit en bas une lettre dont le rang dans l'alphabet correspond au nombre en haut.

4.

61
AF

Pour obtenir les nombres, on ajoute 12 au nombre précédent. Pour obtenir la série des lettres, on procède comme dans l'exercice précédent mais on inverse l'ordre de lettres dans chaque configuration.

5.

24
C

Pour obtenir les nombres, on multiplie par 2 le nombre précédent. Pour obtenir la série des lettres, on numérote l'alphabet dans le sens inverse. Ensuite, on inscrit en bas une lettre dont le rang dans l'alphabet inversé correspond au nombre en haut.

Série 7

1. LUI
Les lettres étant numérotées dans l'ordre alphabétique, on trouve :
12 = L, 21 = U, 9 = I.

2. 37
Les nombres sont obtenus comme somme des rangs dans l'alphabet des lettres composant le mot :
4 + 9 + 24 = 37.

3. 10
Les nombres correspondent aux nombres de lettres dans les mots respectifs.

4. 4
Les nombres correspondent aux nombres de consonnes dans les mots respectifs.

5. 2
Les nombres correspondent aux nombres de lettres *i* dans les mots respectifs.

6. 10
ELLE = 8, alors LE = 4 et nous avons deux possibilités :
soit L = 1 et E = 3,
soit L = 3 et E = 1.
Si L = 1 et AIL = 9, alors AI = 9 - 1 = 8.
Ce qui est impossible, car A et I sont deux chiffres différents et nous avons le choix entre 2, 4 et 5.
Alors la seule solution possible est L = 3 et donc AI = 6 (2 et 4).
Maintenant on calcule :
AILE = 6 + 4 = 10.

Série 8

1. 2
On remarque que, dans chaque rangée, nous avons trois figures : à quatre, trois et deux ronds. Alors l'élément manquant de la deuxième rangée doit avoir trois ronds. Par ailleurs, les trois éléments de la même rangée sont de même couleur. Donc la figure recherchée a trois ronds noirs.

2. 3

On fait attention à trois éléments composant les figures : la couleur du fond, le motif au centre et la couleur de ce motif. On remarque que, dans la même rangée, ces trois éléments sont différents pour chaque figure. Donc la figure recherchée est un carré noir sur fond gris.

3. 1

On fait attention à la couleur des trois éléments composant les figures : celles du fond, du rond et du triangle. On remarque que, dans la même rangée, les couleurs de ces trois éléments sont différentes d'une figure à l'autre (ce qui rend certains éléments invisibles). La figure recherchée a donc un triangle blanc, un rond gris et un fond gris.

4. 2

On remarque que les figures de la même rangée ont trois éléments différents : le nombre de traits en haut de la flèche, la position de la barre centrale et la couleur du rond. Alors la figure recherchée a deux traits en haut de la flèche et la barre centrale en bas du rond gris et blanc.

5. 6

On fait attention aux trois éléments des figures : forme de la bouche, couleur du nez et position du visage. On remarque que, dans chaque rangée, les bouches des trois personnages sont différentes. La couleur du nez dans la 3e colonne est identique à celle du nez dans la 1re. Et enfin, dans la même rangée, le visage est en rotation d'un quart de tour en sens inverse des aiguilles d'une montre d'une figure à l'autre.

■ Série 9

Attention : la case blanche s'intercale entre le 6 et le 1.
On a donc : 1 - 2 - 3 - 4 - 5 - 6 - blanc - 1 - 2 - etc.

1.

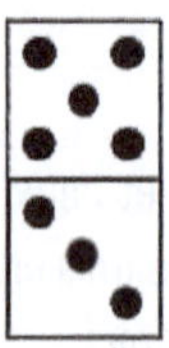

Le nombre total de points augmente d'un domino à l'autre et passe de 3 à 7 points.
Le nombre total du dernier domino est donc 8. De plus, le nombre du bas de chaque domino est le même dans chaque colonne. Le domino recherché a donc 5 en haut et 3 en bas.

2.

Dans chaque rangée en haut, on augmente de 1 de gauche à droite. En bas, les nombres forment une suite intercalée (3 - 5 - 4, 2 - 4 - 3 et donc 6 - 1 - blanc). Le domino recherché a donc 4 en haut et est blanc en bas.

3.

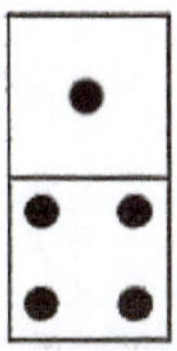

En haut, on augmente de 2 de gauche à droite.
En bas, on augmente de 3 de gauche à droite.
Le domino recherché a donc 1 en haut et 4 en bas.

4.

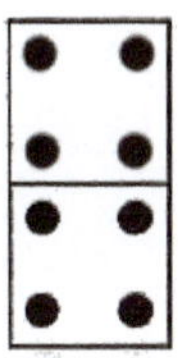

On remarque que le cercle extérieur alterne le 2 et le 4, le cercle intérieur est une suite croissante de 1 à 6. Le domino recherché a donc 4 en haut et 4 en bas.

5.

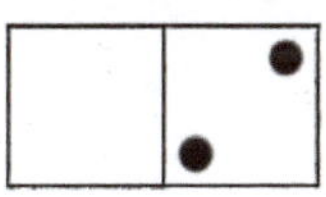

Le nombre à gauche décroît de 1 le long de chaque rangée. Pour la partie droite de la dernière rangée, on regarde les dominos par colonne : 3 - 2 = 1 ; 5 - 4 = 1 et donc 3 - 1 = 2. Le domino recherché est donc blanc à gauche et a 2 à droite.

EXERCICES

Réalisez chacun des exercices suivants en 20 minutes.

Exercice 1

1. Quel est le nombre manquant? 56 63 - 36 65 - 49 86 - 68?

a) 59
b) 68
c) 86
d) 94

2. Quel est le domino manquant?

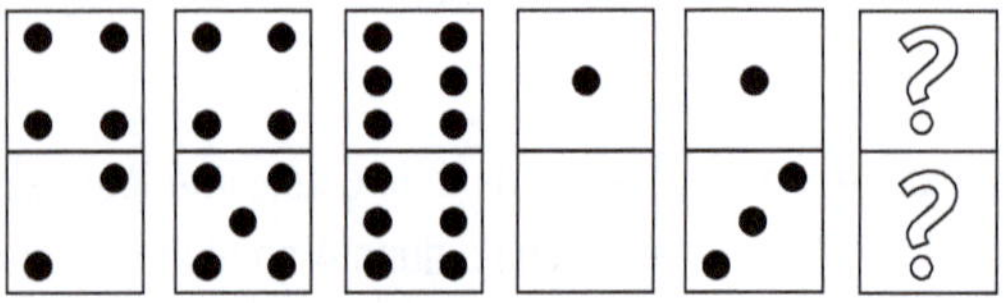

A B C D

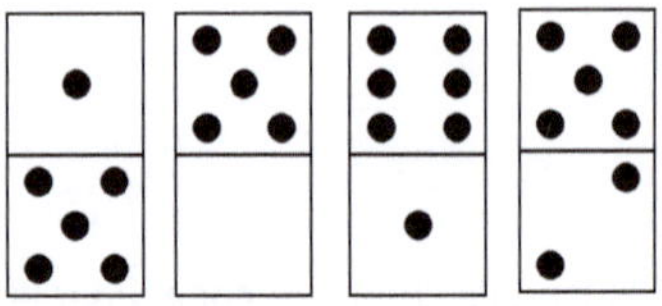

a) A
b) B
c) C
d) D

3. Maçon est à maison ce que boulanger est à:

a) farine.
b) four.
c) levure.
d) pain.

4. Quel nombre doit se situer dans le dernier triangle ?

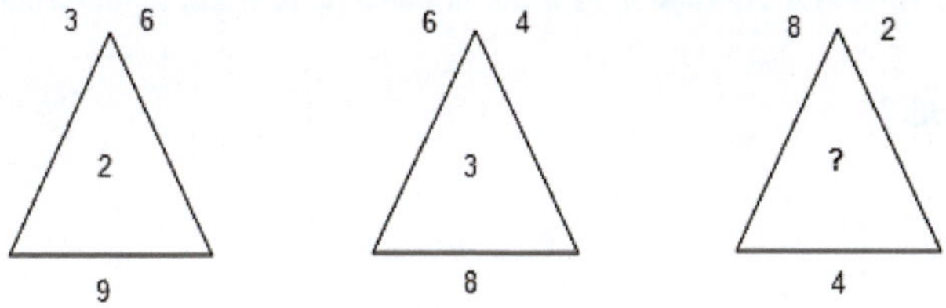

a) 2
b) 4
c) 6
d) 8

5. Remplacez le point d'interrogation :

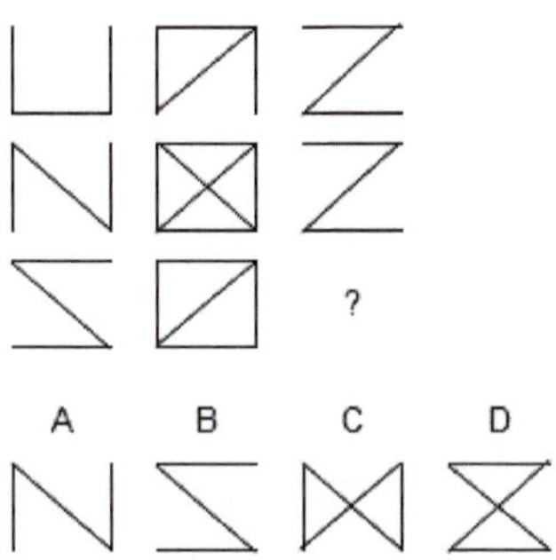

a) A
b) B
c) C
d) D

6. Les enfants bruns aiment le chocolat. Il n'existe pas d'enfant qui n'aime pas les bonbons. Que peut-on en déduire ?

a) Patrick n'aime pas les bonbons, donc il est brun.
b) Pierre aime les bonbons, donc il est brun.
c) Si Alain est un enfant brun, alors il aime les bonbons et le chocolat.
d) Un enfant brun n'aime pas forcément le chocolat.

7. Vincent a rendez-vous chaque jour de la semaine à 14 h avec son dentiste mais ce dernier est systématiquement en retard. Le lundi, Vincent a été reçu à 14 h 30, le mardi à 15 h 20, le mercredi à 16 h 30.

À quelle heure sera reçu Vincent le jeudi ?

a) 17 h
b) 18 h
c) 19 h 30
d) 20 h 10

8. Quelles sont les flèches manquantes dans la troisième colonne ?

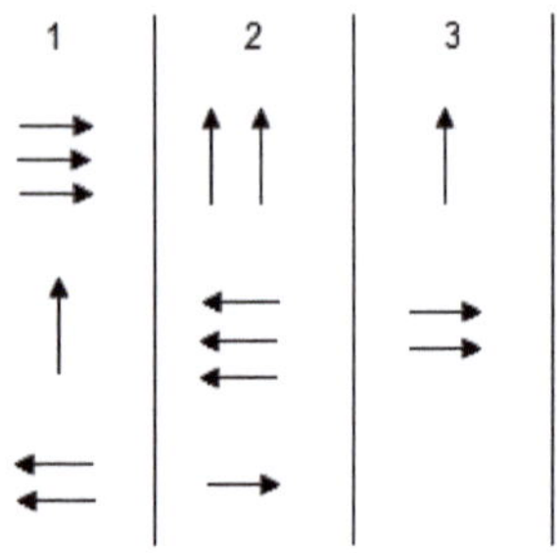

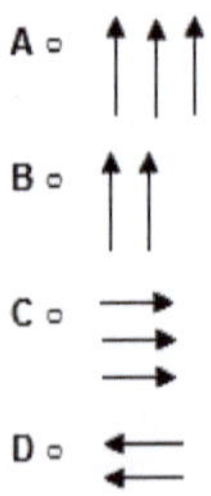

a) A
b) B
c) C
d) D

9. Quelle lettre vient à la place du point d'interrogation ? U – D – T – Q – C – S – S – H – ?

a) D
b) N
c) O
d) T

10. « Tous les curieux sont avides. Aucun gourmand n'échappe aux sarcasmes. Certains gourmands sont curieux. » Quelle phrase ci-après contredit ces affirmations ?

a) Certains curieux sont gourmands.
b) Certains êtres avides échappent aux sarcasmes.
c) Certains gourmands sont avides.
d) Tous les avides échappent aux sarcasmes.

■ Exercice 2

1. Trouvez l'intrus :

a) Camille
b) Claude
c) Dominique
d) Jean

2. Trouvez le nombre suivant dans la liste 2 - 4 - 16 - 256 :

a) 512
b) 1 024
c) 2 056
d) 65 536

3. Trouvez l'intrus :

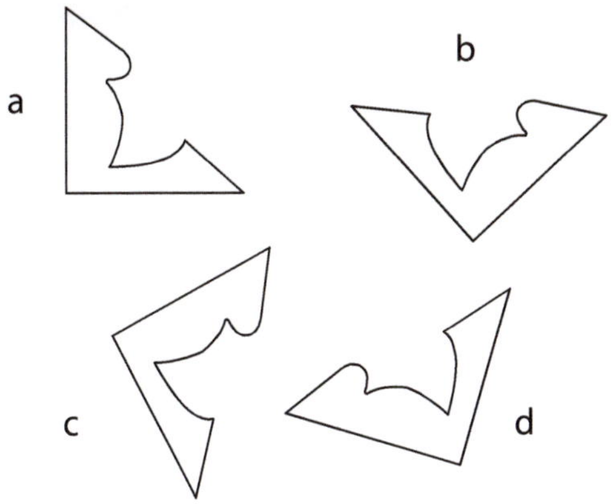

a)
b)
c)
d)

4. Trouvez la carte manquante :

a) Le deux de carreau
b) L'as de trèfle
c) Le sept de trèfle
d) Le roi de trèfle

5. Si CARNAGE vaut 311814175, alors MASSACRE vaut ?

a) 8522501115411
b) 1843222156119
c) 131191913185
d) 44411354581452

6. Déterminez le dernier domino :

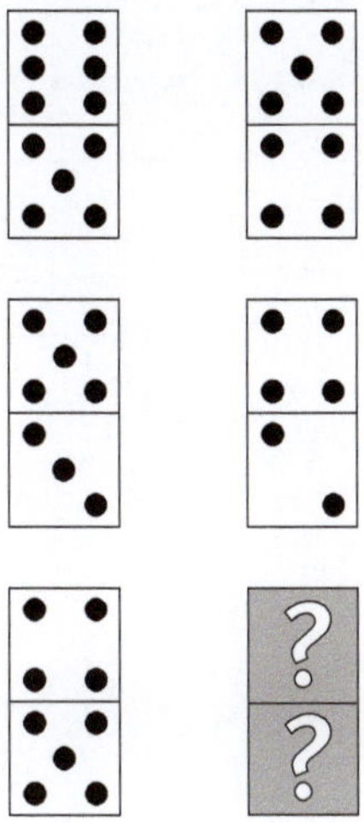

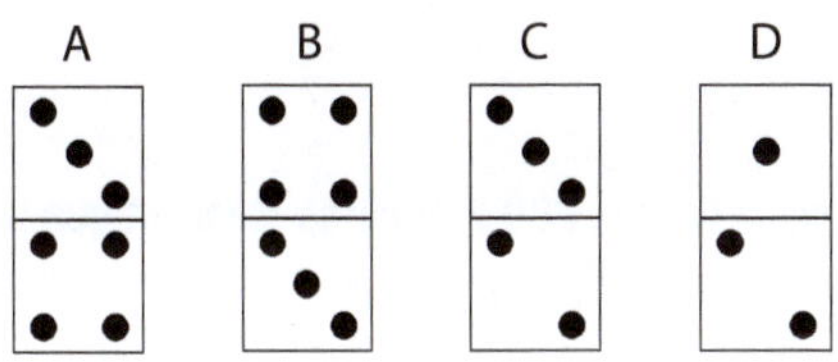

a)
b)
c)
d)

7. Complétez cette suite : a, z, e, r...

a) g
b) t
c) x
d) y

8. Soit la série de dessins suivante :

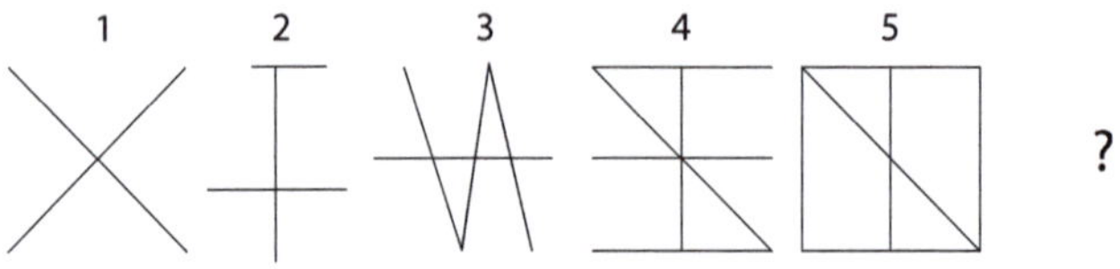

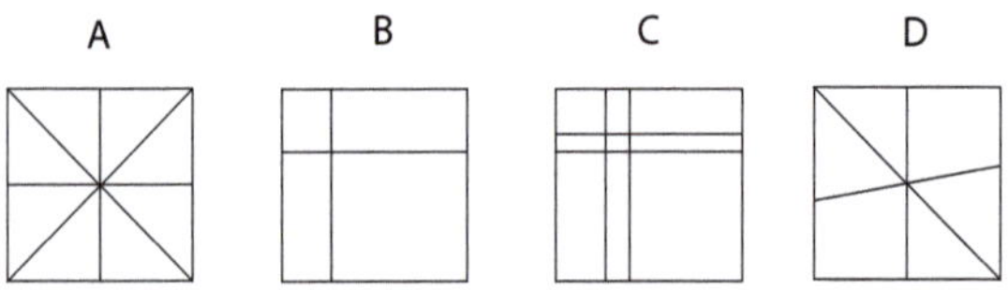

a)
b)
c)
d)

9. Un agent immobilier vend un terrain plus une maison posée dessus 200 000 euros. Sachant que la maison vaut 120 000 euros de plus que le terrain, combien vaut le terrain ?

a) 40 000 euros
b) 80 000 euros
c) 120 000 euros
d) 200 000 euros

10. Soit un cube de longueur de côté « *R* ». Quel devrait être le rayon « *r* » par rapport à « *R* » d'une sphère enfermée dans le cube pour que le volume de la sphère soit un tiers de celui du cube ?

a) $r = \frac{R}{3}$

b) $r = \pi^3 \times \frac{R}{3}$

c) $r = \frac{R}{\sqrt[3]{4 \times \pi}}$

d) $r = \frac{\sqrt[3]{4 \times \pi}}{3 \times 4}$

Exercice 3

1. Quel est l'élément suivant : 1 - 5 - 8 - 10 - ?

a) 11
b) 12
c) 13
d) 14

2. Quel est l'élément suivant : 1 - 5 - 6 - 11 - ?

a) 11
b) 13
c) 15
d) 17

3. Quel est l'élément suivant : 4 - 5 - 6 - 8 - ?

a) 10
b) 11
c) 12
d) 13

4. Quel est l'intrus ?

a) Tourbe
b) Marne
c) Glaise
d) Granit

5. Paul a deux fois l'âge de sa sœur Anne. Il a trois fois l'âge de son petit frère Simon. Si on additionne l'âge de Paul, d'Anne et de Simon, on obtient la moitié de l'âge de leur père. Sachant que la mère de Paul a six ans de plus que son père, quel est l'âge du père de Paul ?

a) 26 ans
b) 36 ans
c) 46 ans
d) Impossible à déterminer

6. Paul vient d'acheter un paquet de bonbons bariolés. Trouvant leurs goûts excellents, il décide d'en donner cinq à son amie Anne, six à son frère Simon et, à son ami Pierre, plus qu'à Anne et à Simon réunis. Combien le paquet contient-il de bonbons au minimum ?

a) 23
b) 24
c) 25
d) Impossible à déterminer

7. Si Ève se traduit par le chiffre 32, que vaut Adam ?

a) 12
b) 23
c) 19
d) 21

8. Quel est l'intrus ?

a) HVCERE
b) EANUGRIM
c) VCAEH
d) LTEMU

9. Un libraire achète un livre 20 euros, le vend 25 euros, le rachète 30 euros et le revend 35 euros. Quel est son bénéfice ?

a) 10 euros
b) 50 euros
c) 5 euros
d) 25 euros

10. Si ARNAUD se transpose en 118141214, comment écrire MIREILLE ?

a) 14378511254
b) 21145141511
c) 139185912125
d) 1141518224

Exercice 4

1. Parmi les réponses suivantes, laquelle remplace le X ?
ANTENNE – NÉNUPHAR – X – CIERGE

a) AUTARCIE
b) PHARAON
c) PHARMACIE
d) PHARMACIEN

2. Quel élément complète la suite ?
(A - 2) – (E - 5) – (I -11) – (? -?) – (U - 47)

a) (O - 23)
b) (O - 42)
c) (Y - 54)
d) (Y - 85)

3. Quel élément complète la suite ?
DIKA – EKNE – FMQI – ?

a) GHUY
b) GOAQ
c) GOTM
d) GRIP

4. Jean est le grand-père maternel de mon oncle paternel Jacques. Qui suis-je ?

a) L'arrière-petit-fils de Jean
b) Le petit-fils de Jean
c) Le petit-neveu de Jean
d) L'arrière-petit-cousin de Jean

5. Parmi les réponses suivantes, laquelle remplace le X ?
2 – 14 – 11 – 23 – X – 32

a) 13
b) 17
c) 20
d) 35

6. Quel nombre remplace le X ?
24(9) - 33(10) - 27(15) - 35(X)

a) 8
b) 16
c) 20
d) 25

7. Vous clôturez votre jardin de forme rectangulaire (longueur : 21 m ; largeur : 15 m). Vous plantez un poteau de support au grillage tous les 3 mètres. Vous laissez un espace de 3 mètres sans grillage dans votre clôture pour placer ultérieurement un portail. Combien utilisez-vous de poteaux ?

a) 21
b) 23
c) 24
d) 25

8. Parmi les propositions suivantes, laquelle remplace (X) ?
Vingt (4) - Douze (2) - Quinze (3) - Seize (X)

a) (1)
b) (2)
c) (3)
d) (4)

9. Remplacez les points d'interrogation par les chiffres manquants :

15050	90	30	
200	50	100	25
250	50	110	22
300	50	?	?

a) 120 - 17
b) 120 - 20
c) 130 - 27
d) 140 - 18

10. Si ORME = 2 - 5 - 26 - 18, TABLE = 7 - 14 - 15 - 25 - 18, OUBLIER = 2 - 8 - 15 - 25 - 22 - 18 - 5, alors BRAMER = ?

a) 2 - 17 - 15 - 7 - 21 - 8
b) 9 - 7 - 11 - 3 - 23 - 19
c) 12 - 17 - 8 - 23 - 1 - 15
d) 15 - 5 - 14 - 26 - 18 - 5

■ **Exercice 5**

1. Vous disposez d'un compte épargne au 1er janvier 2011 de 15 000 euros, rémunéré à 2 %. Le 1er juillet 2011, vous avez retiré 5 000 euros. Quel est le montant des intérêts perçus au 31 décembre 2011 ?

2. En 2010, votre loyer qui était de 500 euros a été augmenté de 2 %. En juin 2011, il a été augmenté de 1 %. Combien payez-vous actuellement ?

3. Lors d'une course de vélo, Roland double le deuxième, puis, alors qu'il approche de la ligne d'arrivée, il se fait dépasser par deux rivaux. À quelle place termine Roland ?

4. Vous décidez de régler votre réveil mécanique à aiguilles qui sonne très fort. Vous le programmez pour sonner à 10 heures et vous vous couchez à 21 heures. Combien de temps dormirez-vous ?

5. Complétez le triangle. Le nombre inscrit dans chaque case est égal à la somme des deux nombres inscrits dans les deux cases juste en dessous.

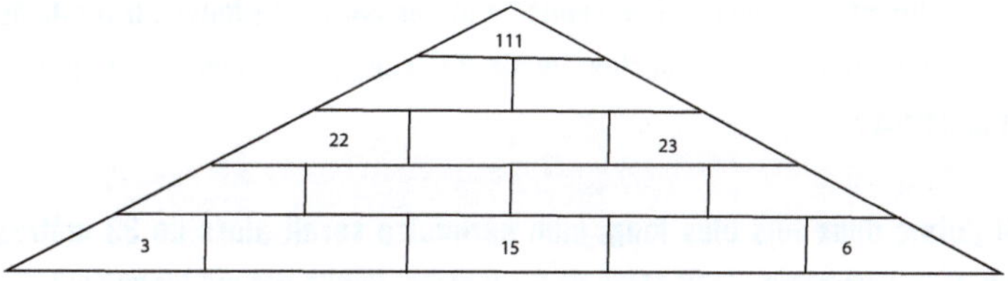

6. Lors d'un concert de musique classique à guichet fermé, 750 personnes ont acheté un billet à 15 euros. Avant le début du spectacle, 738 personnes se présentent. Au premier entracte, 9 personnes arrivées en retard s'installent et 4 qui n'aiment pas le spectacle quittent la salle. Au second entracte, un couple devant partir quitte aussi la salle alors que 3 retardataires arrivent encore. Quelle est la recette de ce concert ?

7. Quelle est la suite logique ?

2	3	2	3	6	3	?	?
1	4	5	4	5	4	?	?

8. Quelle est la suite logique?
Jours - Heures - Mois - 365 - 8 760 - ?

9. Quelle est la suite logique?
CHAT 20 - SOURIS 19 - CHIEN 14 - ABEILLE?

10. Quelle est la suite logique?
VIII 5 - XXXI 7 - XV 4 - XXVI 7 - XVI?

■ Exercice 6

1. Isabelle bénéficie d'un salaire mensuel net de 1 500 euros. Son loyer s'élève à 280 euros tous les mois. Chaque trimestre, elle consacre 1 300 euros à la nourriture. Sur une année, elle parvient à épargner 3 600 euros. Sachant que tous les semestres, elle envoie 520 euros à sa famille, combien lui reste-t-il d'euros à la fin de chaque mois pour l'habillement et les loisirs?

2. Jean-Christophe part en vacances de neige. Dans la station de sport d'hiver où il se trouve, il dispose d'un domaine skiable de 46 km répartis entre quatre couleurs de piste: verte, bleue, rouge et noire. Il y a 200 hm de pistes bleues mais quatre fois moins de pistes noires. La longueur totale des pistes rouges équivaut à 50 % de celle des pistes vertes. Quelle différence de longueur y a-t-il entre les pistes rouges et les pistes noires?

3. Je suis un rectangle. Si j'étais deux fois plus long, mon périmètre serait alors de 33 mètres; si j'étais deux fois plus large, mon périmètre serait alors de 27 mètres. Quelle est ma longueur?

4. Complétez la série ci-dessous:

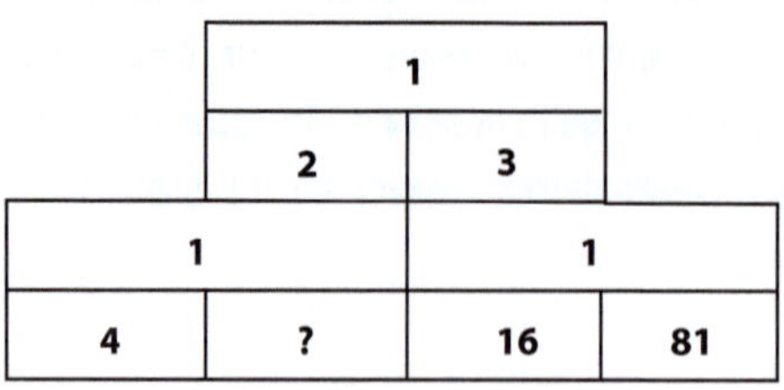

5. Fausse fourrure est associée à 12344516377375. À quoi est associé le numéro 123442875 ?

6. Prison = 16,6
Cellule = 3,7
Détenu = 4,6
Surveillant = ?
Quels chiffres remplacent le point d'interrogation ?

7. À chaque grade du personnel de surveillance correspond un nombre :
Lieutenant = 20
Major = 10
Surveillant = 22
Commandant = 20
À quel nombre correspond capitaine ?

8. Dans une famille de cinq enfants :
Harmonie < Nathan
Harmonie > Franck
Corentin < Harmonie
Franck > Corentin
Nathan > Laura
Qui est le plus grand ?

9. Trouvez le chiffre manquant.

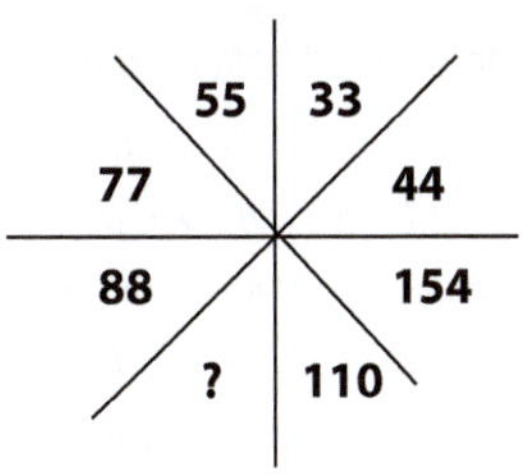

10. Quelle figure, parmi celles proposées, complète la série ?

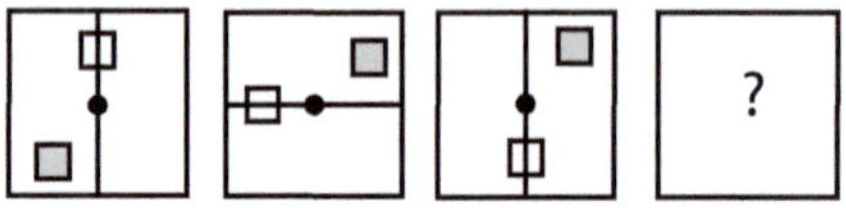

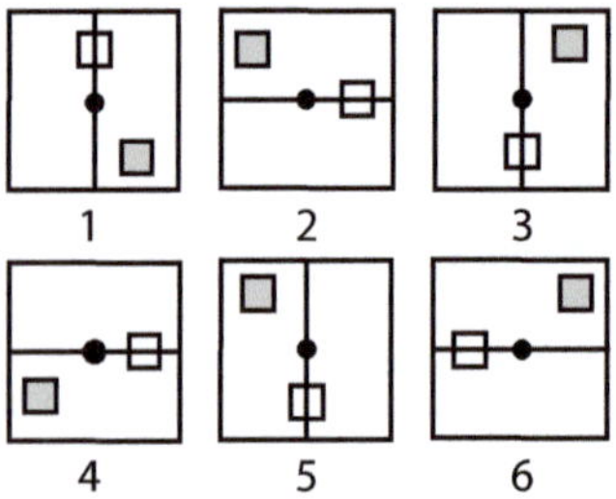

■ Exercice 7

1. Sur la base de l'article ci-après, quelle est la proposition correcte ?

Dans l'automobile, l'activité a nettement baissé et le solde correspondant est en net recul et se situe à un niveau très inférieur à celui de longue période. Au vu des perspectives personnelles de production des industriels, l'activité progresserait mais resterait faible au cours des prochains mois.

Dans les industries agroalimentaires, le jugement porté sur l'activité passée par les industriels a progressé et se situe désormais au-dessus de sa moyenne de longue période. Pour autant, l'activité devrait être peu dynamique dans les mois à venir.

Dans les équipements électriques, électroniques, informatiques et les machines, l'activité passée est jugée dynamique, mais les perspectives personnelles de production demeurent mal orientées.

Enfin, dans le secteur de la pharmacie, l'activité passée a légèrement progressé par rapport au mois précédent mais a ralenti dans la chimie, le caoutchouc et la métallurgie. Dans les prochains mois, l'activité resterait soutenue dans la pharmacie, seul secteur épargné, semble-t-il, tandis qu'elle se dégraderait dans le caoutchouc et la chimie et reculerait fortement dans la métallurgie.

Le Monde, *19 juin 2012*

a) La croissance du domaine des équipements électriques n'aurait aucun problème d'avenir.
b) L'industrie agroalimentaire va croître de façon exponentielle.
c) Le secteur de la pharmacie aurait des perspectives d'avenir correctes.
d) Le secteur de l'industrie automobile a l'avenir le plus prometteur.

2. Compléter cette suite : B 10, C 11, E 13, H 16.

a) I 18

b) J 19

c) L 20

d) M 21

3. Valérie mesure 20 cm de plus que Ludivine. Vanessa mesure 5 cm de plus que Ludivine. Vanessa mesure 5 cm de moins que Stéphanie. Stéphanie mesure 10 cm de moins que Valérie. Qui est la plus grande ?

a) Ludivine

b) Stéphanie

c) Valérie

d) Vanessa

4. 10 personnes se serrent la main une seule fois. Combien de poignées de main se sont-elles échangées ?

a) 45

b) 55

c) 90

d) 99

5. Si Elsa aime les gâteaux, Alexandra le chocolat et Nathalie les pommes, alors qu'est-ce que Régine aime ?

a) Les bonbons

b) Les tartes

c) Les sorbets

d) Les fruits

6. Compléter cette suite :

1

11

21

1211

111221

a) 11122212

b) 211221

c) 312211

d) 331221

7. YR UP QN ML - Quel est le couple de lettres qui est la suite logique des quatre couples précédents ?

a) IJ
b) IR
c) JJ
d) RS

8. Continuer cette progression : - 1 ; + 3 ; + 2 ; + 5 ; + 7 ; ?

a) - 7
b) - 11
c) + 12
d) + 16

9. Compléter la suite : 13 ; 11 ; 15 ; 13 ; 17 ; ?

a) 13
b) 11
c) 15
d) 17

10. Chasser l'intrus.

a) 108
b) 909
c) 1 400
d) 1 575

11. Compléter cette suite logique : UDTQCS.

a) HNS
b) NHS
c) SHN
d) SNH

12. Si ville = 5 ; mairie = 6 ; rue = 3 ; prairie = 7, trouver l'intrus.

a) Ville
b) Mairie
c) Rue
d) Prairie

13. Compléter la suite : 51 ; 48 ; 53 ; 46 ; 55 ; ?

a) 44
b) 57
c) 43
d) 52

14. Quel âge a Camille, sachant que Philippe a 35 ans, Hervé 23, Marie-Pierre 65 ?

a) 34 ans
b) 26 ans
c) 72 ans
d) 39 ans

15. Trouver l'intrus.

a) FARIGE
b) AHEPTENL
c) UVEIOTR
d) HNEIC

CORRIGÉS

Exercice 1

1. Quel est le nombre manquant ? 56 63 - 36 65 - 49 86 - 68 ?

a) 59
b) 68
c) 86
d) 94

La série doit être divisée en deux : [56 63 - 36 65] - [49 86 - 68 ?]
[56 63 - 36 65] doit être scindée en deux.
En considérant les nombres, la série 56 63 est le miroir inversé de 36 65 (63 = 36) (56 = 65)
Donc [49 86 - 68 ?]
86 = 68
49 = ? = 94

2. Quel est le domino manquant ?

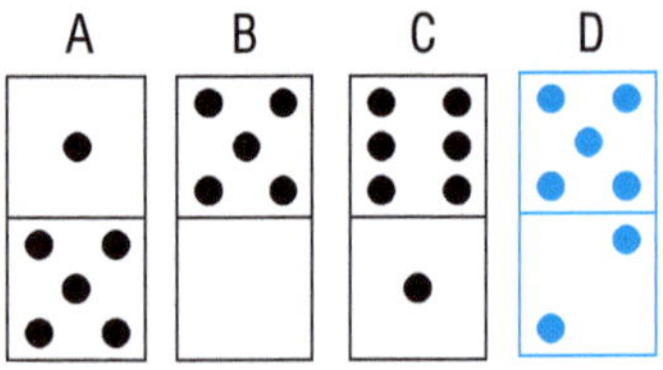

a) A
b) B
c) C
d) D

Les dominos doivent ici se lire en diagonale :
- *en partant du premier domino haut, puis deuxième domino bas... : on obtient une logique de diagonale + 1 : 4, 5, 6, 0, 1, ? = 2 ;*
- *en partant du premier domino bas, puis deuxième domino haut... : on obtient une logique de diagonale + 2 : 2, 4, 6, 1, 3, ? = 5.*

La bonne réponse est donc d).

3. Maçon est à maison ce que boulanger est à :

a) farine.
b) four.
c) levure.
d) pain.

Il faut raisonner en fonction du « produit fini » :
- *le maçon « fait » une maison ;*
- *le boulanger « fait » du pain.*

4. Quel nombre doit se situer dans le dernier triangle ?

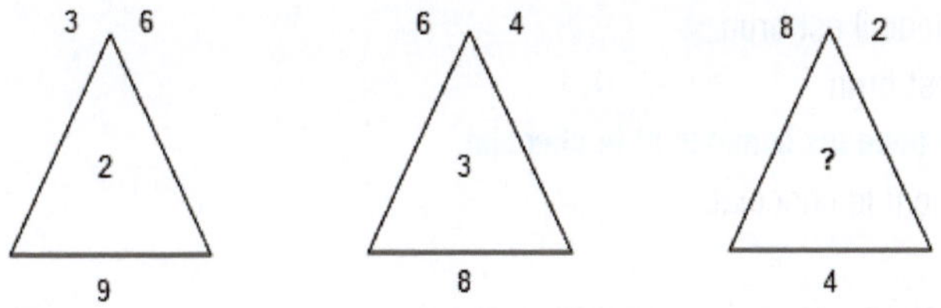

a) 2
b) 4
c) 6
d) 8

On multiplie les deux chiffres du haut l'un par l'autre, puis on divise par le chiffre du bas = le chiffre à l'intérieur du triangle.

- *Triangle 1 : (3 × 6) / 9 = 2*
- *Triangle 2 : (6 × 4) / 8 = 3*
- *Triangle 3 : (8 × 2) / 4 = 4*

5. Remplacez le point d'interrogation :

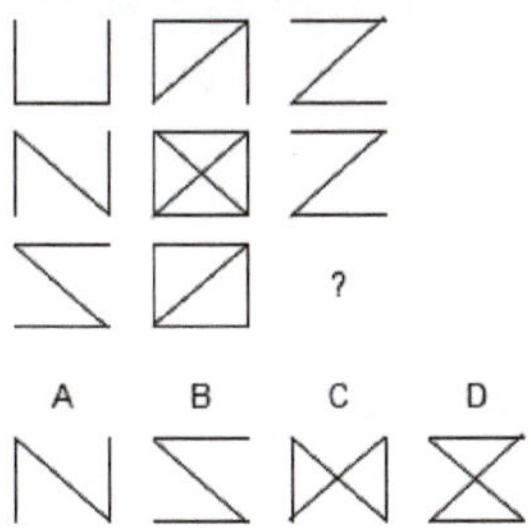

a) A
b) B
c) C
d) D

On observe ici que la figure du milieu est la superposition des deux autres, tout en sachant qu'un trait commun aux deux s'efface.
La bonne réponse est c).

6. Les enfants bruns aiment le chocolat. Il n'existe pas d'enfant qui n'aime pas les bonbons. Que peut-on en déduire ?

a) Patrick n'aime pas les bonbons, donc il est brun.

b) Pierre aime les bonbons, donc il est brun.

c) Si Alain est un enfant brun, alors il aime les bonbons et le chocolat.

d) Un enfant brun n'aime pas forcément le chocolat.

Il est possible de résumer les deux affirmations de la manière suivante :

- *première affirmation : si l'enfant est brun = il aime le chocolat ;*
- *seconde affirmation : si c'est un enfant = il aime les bonbons.*

Donc, si Alain est un enfant brun, alors il aime les bonbons et le chocolat.

7. Vincent a rendez-vous chaque jour de la semaine à 14 h avec son dentiste mais ce dernier est systématiquement en retard. Le lundi, Vincent a été reçu à 14 h 30, le mardi à 15 h 20, le mercredi à 16 h 30.

À quelle heure sera reçu Vincent le jeudi ?

a) 17 h

b) 18 h

c) 19 h 30

d) 20 h 10

Il s'agit ici d'une suite de retards. Il convient donc de comptabiliser le retard par rapport à l'horaire initial :

- *lundi : + 30 minutes ;*
- *mardi : + 80 minutes (soit 50 minutes de plus que le lundi) ;*
- *mercredi : + 150 minutes (soit 70 minutes de plus que le mardi) ;*
- *jeudi : ? ? (le retard de la veille augmente de 20 minutes chaque jour).*

Donc : 150 + 70 + 20 = 240 minutes de retard = 4 heures, soit un RDV à 18 h 00.

8. Quelles sont les flèches manquantes dans la troisième colonne ?

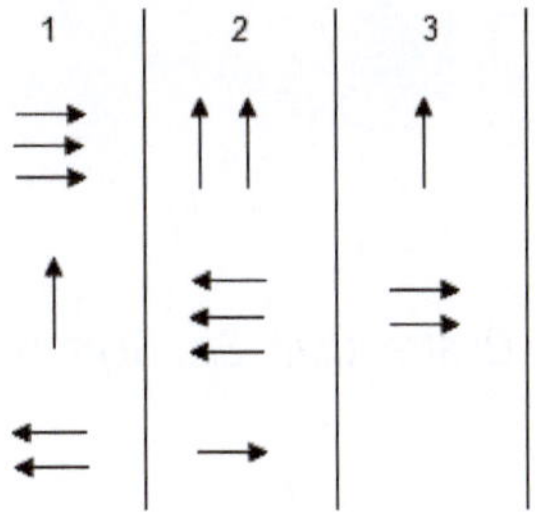

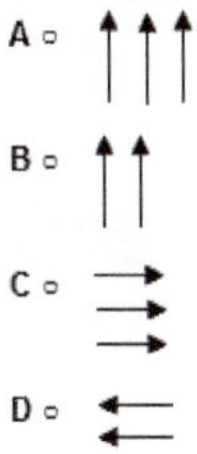

a) A
b) B
c) C
d) D

On observe ici que, dans chaque colonne et dans chaque ligne, il y a une figure à 1 flèche, une figure à 2 flèches et une figure à 3 flèches.
La figure manquante ne peut être que la figure A ou la figure C.
Par ailleurs, dans chaque colonne, il y a une figure verticale, deux figures horizontales. La figure manquante sera donc horizontale : il ne peut s'agit par conséquent que de la réponse c).

9. Quelle lettre vient à la place du point d'interrogation? U – D – T – Q – C – S – S – H – ?

a) D

b) N

c) O

d) T

Il s'agit ici des premières lettres de chaque chiffre: Un, Deux, Trois, Quatre, Cinq, Six, Sept, Huit, Neuf.

10. « Tous les curieux sont avides. Aucun gourmand n'échappe aux sarcasmes. Certains gourmands sont curieux. » Quelle phrase ci-après contredit ces affirmations?

a) Certains curieux sont gourmands.

b) Certains êtres avides échappent aux sarcasmes.

c) Certains gourmands sont avides.

d) Tous les avides échappent aux sarcasmes.

- *Affirmation 3: certains gourmands sont curieux.*
- *Affirmation 1: tous les curieux sont avides.*
- *Affirmation 2: aucun gourmand n'échappe aux sarcasmes.*

Donc, certains gourmands = curieux = avides mais n'échappent pas aux sarcasmes

La proposition d) contredit les affirmations.

■ Exercice 2

1. Trouvez l'intrus:

a) Camille

b) Claude

c) Dominique

d) Jean

Jean est le seul prénom ne pouvant être porté à la fois par un homme et une femme.

2. Trouvez le nombre suivant dans la liste 2 - 4 - 16 - 256 :

a) 512

b) 1 024

c) 2 056

d) 65 536

Ici, le chiffre précédent de la suite est élevé au carré

$2^2 = 4$

$4^2 = 16$

$16^2 = 256$

3. Trouvez l'intrus :

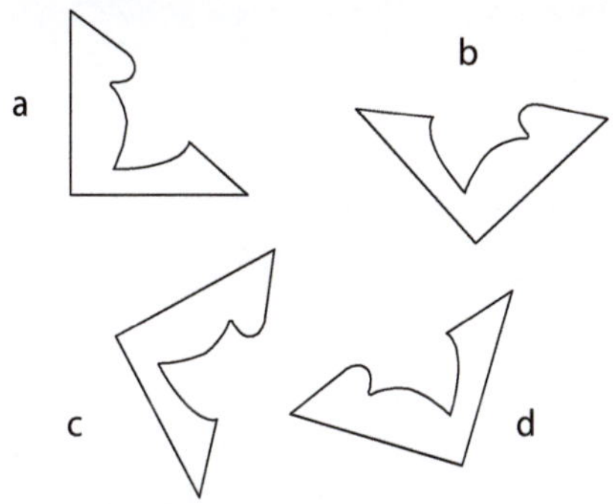

a)

b)

c)

d)

4. Trouvez la carte manquante :

a) Le deux de carreau

b) L'as de trèfle

c) Le sept de trèfle

d) Le roi de trèfle

Dans cette suite, il faut lier les cartes entre elles selon le schéma suivant :

On a alors :

6 + 4 = 10

5 + 5 = 10

9 + ? = 10, donc ? = 1 = un as

5. Si CARNAGE vaut 311814175, alors MASSACRE vaut?

a) 8522501115411

b) 1843222156119

c) 131191913185

d) 44411354581452

Pour répondre à cette question, il faut numéroter les lettres en suivant l'ordre alphabétique. On obtient alors: CARNAGE vaut 3-1-18-14-17-5

C = 3

A = 1

R = 18

N = 14

A = 1

G = 7

E = 5

Donc, pour MASSACRE

M = 13

A = 1

S = 19

S = 19

A = 1

C = 3

R = 18

E = 5

Soit 13-1-19-19-1-3-18-5

6. Déterminez le dernier domino :

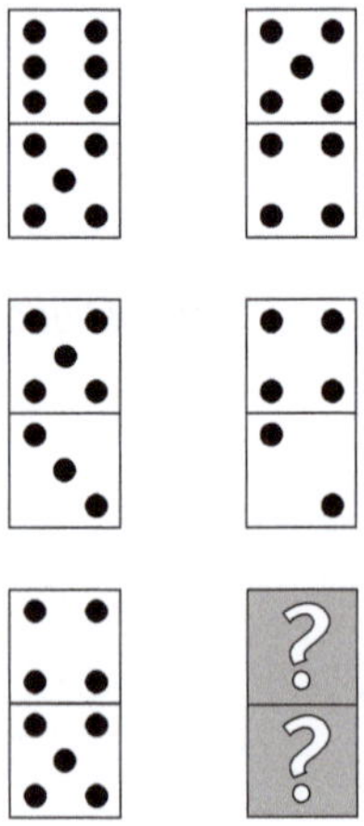

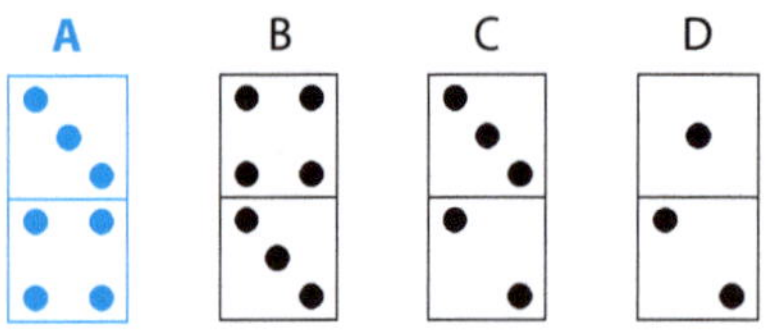

Il faut ici observer les dominos se trouvant côte à côte et soustraire 1 pour trouver la valeur correspondante.

7. Complétez cette suite : a, z, e, r...

a) g

b) t

c) x

d) y

Reproduction des premières lettres d'un clavier : AZERTY.

8. Soit la série de dessins suivante :

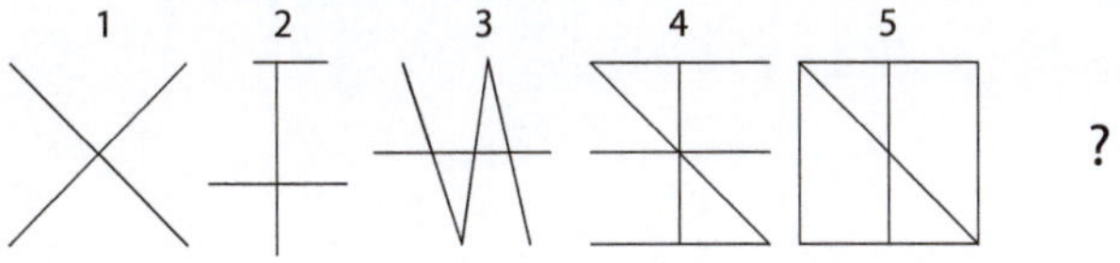

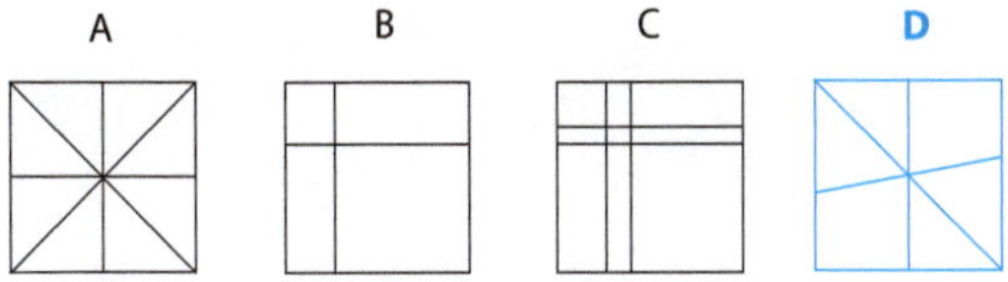

Il faut compter le nombre de traits de chaque figure. On observe que chaque figure compte un trait de plus que la figure précédente.

9. Un agent immobilier vend un terrain plus une maison posée dessus 200 000 euros. Sachant que la maison vaut 120 000 euros de plus que le terrain, combien vaut le terrain ?

a) 40 000 euros

b) 80 000 euros

c) 120 000 euros

d) 200 000 euros

Soit M le prix de la maison et T le prix du terrain, nous obtenons :

$T + M = 200\,000$

$M = 120\,000 + T$

Donc : $200\,000 = T + (120\,000 + T)$

$200\,000 = 2T + 120\,000$

$2T = 200\,000 - 120\,000$

$2T = 80\,000$

$T = 40\,000$

10. Soit un cube de longueur de côté « *R* ». Quel devrait être le rayon « *r* » par rapport à « *R* » d'une boule enfermée dans le cube pour que le volume de la boule soit un tiers de celui du cube ?

a) $r = \frac{R}{3}$

b) $r = \pi^3 \times \frac{R}{3}$

c) $r = \frac{R}{\sqrt[3]{4 \times \pi}}$

d) $r = \frac{\sqrt[3]{4 \times \pi}}{3 \times 4}$

La bonne réponse est c).
La formule pour le volume d'un cube est : $R \times R \times R = R^3$
La formule de calcul pour le volume d'une boule est : $(\frac{4}{3}) \times \pi \times r \times r \times r$

Exercice 3

1. Quel est l'élément suivant : 1 - 5 - 8 - 10 - ?

a) 11
b) 12
c) 13
d) 14

(1 - 5) + 4
(5 - 8) + 3
(8 - 10) + 2
(10 - ?) + 1
11

2. Quel est l'élément suivant : 1 - 5 - 6 - 11 - ?

a) 11
b) 13
c) 15
d) 17

1 + 5 = 6
5 + 6 = 11
et ainsi 6 + 11 = 17

3. Quel est l'élément suivant : 4 - 5 - 6 - 8 - ?

a) 10
b) 11
c) 12
d) 13

La série peut être lue avec 1 nombre sur 2
4 à 6 = + 2
5 à 8 = + 3
6 à ? = + 4
ainsi ? = 10

4. Quel est l'intrus ?

a) Tourbe
b) Marne
c) Glaise
d) Granit

Tourbe : 6 lettres.
Marne : 5 lettres.
Glaise : 6 lettres.
Granit : 6 lettres.

5. Paul a deux fois l'âge de sa sœur Anne. Il a trois fois l'âge de son petit frère Simon. Si on additionne l'âge de Paul, d'Anne et de Simon, on obtient la moitié de l'âge de leur père. Sachant que la mère de Paul a six ans de plus que son père, quel est l'âge du père de Paul ?

a) 26 ans
b) 36 ans
c) 46 ans
d) Impossible à déterminer

Il est impossible de déterminer la réponse car nous avons ici un système de 4 équations à 5 inconnues (les 5 âges).

6. Paul vient d'acheter un paquet de bonbons bariolés. Trouvant leurs goûts excellents, il décide d'en donner cinq à son amie Anne, six à son frère Simon et, à son ami Pierre, plus qu'à Anne et à Simon réunis. Combien le paquet contient-il de bonbons au minimum ?

a) 23
b) 24
c) 25
d) Impossible à déterminer

Anne a 5 bonbons.
Simon a 6 bonbons.
Paul en donne plus qu'à Anne et Simon réunis. Donc, il en donne au minimum 12.
Par conséquent, 5 + 6 + 12 = 23.
Mais Paul a mangé des bonbons (« Trouvant leurs goûts excellents »), donc au minimum 2.
23 + 2 = 25.

7. Si Ève se traduit par le chiffre 32, que vaut Adam ?

a) 12
b) 23
c) 19
d) 21

Ici, on remplace chaque lettre par sa place dans l'alphabet :

A	B	C	D	E	F	G	H	I	J	K	L	M	N	O	P
1	2	3	4	5	6	7	8	9	10	11	12	13	14	15	16

Q	R	S	T	U	V	W	X	Y	Z
17	18	19	20	21	22	23	24	25	26

ÈVE = 5 + 22 + 5 = 32
ADAM = 1 + 4 + 1 + 13 = 19

8. Quel est l'intrus ?

a) HVCERE
b) EANUGRIM
c) VCAEH
d) LTEMU

Cet exercice met en présence de 4 anagrammes :

- *HVCERE = CHEVRE*
- *EANUGRIM = MANGUIER*
- *VCAEH = VACHE*
- *LTEMU = MULET*

Chèvre, vache, mulet sont des animaux.

9. Un libraire achète un livre 20 euros, le vend 25 euros, le rachète 30 euros et le revend 35 euros. Quel est son bénéfice ?

a) 10 euros
b) 50 euros
c) 5 euros
d) 25 euros

Achat du livre à 20 euros et revente 25 = 5 euros de bénéfice.
Achat du livre à 30 euros et revente 35 = 5 euros de bénéfice.
Bénéfice total : 5 + 5 = 10 euros.

10. Si ARNAUD se transpose en 118141214, comment écrire MIREILLE ?

a) 14378511254

b) 21145141511

c) 139185912125

d) 1141518224

Ici, on remplace à nouveau chaque lettre par sa place dans l'alphabet :

A	B	C	D	E	F	G	H	I	J	K	L	M	N	O	P
1	2	3	4	5	6	7	8	9	10	11	12	13	14	15	16
Q	R	S	T	U	V	W	X	Y	Z						
17	18	19	20	21	22	23	24	25	26						

ARNAUD
A 1 R 18 N 14 A 1 U 21 D 4
MIREILLE
M 13 I 9 R 18 E 5 I 9 L 12 L 12 E 5

Exercice 4

1. Parmi les réponses suivantes, laquelle remplace le X ?
ANTENNE – NÉNUPHAR – X – CIERGE

a) AUTARCIE

b) PHARAON

c) PHARMACIE

d) PHARMACIEN

Les dernières lettres du mot sont les premières lettres du suivant.

2. Quel élément complète la suite ?

(A - 2) – (E - 5) – (I -11) – (? -?) – (U - 47)

a) (O - 23)

b) (O - 42)

c) (Y - 54)

d) (Y - 85)

Il y a à la fois :

- *une série composée de voyelles : A, E, I, ?, U donc ? = O ;*
- *une série composée de chiffres : (multiplication par 2) + 1.*

3. Quel élément complète la suite ?

DIKA – EKNE – FMQI – ?

a) GHUY

b) GOAQ

c) GOTM

d) GRIP

Il convient de remplacer chaque lettre par sa place dans l'alphabet :
DIKA - EKNE - FMQI - ?
4/9/11/1 – 5/11/14/5 – 6/13/17/9
On observe ensuite la suite suivante :

- *la première lettre : + 1 ;*
- *la deuxième lettre : + 2 ;*
- *la troisième lettre : + 3 ;*
- *la quatrième lettre : + 4.*

Donc la dernière série 7/15/20/13 est égale à GOTM.

4. Jean est le grand-père maternel de mon oncle paternel Jacques. Qui suis-je ?

a) L'arrière-petit-fils de Jean

b) Le petit-fils de Jean

c) Le petit-neveu de Jean

d) L'arrière-petit-cousin de Jean

Je suis le fils du frère de Jacques. Donc je suis l'arrière-petit-fils de Jean.

5. Parmi les réponses suivantes, laquelle remplace le X ?

2 - 14 - 11 - 23 - X - 32

a) 13

b) 17

c) 20

d) 35

Nous sommes ici devant deux séries qui obéissent à la logique suivante : addition de 12 puis soustraction de 3. Soit :

- *2 + 12 = 14*
- *14 - 3 = 11*
- *11 + 12 = 23*
- *23 - 3 = 20*
- *20 + 12 = 32*

6. Quel nombre remplace le X ?

24(9) - 33(10) - 27(15) - 35(X)

a) 8

b) 16

c) 20

d) 25

La suite obéit à la logique suivante : multiplication de l'un par l'autre, puis + 1

- *(2 × 4) + 1 = 9*
- *(3 × 3) + 1 = 10*
- *(2 × 7) + 1 = 15*
- *(3 × 5) + 1 = 16*

7. Vous clôturez votre jardin de forme rectangulaire (longueur : 21 m ; largeur : 15 m). Vous plantez un poteau de support au grillage tous les 3 mètres. Vous laissez un espace de 3 mètres sans grillage dans votre clôture pour placer ultérieurement un portail. Combien utilisez-vous de poteaux ?

a) 21

b) 23

c) 24

d) 25

Pour calculer, il faut garder en mémoire le fait que chaque angle dispose d'un pilier : il ne faut le compter qu'une fois (dans le sens de la longueur ou de la largeur).

8. Parmi les propositions suivantes, laquelle remplace (X) ?

Vingt (4) – Douze (2) – Quinze (3) – Seize (X)

a) (1)

b) (2)

c) (3)

d) (4)

Il faut compter le nombre de consonnes :

- *vingt = VNGT = 4*
- *seize = SZ = 2*

9. Remplacez les points d'interrogation par les chiffres manquants :

15050	**90**	**30**	
200	**50**	**100**	**25**
250	**50**	**110**	**22**
300	**50**	**?**	**?**

a) 120 - 17

b) 120 - 20

c) 130 - 27

d) 140 - 18

150 / 50 = 3   90 / 3 = 30
200 / 50 = 4   100 / 4 = 25
250 / 50 = 5   110 / 5 = 22
300 / 50 = 6   120 / 6 = 20

10. Si ORME = 2 - 5 - 26 - 18, TABLE = 7 - 14 - 15 - 25 - 18, OUBLIER = 2 - 8 - 15 - 25 - 22 - 18 - 5, alors BRAMER = ?

a) 2 - 17 - 15 - 7 - 21 - 8

b) 9 - 7 - 11 - 3 - 23 - 19

c) 12 - 17 - 8 - 23 - 1 - 15

d) 15 - 5 - 14 - 26 - 18 - 5

La troisième lettre de OUBLIER est B = 15 donc BRAMER commence par 15.

■ Exercice 5

1. Vous disposez d'un compte épargne au 1er janvier 2011 de 15 000 euros, rémunéré à 2 %. Le 1er juillet 2011, vous avez retiré 5 000 euros. Quel est le montant des intérêts perçus au 31 décembre 2011 ?

La somme de 15 000 euros a été rémunérée à 2 % pendant la moitié de l'année (du 1er janvier au 30 juin), soit 150 euros d'intérêts.
La somme de 10 000 euros a été rémunérée à 2 % pendant l'autre moitié de l'année (du 1er juillet au 31 décembre), soit 100 euros d'intérêts.
Le total des intérêts sera donc de 250 euros.

2. En 2010, votre loyer qui était de 500 euros a été augmenté de 2 %. En juin 2011, il a été augmenté de 1 %. Combien payez-vous actuellement ?

500 euros augmentés de 2 % = 500 × 1,02 = 510
510 euros augmentés de 1 % = 510 × 1,01 = 515,1
Le loyer actuel sera donc de 515,10 euros.

3. Lors d'une course de vélo, Roland double le deuxième, puis, alors qu'il approche de la ligne d'arrivée, il se fait dépasser par deux rivaux. À quelle place termine Roland ?

Quand Roland double le deuxième, il devient lui-même le deuxième.
Puis, il est doublé par deux autres cyclistes, devenant eux-mêmes deuxième et troisième.
Il finira donc quatrième.

4. Vous décidez de régler votre réveil mécanique à aiguilles qui sonne très fort. Vous le programmez pour sonner à 10 heures et vous vous couchez à 21 heures. Combien de temps dormirez-vous ?

Un réveil mécanique à aiguilles fonctionne selon un cycle de 12 heures, et non de 24 heures.
La durée du sommeil sera seulement d'une heure (de 21 heures à 22 heures).

5. Complétez le triangle. Le nombre inscrit dans chaque case est égal à la somme des deux nombres inscrits dans les deux cases juste en dessous.

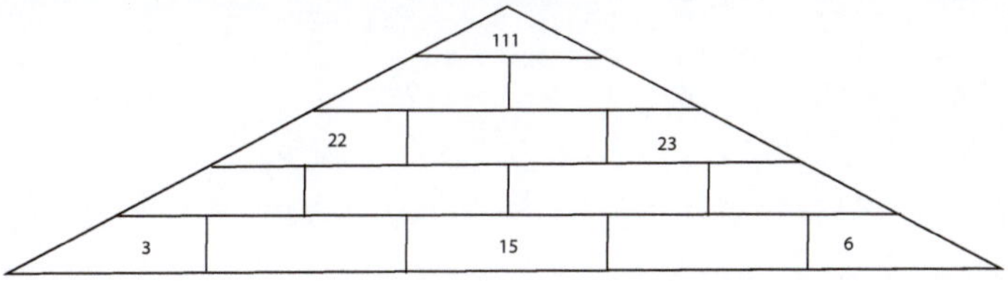

Réponse :

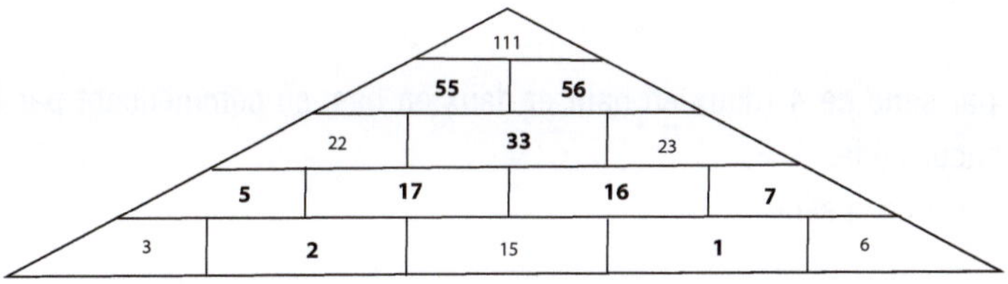

6. Lors d'un concert de musique classique à guichet fermé, 750 personnes ont acheté un billet à 15 euros. Avant le début du spectacle, 738 personnes se présentent. Au premier entracte, 9 personnes arrivées en retard s'installent et 4 qui n'aiment pas le spectacle quittent la salle. Au second entracte, un couple devant partir quitte aussi la salle alors que 3 retardataires arrivent encore. Quelle est la recette de ce concert ?

La recette sera de : 750 × 15 = 11 250 euros.

7. Quelle est la suite logique?

2	3	2	3	6	3	?	?
1	4	5	4	5	4	?	?

Réponse:

2	3	**2**	3	6	**3**	6	7
1	4	5	4	5	4	5	**4**

Les chiffres fonctionnent par série de 4 (deux en haut et deux en bas, en commençant par la gauche) et se décalent à chaque série.
Le chiffre en gras est le premier de la série.

8. Quelle est la suite logique?
Jours – Heures – Mois – 365 – 8 760 – ?

- Jours dans l'année: 365.
- Heures dans l'année: 8 760.
- Mois dans l'année: 12.

9. Quelle est la suite logique?
CHAT 20 – SOURIS 19 – CHIEN 14 – ABEILLE?

Dans cette suite logique, le chiffre à la fin du mot correspond au rang dans l'alphabet de la dernière lettre.

A	B	C	D	E	F	G	H	I	J	K	L	M	N	O	P
1	2	3	4	5	6	7	8	9	10	11	12	13	14	15	16
Q	R	S	T	U	V	W	X	Y	Z						
17	18	19	20	21	22	23	24	25	26						

ABEILLE = dernière lettre = E = place dans l'alphabet = 5.
Réponse: ABEILLE 5.

10. Quelle est la suite logique?
VIII 5 - XXXI 7 - XV 4 - XXVI 7 - XVI?

Dans cette suite logique, le chiffre arabe correspond au nombre total de barres du chiffre romain.
Réponse: XVI 5.

Exercice 6

1. Isabelle bénéficie d'un salaire mensuel net de 1 500 euros. Son loyer s'élève à 280 euros tous les mois. Chaque trimestre, elle consacre 1 300 euros à la nourriture. Sur une année, elle parvient à épargner 3 600 euros. Sachant que, tous les semestres, elle envoie 520 euros à sa famille, combien lui reste-t-il d'euros à la fin de chaque mois pour l'habillement et les loisirs?

Il convient d'annualiser les différents montants:
- salaire: 1 500 × 12 = 18 000;
- loyer: 280 × 12 = 3 360;
- nourriture: 1 300 × 4 = 5 200;
- épargne : 3 600;
- dons à la famille: 520 × 2 = 1 040.

La somme annuelle consacrée à l'habillement et aux loisirs sera donc de:
- 18 000 - (3 360 + 5 200 + 3 600 + 1 040) =
- 18 000 - 13 200 = 4 800 euros.

Soit 400 euros par mois (4 800/12).

2. Jean-Christophe part en vacances de neige. Dans la station de sport d'hiver où il se trouve, il dispose d'un domaine skiable de 46 km répartis entre quatre couleurs de piste : verte, bleue, rouge et noire. Il y a 200 hm de pistes bleues mais quatre fois moins de pistes noires. La longueur totale des pistes rouges équivaut à 50 % de celle des pistes vertes. Quelle différence de longueur y a-t-il entre les pistes rouges et les pistes noires ?

Il convient de convertir en mètres toutes les longueurs :

- domaine skiable : 46 km = 46 000 mètres ;
- pistes bleues : 200 hm = 20 000 mètres.

S'il y a 20 000 mètres de pistes bleues, mais quatre fois moins de pistes noires, il y a :
20 000/4 = 5 000 mètres de pistes noires.

Les pistes rouges et vertes représentent donc :

- 46 000 - (20 000 + 5 000) =
- 46 000 - 25 000 = 21 000 mètres.

La longueur totale des pistes rouges équivaut à 50 % de celle des pistes vertes.
Soit x la longueur des pistes rouges et y celle des pistes vertes :
$21\ 000 = x + y$
$21\ 000 = 1{,}5y$
$y = 21\ 000/1{,}5 = 14\ 000$
$x = 7\ 000$

La longueur des pistes vertes est donc de 14 000 mètres, soit 14 kilomètres.
La longueur des pistes rouges est donc de 7 000 mètres, soit 7 kilomètres.

La différence de longueur entre les pistes rouges et les pistes noires sera de :
7 000 - 5 000 = 2 000 mètres, soit 2 kilomètres.

3. Je suis un rectangle. Si j'étais deux fois plus long, mon périmètre serait alors de 33 mètres ; si j'étais deux fois plus large, mon périmètre serait alors de 27 mètres. Quelle est ma longueur ?

Le périmètre d'un rectangle est la somme de ses quatre côtés.

Soit x la longueur du rectangle et y sa largeur :
Périmètre = $2x + 2y$
$33 = (2 \times 2x) + 2y = 4x + 2y$
$27 = 2x + (2 \times 2y) = 2x + 4y$

$33 = 4x + 2y$
$33 - 4x = 2y$
Donc : $4y = (33 - 4x) \times 2 = 66 - 8x$

$27 = 2x + 4y$
$27 - 2x = 4y$
$27 - 2x = 66 - 8x$
$27 = (66 - 8x) + 2x$
$27 = 66 - 6x$
$66 - 27 = 6x$
$39 = 6x$
$x = 6{,}5$

$33 = 4x + 2y$
$33 = (4 \times 6{,}5) + 2y$
$33 = 26 + 2y$
$33 - 26 = 2y$
$7 = 2y$
$y = 3{,}5$

La longueur du rectangle est donc de 6,5 mètres et sa largeur de 3,5 mètres.

4. Complétez la série ci-dessous :

<table>
<tr><td></td><td colspan="2">1</td><td></td></tr>
<tr><td></td><td>2</td><td>3</td><td></td></tr>
<tr><td colspan="2">1</td><td colspan="2">1</td></tr>
<tr><td>4</td><td>?</td><td>16</td><td>81</td></tr>
</table>

9 × 9 = 81
(car 4 × 4 = 16)

5. Fausse fourrure est associée à 12344516377375. À quoi est associé le numéro 123442875 ?

à chaque lettre correspond un chiffre :

- F = 1
- A = 2
- U = 3
- S = 4
- S = 4
- E = 5

- F = 1
- O = 6
- U = 3
- R = 7
- R = 7
- U = 3
- R = 7
- E = 5

Donc : 123442875 = FAUSSA8RE = FAUSSAIRE

6. Prison = 16,6
Cellule = 3,7
Détenu = 4,6
Surveillant = ?
Quels chiffres remplacent le point d'interrogation ?

Le premier chiffre correspond à l'ordre dans l'alphabet de la première lettre du mot (exemple : A = 1, B = 2, C = 3).
Le chiffre après la virgule correspond au nombre de lettres dans le mot.
Donc surveillant = 19,11

7. À chaque grade du personnel de surveillance correspond un nombre :
Lieutenant = 20
Major = 10
Surveillant = 22
Commandant = 20
À quel nombre correspond capitaine ?

Le nombre de lettres de chaque mot est multiplié par deux.
Donc capitaine = 9 lettres = 18.

8. Dans une famille de cinq enfants :
Harmonie < Nathan
Harmonie > Franck
Corentin < Harmonie
Franck > Corentin
Nathan > Laura
Qui est le plus grand ?

Nathan > Harmonie > Franck > Corentin
Nathan > Laura
Donc Nathan est le plus grand.

9. Trouvez le chiffre manquant.

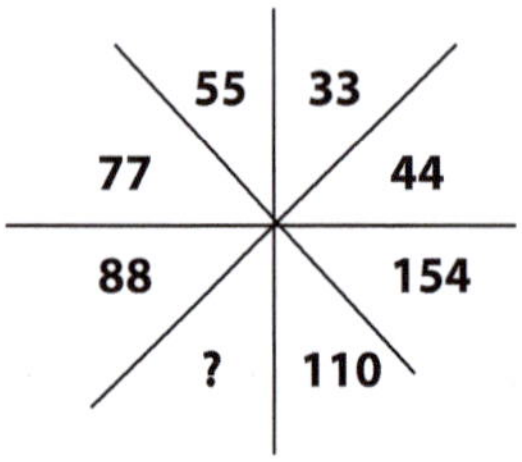

Le chiffre manquant sera 66 (33 × 2).
Car :
- 55 × 2 = 110
- 77 × 2 = 154
- 44 × 2 = 88

10. Quelle figure, parmi celles proposées, complète la série ?

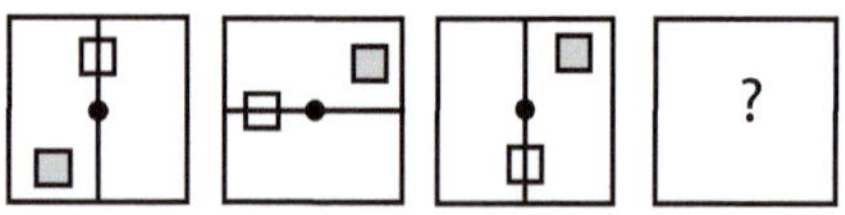

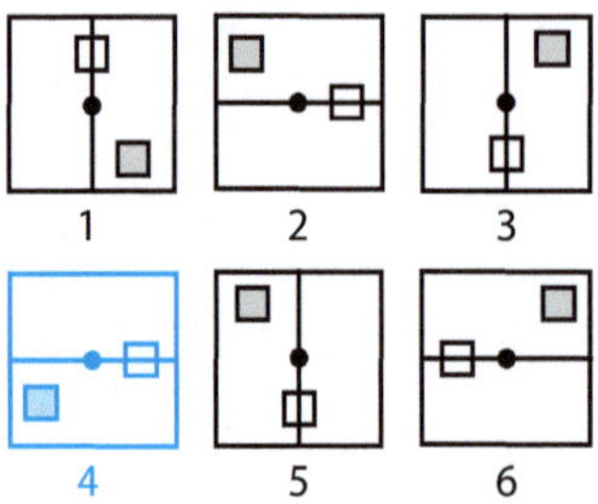

La figure manquante est la figure 4 (pour plus de clarté, faire une rotation des figures).

Exercice 7

1. Sur la base de l'article ci-après, quelle est la proposition correcte ?

Dans l'automobile, l'activité a nettement baissé et le solde correspondant est en net recul et se situe à un niveau très inférieur à celui de longue période. Au vu des perspectives personnelles de production des industriels, l'activité progresserait mais resterait faible au cours des prochains mois. Dans les industries agroalimentaires, le jugement porté sur l'activité passée par les industriels a progressé et se situe désormais au-dessus de sa moyenne de longue période. Pour autant, l'activité devrait être peu dynamique dans les mois à venir.
Dans les équipements électriques, électroniques, informatiques et les machines, l'activité passée est jugée dynamique, mais les perspectives personnelles de production demeurent mal orientées. Enfin, dans le secteur de la pharmacie, l'activité passée a légèrement progressé par rapport au mois précédent mais a ralenti dans la chimie, le caoutchouc et la métallurgie. Dans les prochains mois, l'activité resterait soutenue dans la pharmacie, seul secteur épargné, semble-t-il, tandis qu'elle se dégraderait dans le caoutchouc et la chimie et reculerait fortement dans la métallurgie.
Le Monde, *19 juin 2012*

a) La croissance du domaine des équipements électriques n'aurait aucun problème d'avenir.
b) L'industrie agroalimentaire va croître de façon exponentielle.
c) Le secteur de la pharmacie aurait des perspectives d'avenir correctes.
d) Le secteur de l'industrie automobile a l'avenir le plus prometteur.

2. Compléter cette suite : B 10, C 11, E 13, H 16.
a) I 18
b) J 19
c) L 20
d) M 21

La suite est formée d'un couple lettre/chiffre. Pour le chiffre : la suite 10/11/13/16 correspond à + 1, + 2, + 3, puis logiquement le chiffre suivant est 20 (16 + 4).

La suite de lettres suit le même rythme. Explication pour la lettre :
- *B = 2e lettre de l'alphabet (+ 1 pour la prochaine)*
- *C = 3e lettre de l'alphabet (+ 2 pour la prochaine)*
- *E = 5e lettre de l'alphabet (+ 3 pour la prochaine)*
- *H = 8e lettre de l'alphabet (+ 4 pour la prochaine)*
- *? = 12e lettre de l'alphabet soit = L*

3. Valérie mesure 20 cm de plus que Ludivine. Vanessa mesure 5 cm de plus que Ludivine. Vanessa mesure 5 cm de moins que Stéphanie. Stéphanie mesure 10 cm de moins que Valérie. Qui est la plus grande ?

a) Ludivine
b) Stéphanie
c) Valérie
d) Vanessa

Valérie mesure 20 cm de plus que Ludivine.
Vanessa mesure 5 cm de plus que Ludivine (Valérie mesure 15 cm de plus que Vanessa).
Vanessa mesure 5 cm de moins que Stéphanie (Valérie mesure 10 cm de plus que Stéphanie).
Stéphanie mesure 10 cm de moins que Valérie.

4. 10 personnes se serrent la main une seule fois. Combien de poignées de main se sont-elles échangées ?

a) 45
b) 55
c) 90
d) 99

La première personne va serrer la main à 9 personnes.
La deuxième personne va serrer la main à 8 personnes et ainsi de suite.
Le nombre total de poignées de main sera de : 9 + 8 + 7 + 6 + 5 + 4 + 3 + 2 + 1 = 45.

5. Si Elsa aime les gâteaux, Alexandra le chocolat et Nathalie les pommes, alors qu'est-ce que Régine aime ?

a) Les bonbons
b) Les tartes
c) Les sorbets
d) Les fruits

Il convient ici de prendre la première lettre du prénom et la première lettre du dessert.
Elsa aime les gâteaux = E-G
Alexandra aime le chocolat = A-C
Nathalie aime les pommes = N-P.
Pour trouver la solution, il faut sauter une lettre à partir de la première lettre dans l'alphabet pour trouver la deuxième.
Régine aime ? = R- ? = R-T, soit tartes.

6. Compléter cette suite :

1

11

21

1211

111221

a) 11122212

b) 211221

c) 312211

d) 331221

1 (un).
11 (un chiffre 1, voir la ligne du dessus).
21 (deux chiffres 1, voir la ligne du dessus).
1211 (un chiffre 2 et un chiffre 1, voir la ligne du dessus).
111221 (un chiffre 1, un chiffre 2, deux chiffres 1, voir la ligne du dessus).
Trois chiffres 1, deux chiffres 2 et un chiffre 1, soit 312211.

7. YR UP QN ML - Quel est le couple de lettres qui est la suite logique des quatre couples précédents ?

a) IJ

b) IR

c) JJ

d) RS

On remplace chaque lettre par sa place dans l'alphabet :

A	B	C	D	E	F	G	H	I	J	K	L	M	N
1	2	3	4	5	6	7	8	9	10	11	12	13	14

O	P	Q	R	S	T	U	V	W	X	Y	Z
15	16	17	18	19	20	21	22	23	24	25	26

Première lettre du couple :
Y-U-Q-M- ?
25-21-17-13- ?
Les lettres baissent de 4 en 4
Donc 13 - 4 = 9 = I

Seconde lettre du couple :
R-P-N-L- ?
18-16-14-12- ?
Les lettres baissent de 2 en 2
Donc 12 - 2 = 10 = J

La suite suivante est donc IJ.

8. Continuer cette progression : - 1 ; + 3 ; + 2 ; + 5 ; + 7 ; ?

a) - 7
b) - 11
c) + 12
d) + 16

Il convient de prendre les chiffres 2 par 2.
- 1 ; + 3 = + 2
+ 3 ; + 2 = + 5
+ 5 ; + 7 = + 12

9. Compléter la suite : 13 ; 11 ; 15 ; 13 ; 17 ; ?

a) 13
b) 11
c) 15
d) 17

On peut ici dissocier deux séries dans une seule :
Série 1 : 13 ; 15 ; 17 soit + 2.
Série 2 : 11 ; 13 ; soit + 2 ; donc 15.

10. Chasser l'intrus.

a) 108

b) 909

c) 1 400

d) 1 575

Il convient d'additionner les chiffres qui composent le nombre :
108 = 1 + 0 + 8 = 9
909 = 9 + 0 + 9 = 18 = 1 + 8 = 9
1 400 = 1 + 4 + 0 + 0 = 5
1 575 = 1 + 5 + 7 + 5 = 18 = 1 + 8 = 9

11. Compléter cette suite logique : UDTQCS.

a) HNS

b) NHS

c) SHN

d) SNH

UDTQCS signifie Un Deux Trois Quatre Cinq Six.
SHN signifie Sept Huit Neuf.

12. Si ville = 5 ; mairie = 6 ; rue = 3 ; prairie = 6, trouver l'intrus.

a) Ville

b) Mairie

c) Rue

d) Prairie

Le chiffre correspond au nombre de lettres du mot.
Ville = 5 lettres
Rue = 3 lettres
Mairie = 6 lettres
Prairie = 7 lettres et non 6

13. Compléter la suite : 51 ; 48 ; 53 ; 46 ; 55 ; ?

a) 44

b) 57

c) 43

d) 52

On peut ici dissocier deux séries dans une seule :
Série 1 : 51 ; 53 ; 55 soit + 2.
Série 2 : 48 ; 46 ; soit - 2.
Donc 44.

14. Quel âge a Camille, sachant que Philippe a 35 ans, Hervé 23, Marie-Pierre 65 ?

a) 34 ans

b) 26 ans

c) 72 ans

d) 39 ans

L'âge est ici égal nombre de voyelles/nombre de consonnes :
Philippe = 35
I, i, e = 3
P, h, l, p, p = 5
Camille = 34
A, i, e = 3
C, m, l, l = 4

15. Trouver l'intrus.

a) FARIGE

b) AHEPTENL

c) UVEIOTR

d) HNEIC

Il faut rechercher ici les anagrammes de chaque mot :
FARIGE = GIRAFE
AHEPTENL = ÉLÉPHANT
UVEIOTR = VOITURE
HNEIC = CHIEN

2| LES TESTS DE PERSONNALITÉ

Les candidats au recrutement de sous-officier sont également soumis à des tests de personnalité, que l'on appelle également « inventaire de personnalité ».

Un certain nombre de questions des tests de recrutement et d'évaluation seront directement liées à votre personnalité, votre caractère et votre sensibilité. Il n'y a pas alors de bonne ou de mauvaise réponse. Vous devez répondre de manière naturelle et spontanée aux questions posées. Ces questionnaires sont établis et interprétés par des professionnels : un candidat qui chercherait à dissimuler sa personnalité sera inévitablement détecté.

LES CRITÈRES PSYCHOLOGIQUES

Les différents critères psychologiques seront évalués à la fois lors des tests psychotechniques et lors des entretiens du parcours de sélection. On peut résumer ainsi les principaux critères psychologiques :

- l'aptitude à communiquer : le jury s'attachera à évaluer votre manière de parler, d'avancer vos idées... ;
- l'écoute : la communication ne fonctionne pas à sens unique. Vous devez savoir écouter, prendre en compte convenablement une demande, ne pas couper la parole ;
- l'ouverture aux autres : corollaire du sens de l'écoute, vous devez savoir vous adapter aux autres, savoir composer avec leurs différences, dépasser certains préjugés... ;
- la sincérité : un jury est composé de professionnels qui savent parfaitement débusquer un candidat qui chercherait à dissimuler sa véritable personnalité ou dont les motivations ne sont qu'apparentes ;
- l'aptitude à négocier : la vie en société et le monde du travail impliquent de savoir négocier. La communication est le véhicule de cette négociation ;
- la diplomatie : il faut savoir présenter les choses de manière à éviter le conflit. Le cas échéant, il faut également être apte à assumer un conflit éventuel ;
- l'optimisme : peu de candidats se montrent optimistes. Aussi, ce critère est important car la motivation est souvent liée à l'optimisme ;
- l'autonomie : il vous appartient de démontrer que vous savez réfléchir seul, que vous pouvez mener un projet de manière autonome ;
- l'aptitude au travail en équipe : vous devez démontrer votre capacité à œuvrer dans une structure collective ;
- la stabilité émotionnelle : il importe de rester maître de soi, calme et nuancé ;

- la confiance en soi : de même, il convient de ne pas douter de ses propres capacités ;
- le sens de l'initiative : un soldat doit savoir faire preuve d'initiative ;
- le courage de ses propres opinions : ce critère est le dernier de la liste, mais ce n'est pas le moins important. Au contraire, dans un monde où la liberté d'opinion connaît d'importantes restrictions, il est essentiel de savoir défendre ses idées.

Afin de vous évaluer, nous vous conseillons de remplir la grille suivante.

Critère	Excellent	Bon	Moyen	À revoir	Mauvais
Aptitude à communiquer					
Écoute					
Ouverture aux autres					
Sincérité					
Aptitude à négocier					
Diplomatie					
Optimisme					
Autonomie					
Aptitude au travail en équipe					
Stabilité émotionnelle					
Confiance en soi					
Sens de l'initiative					
Courage de ses opinions					

Vous pouvez également demander à l'un de vos proches de remplir ce tableau s'il vous connaît suffisamment. Ce tableau vous permettra de vous évaluer et vous indiquera sur quels domaines vous devez travailler.

DÉCOUVRIR SA PERSONNALITÉ

Un test de personnalité s'attachera toujours à découvrir la véritable personnalité des candidats. Même si l'auto-analyse n'est pas la vocation de ce manuel, il n'en demeure pas moins qu'afin de mieux vous connaître, vous devez vous poser un certain nombre de questions d'ordre très personnel. En y réfléchissant au préalable, vous vous structurez davantage en vue du recrutement et vous serez moins décontenancé si le jury est éventuellement amené à vous les poser lors d'un test ou d'un entretien.

Voici quelques exemples de questions à vous poser.

- **Questions de personnalité**

- Comment juger l'éducation que j'ai reçue ?
- Quel est mon plus important échec ?
- De quoi ai-je peur ?
- Quelles sont mes priorités dans la vie ?
- Quelle a été ma plus grande souffrance ?
- Quels sont mes souvenirs d'enfance les plus forts ?
- De quoi suis-je le plus fier ?
- Quelle a été ma plus grande colère et pourquoi ?

- **Questions sur votre projet professionnel**

- Pourquoi ai-je fait le choix de ce métier ?
- Comment est venue l'idée de choisir ce métier ?
- Qu'est-ce que ce métier pourra m'apporter ?
- Que pourrai-je apporter à ce métier/cette institution ?
- Quelles sont mes qualités en rapport avec ce métier ?

ÉVALUER SES QUALITÉS ET SES DÉFAUTS

Le jour du concours, le jury demande souvent au candidat quels sont ses qualités et ses défauts, notamment afin de les confronter aux exigences du métier pour lequel il postule. Afin de mieux vous préparer à ces questions et de vous sentir plus à l'aise le jour J, nous vous invitons à renseigner le tableau suivant.

Trait de personnalité	Important	Moyen	Un peu	Pas du tout	Ne sait pas
Capacité d'adaptation					
Tolérance aux autres					
Stabilité du comportement					
Force de travail					
Optimisme					
Aptitude au travail en groupe					
Sincérité					
Ambition personnelle					
Autonomie					
Besoin de reconnaissance					
Goût de l'effort					
Sens des réalités					
Capacité de résistance au stress et à la pression					
Discrétion					
Honnêteté					
Autorité personnelle					
Aptitude à prendre des risques					
Politesse et respect des usages sociaux					
Charisme					
Contact facile					
Esprit de synthèse					
Sens de l'improvisation					
Conscience professionnelle					

Bien entendu, ce tableau n'est pas exhaustif. Vous pouvez également demander à l'un de vos proches de le remplir s'il vous connaît suffisamment. Ce tableau vous permettra de vous évaluer et vous indiquera sur quels domaines vous devez travailler.

EXEMPLES DE QUESTIONS DE PERSONNALITÉ

Vous pouvez utiliser la liste suivante pour vous entraîner en vue des entretiens.

- Quel(le) est votre principale ambition/principal but dans l'existence ?
- Quelle est votre plus grande peur ?
- Vous adaptez-vous facilement aux autres ?
- Comment considérez-vous l'argent ?
- Quels sont vos points forts/vos points faibles ?
- Quels sont vos principales qualités/vos principaux défauts ?
- Aimez-vous le travail en équipe ?
- Vous énervez-vous facilement ?
- Recherchez-vous les responsabilités ?
- Avez-vous toujours confiance en vous ?
- Vous découragez-vous facilement ?
- Vous adaptez-vous facilement aux situations nouvelles ?
- Aimez-vous la solitude ?
- Êtes-vous perfectionniste ?
- Êtes-vous quelqu'un de triste/de gai ?
- Avez-vous peur de la mort ?
- Qui admirez-vous/détestez-vous ?
- Avez-vous le goût du risque ?
- Comment acceptez-vous la pression ?
- Êtes-vous capable de mener seul une mission difficile ?
- Hésitez-vous toujours avant de faire des choix ?
- Pourquoi peut-on vous faire confiance ?
- Avez-vous de nombreux amis ?
- Êtes-vous quelqu'un d'ambitieux ?
- Si vous deviez vous résumer en un mot, lequel serait-il ?
- Une arme est-elle toujours dangereuse ?
- Avez-vous abandonné des choses en cours de route ?
- Comment pourriez-vous gérer un conflit de personnes ?
- Préférez-vous travailler seul ou en équipe, et pourquoi ?
- Qu'est-ce qui vous énerve ?
- Quelle a été votre plus grande joie ?
- Est-ce que l'un de vos proches exerce déjà le métier de... ?
- Que pensez-vous des travaux routiniers ?

- Vous adaptez-vous facilement à la hiérarchie ?
- Quelle est la valeur la plus importante pour vous ?
- Aimez-vous le changement ?
- Avez-vous besoin que les choses soient ordonnées ?
- Décrivez le supérieur hiérarchique idéal.
- Avez-vous eu une enfance heureuse ?
- Vous est-il difficile de dire « non » ?
- Quelle a été votre plus grande réussite ?
- Selon vous, quel rôle doit jouer la hiérarchie ?
- Aimez-vous la précision ?
- Pensez-vous être quelqu'un de sociable ?
- Parlez-nous d'un souvenir d'enfance marquant.
- Quelle a été votre plus grande colère ?

3| LES TESTS DE FRANÇAIS

PRÉPARER LES TESTS DE FRANÇAIS

Pour vous entraîner en orthographe, le plus simple est de faire régulièrement des dictées, ou bien encore de s'exercer grâce à un manuel scolaire reprenant à la fois des dictées et des règles de grammaire et d'orthographe. Lorsque vous constatez que vous faites une faute d'orthographe ou de grammaire, apprenez systématiquement la règle correspondante. Idéalement, notez sur un carnet les principales règles pour lesquelles vous faites des fautes. Enfin, n'oubliez pas que lire régulièrement permet de « photographier » l'orthographe des mots.

Afin de faciliter vos éventuelles révisions, nous vous indiquons ci-après les principes règles d'orthographe et de grammaire à connaître :

- majuscules et minuscules (cas des nationalités, langues, fêtes religieuses...) ;
- l'écriture des nombres ;
- le pluriel des noms (généralités et cas particuliers, pluriel des noms composés) ;
- les mots invariables ;
- le féminin des noms ;
- le pluriel des adjectifs (généralités et cas particuliers) ;
- le féminin des adjectifs ;
- l'accord des adjectifs (généralités et cas particuliers) ;
- les adjectifs et pronoms possessifs ;
- les adjectifs démonstratifs (*ceux*, *ce*, *cet*, *ces*) et pronoms démonstratifs (*celui*, *celle*, *celles*, *ceux*) ;
- les adjectifs interrogatifs/exclamatifs ;
- les pronoms interrogatifs ;
- les articles indéfinis (*chaque*, *chacun*, *aucun*) ;
- les pronoms relatifs ;
- les adverbes ;
- la voix active, la voix passive, la voix pronominale ;
- l'accord des verbes ;
- la conjugaison des temps simples de l'indicatif (présent, futur, imparfait et passé simple) ;
- la conjugaison des temps composés de l'indicatif avec *avoir* et *être* ;
- les accords avec les auxiliaires *être* et *avoir* ;
- l'accord des verbes pronominaux ;
- le conditionnel ;

- le subjonctif ;
- le participe présent et le participe passé ;
- les règles particulières d'orthographe (*du/des, qui/qu'il, qui/qu'y, quelque/quel que/quelle/qu'elle, quoi que/quoique...*).

La liste ci-avant n'est pas exhaustive mais se limite aux règles d'orthographe et de grammaire dont la connaissance est nécessaire à la réussite des tests de français. C'est pourquoi il ne faut pas vous étonner que certaines règles ne soient pas citées.

RAPPELS DE FRANÇAIS

Pour toute épreuve écrite, un candidat faisant trop de fautes d'orthographe ou de grammaire sera systématiquement pénalisé. Nous vous rappelons ici quelques règles essentielles de grammaire et de français. Cependant, les pages qui suivent ne sauraient remplacer, à elles seules, la consultation d'un manuel de français.

Évaluation de votre niveau de français

Exercice 1 : dictée

On se sent bouleversé à Saint-Laurent-du-Maroni : la face de la vie est changée. N'aurait-on pas quitté la terre pour une planète aux mœurs inédites ? Ces hommes en camisole blanche, au long numéro noir sur le cœur, ces civils hagards et égarés, ces mots ordinaires que l'on entend : « *C'est honteux !* » « *Il faut pourtant que je vole ce soir, j'ai faim !* » « *Si j'étrangle un homme dans la rue, j'aurai un complet tout de suite et ma ration, je serai titulaire. Si je ne bouge pas, je resterai en loques et le ventre creux. Car je ne suis que forçat honoraire.* ». Et cet autre qui dit : « *Ce qui serait une catastrophe pour un homme libre est pour nous un bonheur. Mon ami Alfred s'est cassé une jambe. Il est à l'hôpital. Il rit maintenant. Il a les reliefs de la table de MM. les docteurs.* » Et cette histoire d'hier : Une famille fêtait un anniversaire. Il était onze heures du soir. Un phonographe asthmatique s'égosillait. Des libérés dormaient au pied de la maison.

– Eh, là-haut ! crièrent-ils. Finissez ! Vous empêchez de dormir les locataires du trottoir.

La fête continuant, les forçats sans abri allèrent au poste porter plainte pour tapage nocturne !

On se croirait au milieu d'une maison de fous en vadrouille.

« *Petites bourses !* lit-on à la porte d'un Chinois, *refaites vos forces par le vin de Bordeaux !* »

Une enseigne éclate en tête de tous les comptoirs, et dans ce pays d'intense misère, elle dit aux passants :

« *Ici, on achète l'or.* »

Une caisse noire bordée de blanc et montée sur roues, passe et repasse. Un forçat la tire, deux la poussent, c'est le corbillard.

Les soirs, un accord d'orgue s'élève. Cela ressemblerait aussi à un chant de pèlerins hystériques : ce sont les singes rouges qui hurlent dans la brousse.

Et tout à l'heure, à minuit, dans l'obscurité profonde, deux lanternes vénitiennes se balançant à une bicyclette, vinrent au-devant de moi. L'homme qui montait la machine chantonnait. On aurait dit une petite fête solitaire. C'était un forçat qui se promenait...

Albert Londres, *Au bagne*

Exercice 2 : QCM

Questions

1. Parmi les propositions ci-après, laquelle répond à la définition suivante : « Branche du langage consacrée à la signification des mots » ?

a) La phonétique
b) La didactique
c) La dialectique
d) La sémantique

2. Quelle figure de style définit la phrase suivante : « Faut-il sans cesse qu'elle nous ressasse les soucis de ses essais sans suites et sans succès » ?

a) Une allitération
b) Une assonance
c) Une diérèse
d) Un enjambement

3. Lequel de ces verbes est un verbe irrégulier ?

a) Abêtir

b) Asservir

c) Cueillir

d) Haïr

4. Quel verbe est mal orthographié ?

a) Transcander

b) Exceller

c) Proroger

d) Exaucer

5. Une seule phrase est correctement orthographiée. Laquelle ?

a) Ils ont admirés les temples qu'ils ont visités.

b) Ils ont admiré les temples qu'ils ont visité.

c) Ils ont admiré les temples qu'ils ont visités.

d) Ils ont admirés les temples qu'ils ont visité.

6. Quel est le pluriel de « nouveau-né » ?

a) Nouveaux-nés

b) Nouveau-nés

c) Nouveaux-né

d) Nouveaus-nés

7. Présent du subjonctif : quel est le verbe mal conjugué ?

a) Que tu essaies

b) Que tu appelles

c) Que tu ais

d) Que tu prennes

8. Une seule phrase est correctement orthographiée. Laquelle ?

a) Les trois quarts de la ville ont été évacué.

b) Les trois quarts de la ville ont été évacués.

c) Les trois quart de la ville ont été évacué.

d) Les trois quart de la ville ont été évacués.

9. Quelle proposition n'est pas un couple d'antonymes ?

a) Téméraire-timoré
b) Affairé-oisif
c) Égoïste-intègre
d) Certain-aléatoire

10. Un de ces mots est mal accentué. Lequel ?

a) Têtard
b) Imbécillité
c) Phalène
d) Genévrier

11. Un de ces mots est correctement orthographié. Lequel ?

a) Ocre
b) Occre
c) Aucre
d) Hocre

12. Une seule phrase est correctement orthographiée. Laquelle ?

a) Descend de cette chaise !
b) Descends de cette chaise !
c) Descent de cette chaise !
d) Descents de cette chaise !

13. Lequel de ces mots est un palindrome ?

a) Kayak
b) Bonbon
c) Loyal
d) Rester

14. Laquelle de ces phrases est à la forme passive ?

a) On avait déjà cambriolé quatre fois la bijouterie.
b) Le dîner fut rapidement dévoré par la petite troupe.
c) Le médecin lui aura prescrit ces médicaments.
d) Les élèves aiment leur institutrice.

15. Quelle est la proposition correctement orthographiée ?

a) Douze mille lieues

b) Cinq milliard de gens

c) Trois cents une maisons

d) Quatre cent prisonniers

Corrigé

1. Parmi les propositions ci-après, laquelle répond à la définition suivante : « Branche du langage consacrée à la signification des mots » ?

a) La phonétique

b) La didactique

c) La dialectique

d) La sémantique

2. Quelle figure de style définit la phrase suivante : « Faut-il sans cesse qu'elle nous ressasse les soucis de ses essais sans suites et sans succès » ?

a) Une allitération

b) Une assonance

c) Une diérèse

d) Un enjambement

3. Lequel de ces verbes est un verbe irrégulier ?

a) Abêtir

b) Asservir

c) Cueillir

d) Haïr

4. Quel verbe est mal orthographié ?

a) Transcander

b) Exceller

c) Proroger

d) Exaucer

5. Une seule phrase est correctement orthographiée. Laquelle ?

a) Ils ont admirés les temples qu'ils ont visités.

b) Ils ont admiré les temples qu'ils ont visité.

c) Ils ont admiré les temples qu'ils ont visités.

d) Ils ont admirés les temples qu'ils ont visité.

6. Quel est le pluriel de « nouveau-né » ?

a) Nouveaux-nés

b) Nouveau-nés

c) Nouveaux-né

d) Nouveaus-nés

7. Présent du subjonctif : quel est le verbe mal conjugué ?

a) Que tu essaies

b) Que tu appelles

c) Que tu ais

d) Que tu prennes

8. Une seule phrase est correctement orthographiée. Laquelle ?

a) Les trois quarts de la ville ont été évacué.

b) Les trois quarts de la ville ont été évacués.

c) Les trois quart de la ville ont été évacué.

d) Les trois quart de la ville ont été évacués.

9. Quelle proposition n'est pas un couple d'antonymes ?

a) Téméraire-timoré

b) Affairé-oisif

c) Égoïste-intègre

d) Certain-aléatoire

10. Un de ces mots est mal accentué. Lequel ?

a) Tétard

b) Imbécillité

c) Phalène

d) Genévrier

11. Un de ces mots est correctement orthographié. Lequel ?

a) Ocre

b) Occre

c) Aucre

d) Hocre

12. Une seule phrase est correctement orthographiée. Laquelle ?

a) Descend de cette chaise !

b) Descends de cette chaise !

c) Descent de cette chaise !

d) Descents de cette chaise !

13. Lequel de ces mots est un palindrome ?

a) Kayak

b) Bonbon

c) Loyal

d) Rester

14. Laquelle de ces phrases est à la forme passive ?

a) On avait déjà cambriolé quatre fois la bijouterie.

b) Le dîner fut rapidement dévoré par la petite troupe.

c) Le médecin lui aura prescrit ces médicaments.

d) Les élèves aiment leur institutrice.

15. Quelle est la proposition correctement orthographiée ?

a) Douze mille lieues

b) Cinq milliard de gens

c) Trois cents une maisons

d) Quatre cent prisonniers

Exercice 3 : QCM

Sujet

1. Quelle figure de style et de rhétorique est employée dans la phrase suivante : « Il vit l'astre du jour illuminer la voûte céleste et embraser le firmament. » ?

a) Une comparaison
b) Une litote
c) Une périphrase
d) Un pléonasme

2. La phrase « Ésope reste ici et se repose » est :

a) un palindrome.
b) une citation.
c) une tirade.
d) un proverbe.

3. Quel est le sens du mot « déontologie » ?

a) L'étude de l'odorat
b) Le domaine médical lié aux soins dentaires
c) Les règles de morale dans une profession
d) L'étude de la mythologie

4. À quoi correspond la peinture rupestre ?

a) À la peinture aristocratique
b) À la peinture réalisée sur les parois des cavernes
c) À la peinture indonésienne
d) À la peinture sur bois

5. Comment appelle-t-on un créateur de mots croisés ?

a) Un cruciverbiste
b) Un bivercruciste
c) Un verbicruciste
d) Un cruverbiciste

6. Que signifie le mot « pandémie » ?

a) Épidémie qui atteint un grand nombre de personnes dans une zone très étendue
b) Épidémie qui atteint un grand nombre d'animaux dans une zone très étendue
c) Épidémie qui atteint un grand nombre de végétaux dans une zone très étendue
d) Épidémie transmise par les animaux dans une zone très étendue

7. Le participe passé du verbe « résoudre » est :

a) résolvé.
b) résolu.
c) résolvant.
d) résouds.

8. Mettez à la bonne forme le verbe « être » dans la phrase suivante : « C'est moi qui (être) un cancre, c'est toi qui (être) le premier de la classe, mais si tu ne l'(être) pas, c'est Arnaud qui le (être) à ta place. »

a) es, es, était, sera
b) es, est, étais, serait
c) suis, es, étais, serait
d) suis, est, étais, sera

9. Lequel des mots suivants au pluriel est mal orthographié ?

a) Des adieux
b) Des pieux
c) Des pneux
d) Des cieux

10. Quel est le participe présent du verbe « provoquer » ?

a) Provocant
b) Provoquant
c) Provoquent
d) Provoqueant

11. Quelle est la bonne orthographe ?

a) Inifugé
b) Hinifugé
c) Ignifugé
d) Hignifugé

12. Où est la faute d'orthographe ?

a) Algorithme
b) Rithme
c) Asthme
d) Isthme

13. Parmi ces mots, lequel n'est pas un synonyme des trois autres ?

a) Érudit
b) Ignare
c) Instruit
d) Lettré

14. Qu'est-ce qu'un « esthète » ?

a) Une divinité de l'Antiquité grecque
b) Une personne pratiquant le sport de haut niveau
c) Une personne qui affecte le culte raffiné de la beauté formelle
d) Une personne surdiplômée

15. Quelle proposition répond à la définition : « bande de terre resserrée entre deux mers ou deux golfes et réunissant deux terres » ?

a) Un isthme
b) Une péninsule
c) Un delta
d) Un détroit

Corrigé

1. Quelle figure de style et de rhétorique est employée dans la phrase suivante : « Il vit l'astre du jour illuminer la voûte céleste et embraser le firmament. » ?

a) Une comparaison
b) Une litote
c) Une périphrase
d) Un pléonasme

2. La phrase « Ésope reste ici et se repose » est :

a) un palindrome.

b) une citation.

c) une tirade.

d) un proverbe.

3. Quel est le sens du mot « déontologie » ?

a) L'étude de l'odorat

b) Le domaine médical lié aux soins dentaires

c) Les règles de morale dans une profession

d) L'étude de la mythologie

4. À quoi correspond la peinture rupestre ?

a) À la peinture aristocratique

b) À la peinture réalisée sur les parois des cavernes

c) À la peinture indonésienne

d) À la peinture sur bois

5. Comment appelle-t-on un créateur de mots croisés ?

a) Un cruciverbiste

b) Un bivercruciste

c) Un verbicruciste

d) Un cruverbiciste

6. Que signifie le mot « pandémie » ?

a) Épidémie qui atteint un grand nombre de personnes dans une zone très étendue

b) Épidémie qui atteint un grand nombre d'animaux dans une zone très étendue

c) Épidémie qui atteint un grand nombre de végétaux dans une zone très étendue

d) Épidémie transmise par les animaux dans une zone très étendue

7. Le participe passé du verbe « résoudre » est :

a) résolvé.

b) résolu.

c) résolvant.

d) résouds.

8. Mettez à la bonne forme le verbe « être » dans la phrase suivante : « C'est moi qui (être) un cancre, c'est toi qui (être) le premier de la classe, mais si tu ne l'(être) pas, c'est Arnaud qui le (être) à ta place. »

a) es, es, était, sera

b) es, est, étais, serait

c) suis, es, étais, serait

d) suis, est, étais, sera

9. Lequel des mots suivants au pluriel est mal orthographié ?

a) Des adieux

b) Des pieux

c) Des pneux

d) Des cieux

10. Quel est le participe présent du verbe « provoquer » ?

a) Provocant

b) Provoquant

c) Provoquent

d) Provoqueant

11. Quelle est la bonne orthographe ?

a) Inifugé

b) Hinifugé

c) Ignifugé

d) Hignifugé

12. Où est la faute d'orthographe ?

a) Algorithme

b) Rithme

c) Asthme

d) Isthme

13. Parmi ces mots, lequel n'est pas un synonyme des trois autres ?

a) Érudit

b) Ignare

c) Instruit

d) Lettré

14. Qu'est-ce qu'un « esthète » ?

a) Une divinité de l'Antiquité grecque

b) Une personne pratiquant le sport de haut niveau

c) Une personne qui affecte le culte raffiné de la beauté formelle

d) Une personne surdiplômée

15. Quelle proposition répond à la définition : « bande de terre resserrée entre deux mers ou deux golfes et réunissant deux terres » ?

a) Un isthme

b) Une péninsule

c) Un delta

d) Un détroit

Bilan de votre évaluation et conseils de préparation

Sur la base de ces trois petits exercices, vous aurez une idée plus précise de votre niveau de français. Si votre dictée comporte plus de dix fautes, il est essentiel pour vous de faire des progrès en orthographe. De même, si chacun des exercices comporte plus de cinq fautes, vous devrez fournir un travail de préparation plus important en français.

Pour enrichir votre vocabulaire, le meilleur conseil à vous donner est de lire régulièrement et de rechercher systématiquement dans le dictionnaire le sens des mots que vous ne connaissez pas. La lecture permet en effet de « photographier » l'orthographe des mots. Pour vous entraîner en orthographe, le plus simple est de faire régulièrement des dictées, ou bien encore de vous exercer grâce à un manuel scolaire reprenant à la fois des dictées et des règles de grammaire et d'orthographe.

Lorsque vous constatez que vous faites une faute d'orthographe ou de grammaire, apprenez systématiquement la règle correspondante. Idéalement, notez sur un carnet les principales règles pour lesquelles vous faites des erreurs.

Enfin, pensez à toujours conserver du temps à la fin d'une épreuve pour vous relire.

Le pluriel des noms communs

La règle générale est que le pluriel des noms communs est suivi de la lettre -s.
Exemple : une maison/des maisons.

Cependant, il existe un certain nombre d'exceptions à cette règle générale.

Règle	Exception
Les mots se terminant par -s, -x ou -z sont invariables au pluriel. *Exemples :* *Un puits/des puits* *Un choix/des choix* *Un gaz/des gaz*	Aucune
Les mots se finissant par -ail prennent un -s lorsqu'ils sont au pluriel. *Exemples :* *Un éventail/des éventails* *Un gouvernail/des gouvernails*	Il existe des mots pour lesquels le pluriel se termine par -aux. Un aspirail/des aspiraux Un bail/des baux Un corail/des coraux Un émail/des émaux Un fermail/des fermaux Un soupirail/des soupiraux Un travail/des travaux Un vantail/des vantaux Un vitrail/des vitraux

Règle	Exception
Les mots se terminant par -al ont leur pluriel en -aux. *Exemples :* *Un bocal/des bocaux* *Un journal/des journaux*	Il existe des mots pour lesquels le pluriel se termine par -s. Un aval/des avals Un bal/des bals Une cal/des cals Un carnaval/des carnavals Un cérémonial/des cérémonials Un chacal/des chacals Un choral/des chorals Un étal/des étals Un festival/des festivals Un narval/des narvals Un pal/des pals Un récital/des récitals Un régal/des régals Un santal/des santals Attention : il existe quelques mots pour lesquels le pluriel est possible à la fois en -aux et en -s Cérémonial/cérémonials ou cérémoniaux Étal/étals ou étaux Idéal/idéals ou idéaux Mal/mals [mais rare] ou maux Pal/pals ou paux [mais rare] Piédestal/piédestals ou piédestaux Val/vals ou vaux [mais rare]
Les mots se terminant par -au ont leur pluriel en -aux. *Exemples :* *Un berceau/des berceaux* *Un gâteau/des gâteaux*	Cette règle connaît seulement deux exceptions pour lesquelles le pluriel est en -s. Un landau/des landaus Un sarrau/des sarraus

Règle	Exception
Les mots se terminant par -eu ont leur pluriel en -eux. *Exemples :* *Un cheveu/des cheveux* *Un enjeu/des enjeux*	Cette règle connaît seulement quatre exceptions pour lesquelles le pluriel est en -s. Un bleu/des bleus Un émeu/des émeus Un enfeu/des enfeus Un lieu [le poisson]/des lieus Un pneu/des pneus
Les mots se terminant par -ou ont leur pluriel en -ous. *Exemples :* *Un clou/des clous* *Un trou/des trous*	Cette règle connaît sept exceptions pour lesquelles le pluriel est en -oux. Un bijou/des bijoux Un caillou/des cailloux Un chou/des choux Un genou/des genoux Un hibou/des hiboux Un joujou/des joujoux Un pou/des poux

Le pluriel des noms composés

Au pluriel, les noms composés suivent des règles particulières d'accord. Voici les principales règles générales à appliquer.

Type de nom composé	Règle
Nom composé d'un nom et d'un autre nom	Les deux noms s'accordent au pluriel. *Exemple :* *Un coffre-fort/des coffres-forts*
Nom composé de deux verbes	Le nom composé de deux verbes est invariable. *Exemple :* *Un savoir-faire/des savoir-faire*

Type de nom composé	Règle
Nom composé d'un nom et d'un adjectif, ou bien d'un adjectif et d'un nom	Le nom et l'adjectif s'accordent au pluriel. *Exemple :* *Un rouge-gorge/des rouges-gorges* Cependant, pour les noms composés féminins dont le premier élément est « franc » ou « grand », celui-ci reste invariable. *Exemples :* *Une franc-maçonne/des franc-maçonnes* *Une grand-mère/des grand-mères*
Nom composé de deux adjectifs	Les deux adjectifs s'accordent au pluriel. *Exemple :* *Un sourd-muet/des sourds-muets* Attention : pour les adjectifs composés dont le premier élément se termine par -a -i, ou -o, ce premier élément est invariable. *Exemples :* *Un problème ultra-marin/des problèmes ultra-marins* *Une tragi-comédie/des tragi-comédies* *Un indo-britannique/des indo-britanniques*
Nom composé de deux noms reliés par une préposition	Seul le premier nom s'accorde au pluriel. *Exemple :* *Un chef-d'œuvre/des chefs-d'œuvre*
Nom composé d'un adverbe et d'un nom	Seul le nom s'accorde au pluriel. *Exemple :* *Une arrière-boutique/des arrière-boutiques*
Nom composé d'une préposition et d'un nom	Seul le nom s'accorde au pluriel. *Exemple :* *Un en-tête/des en-têtes*
Nom composé de trois mots	Seul le premier mot s'accorde au pluriel. *Exemple :* *Un arc-en-ciel/des arcs-en-ciel*
Nom composé avec « demi »	Seul le nom s'accorde au pluriel. *Exemple :* *Une demi-heure/des demi-heures*

Cependant, il existe certains cas pour lesquels les règles d'accord sont différentes.

Type de nom composé	Règle
Nom composé dont le premier élément est « garde »	Le nom « garde » s'accorde au pluriel uniquement s'il désigne une personne. *Exemples :* *Un garde-malade/des gardes-malade (« garde » désigne ici une personne)* *Un garde-boue/des garde-boue (il s'agit ici d'une chose)*
Nom composé d'un verbe et d'un nom	Le verbe est toujours invariable. Selon les cas, le nom s'accorde au pluriel. Ici, il n'y a pas de règle bien définie : au cas par cas, il est préférable de consulter un dictionnaire. *Exemples :* *Un prie-Dieu/des prie-Dieu* *Un tire-bouchon/des tire-bouchons*

L'accord des adjectifs en genre et en nombre

La règle générale est qu'un adjectif s'accorde en genre et en nombre avec le nom auquel il se rapporte.
Exemples : Une belle chemise/Des jolies jupes/Un beau pantalon/De beaux habits.

Si un adjectif se rapporte à la fois à des noms masculins et féminins, le masculin l'emporte pour l'accord. Dans la construction de la phrase, l'adjectif sera placé près du nom masculin.

Il existe plusieurs cas particuliers pour l'accord des adjectifs.

Type d'adjectif	Accord de l'adjectif en genre et en nombre	Adjectif invariable
Adjectifs « demi », « mi », et « semi »	Quand « demi » est placé après le nom, il ne s'accorde qu'en genre. *Exemple : trois mesures et demie de levure*	Les adjectifs « demi », « mi », et « semi » sont invariables lorsqu'ils sont liés à un nom par un trait d'union. *Exemples : des demi-dieux/à mi-propagation, des semi-professionnels*
Adjectif « nu »	Quand l'adjectif « nu » est placé après le nom, il s'accorde en genre et en nombre. *Exemple : des maisons nues*	L'adjectif « nu » est invariable lorsqu'il est lié à un nom par un trait d'union. *Exemple : des nu-propriétaires*

Type d'adjectif	Accord de l'adjectif en genre et en nombre	Adjectif invariable
Adjectifs numéraux ordinaux (= indiquent un ordre)	Les adjectifs numéraux ordinaux s'accordent en genre et en nombre. *Exemples : la troisième/ les dix-neuvièmes* Les adjectifs « double », « triple », « quadruple », « quintuple », « sextuple »... s'accordent au pluriel. *Exemple : ils ont tous accumulé des quadruples défaites*	
Adjectifs numéraux cardinaux (= indiquant une quantité)	Les adjectifs « vingt » et « cent » s'accordent au pluriel lorsqu'ils sont précédés d'un adjectif numéral qui les multiplie. *Exemples : les quatre-vingts députés/la somme de neuf cents euros* Exception : quand « vingt » et « cent » sont suivis d'un autre adjectif numéral, le « s » disparaît. *Exemples : les quatre-vingt-quinze premiers électeurs, les quatre cent treize candidats*	Les adjectifs numéraux cardinaux sont invariables en règle générale, hormis les exceptions mentionnées dans la colonne de gauche. *Exemple : les cinq sous de Lavarède*
Adjectifs de couleur	Les adjectifs de couleur au sens strict s'accordent en genre et en nombre. *Exemples : des chemises jaunes/des peintures blanches* Certains noms employés comme des adjectifs s'accordent : « écarlate », « incarnat », « fauve », « mauve », « pourpre », « rose ». *Exemples : des robes fauves/des couleurs pourpres*	Les adjectifs de couleur qui sont également des noms de minéraux, fruits, végétaux, animaux... sont invariables. *Exemples :* *Des pantalons kaki/des peintures caramel/des pulls émeraude* Les adjectifs de couleur composés restent invariables. *Exemples : des murs jaune pâle/des voitures bleu clair/des yeux bleu vert/ des volets gris bleu*

Les démonstratifs

Les adjectifs démonstratifs sont les suivants.

	Singulier	Pluriel
Masculin	ce/cet	ces
Féminin	cette	ces

Les pronoms démonstratifs sont les suivants.

	Singulier	Pluriel
Masculin	celui	ceux
Féminin	celle	celles

Il existe une forme neutre de pronom démonstratif : « ce ».

Les adjectifs interrogatifs et exclamatifs

Les adjectifs démonstratifs et exclamatifs sont les suivants.

	Singulier	Pluriel
Masculin	quel	quels
Féminin	quelle	quelles

Les formes composées de pronoms interrogatifs sont les suivantes.

		Avec « de »	Avec « à »
Masculin singulier	lequel	duquel	auquel
Masculin pluriel	lesquels	desquels	auxquels
Féminin singulier	laquelle	de laquelle	à laquelle
Féminin pluriel	lesquelles	desquelles	auxquelles

Les adjectifs indéfinis

Les adjectifs indéfinis s'accordent en genre et en nombre avec le nom qu'ils qualifient.
Exemple d'adjectifs indéfinis à la forme masculine : aucun, autre, certain, chaque, différents, divers, n'importe lequel, maint, nul, plusieurs, quel, quelconque, quelque, tout...
Exemples d'accord : diverses formules/maintes reprises/toutes hontes bues.

Le participe présent et l'adjectif verbal

Le participe présent est invariable. Mais il est parfois difficile de faire la distinction entre le participe présent (invariable) et l'adjectif verbal (qui s'accorde).
Exemple : les progrès convergents (adjectif verbal)/les automobilistes convergeant (participe présent) dans la même direction.

Pour faire la distinction, vous pouvez considérer que le participe présent :
- est généralement suivi d'un complément ou d'un adverbe *(exemples : les touristes voyageant dans ces contrées/en anticipant mal)* ;
- peut être employé avec une négation *(exemple : ne souhaitant pas en savoir davantage)* ;
- peut être remplacé par une proposition conjonctive ou un gérondif *(exemples : il s'est brûlé en cuisinant = c'est parce qu'il a cuisiné qu'il s'est brûlé/progressant sur les rails de la voie ferrée, il a fini par tomber = en progressant, il a fini par tomber).*

L'accord du participe passé avec l'auxiliaire avoir

La règle générale est que le participe passé employé avec l'auxiliaire « avoir » s'accorde avec le complément d'objet direct si celui-ci est placé avant le verbe.
Exemples :
« J'ai déposé Astrid chez elle. » Ici, le complément d'objet direct (Astrid) est placé après le verbe, donc le participe passé est invariable.
« Je l'ai déposée chez elle » (en parlant d'Astrid). Dans cette phrase, le complément d'objet direct (le pronom personnel complément « l' », mis pour Astrid) est placé devant le verbe, donc le participe s'accorde en genre et en nombre avec le COD.

Le complément d'objet direct précède le participe si :

• c'est un pronom personnel *(exemple : J'ai émis quelques critiques et le professeur les a acceptées)* ;

• c'est un pronom relatif *(exemple : J'ai émis quelques critiques que le professeur a acceptées)* ;

• la phrase est à la tournure exclamative *(exemple : Que de critiques le professeur a acceptées !)* ou interrogative directe ou indirecte *(exemples : Quelles critiques le professeur a-t-il acceptées ? J'ignore quelles critiques le professeur a acceptées)*.

Cependant, il existe plusieurs exceptions à la règle générale. Dans certains cas, le participe passé employé avec l'auxiliaire « avoir » est toujours invariable.

Cas pour lesquels le participé passé employé avec l'auxiliaire avoir est toujours invariable	Exemples
Quand le pronom adverbial « en » est le complément d'objet direct du verbe.	*Tu veux des champignons ? J'en ai trouvé plein en forêt !*
Quand le pronom neutre « le » est le complément d'objet direct du verbe.	*Cette formation a été moins complexe que je ne l'avais prévu !*
Participe passé d'un verbe impersonnel ou d'un verbe employé à la forme impersonnelle.	*Encore quelques marches qu'il aura suffi de monter !*

L'accord du participe passé avec l'auxiliaire être

En règle générale, le participe passé avec l'auxiliaire « être » s'accorde en genre et en nombre avec son sujet.

Exemples :

Cet élève sera retenu pour les évaluations suivantes.

Constance est allée en cours cet après-midi.

Jean-Baptiste et Claire sont partis dernièrement en Russie.

Pour les verbes pronominaux (verbes s'accompagnant d'un pronom réfléchi - se, s' - reprenant le sujet ; *exemple : ils se sont défaits de leurs oripeaux en Bretagne*), il faut distinguer trois cas possibles :

• on peut remplacer l'auxiliaire « être » par « avoir » *(exemple : il s'est plié le bras = il a plié son bras)* : dans ce cas, la règle est la même qu'avec l'auxiliaire « avoir », si le complément d'objet direct est placé après le participe passé, il n'y a pas d'accord. Si le complément d'objet direct est placé avant le participe passé, il y a accord en genre et en nombre ;

• si l'on ne peut pas remplacer l'auxiliaire *être* par *avoir*, le participe passé s'accorde avec le sujet en genre et en nombre *(exemple : Pierre et Marie se sont **souvenus** de leurs amours passés)* ;

• si le participe passé est suivi d'un infinitif, il s'accorde avec le complément d'objet direct si ce dernier est placé avant le participe passé, et s'il accomplit l'action indiquée par l'infinitif *(exemple : en visitant l'église, Pierre et Marie se sont **sentis** grandir dans leur foi)*. Mais le participe passé suivi d'un infinitif ne s'accorde pas si le complément d'objet direct n'accomplit pas l'action indiquée par l'infinitif *(exemple : Emmanuelle s'est **laissé** emporter par sa colère)*.

EXERCICES

Exercice 1

1. Quand tu .... venu je t'attendais.

a) es

b) est

c) ais

2. Il .... quatorze heures.

a) est

b) ais

c) ait

3. Il faut que j'.............................. fini cet exercice avant une heure.

a) ai

b) ais

c) aie

4. Crois-tu qu'il .... difficile ?

a) es

b) est

c) ait

5. Je souhaite qu'elle .... raison.

a) ai

b) ait

c) ais

6. Y avez-vous pens.............................. ?

a) é

b) er

c) es

7. Ne pas stationn.............................. !

a) ez

b) er

c) é

8. Il a pris son repas au .... de l'hôtel.

a) gril

b) grill

9. Le directeur de l'entreprise perçoit une forte ....

a) rénumération

b) rémunération

10. Il se fonde sur des ...., non sur des faits.

a) conjectures

b) conjonctures

11. Un repas arrosé de grands ....

a) crus

b) crûs

12. C'est moi .... aperçu le premier.

a) qui l'ai

b) qui les

c) qui l'est

13. Je ne crois pas .... soit insurmontable.

a) qu'elle

b) quelle

c) quel

14. .... est l'orthographe de ce mot ?

a) Quelle
b) Quel
c) Qu'elle

15. .... qu'il a des dettes, je lui fais crédit.

a) Quoi qu'on dise
b) Quoiqu'on dise

16. ...., nous continuerons.

a) Quoi qu'il en soit
b) Quoiqu'il en soit

17. Vous prenez le train, nous nous irons .... la route.

a) part
b) par
c) pare

18. Ils passent leurs vacances dans les envir..............................

a) on
b) ont
c) ons

19. Des petits r..............................

a) ien
b) iens
c) ient

20. Un f.............................. de commerce

a) ond
b) onds
c) ont

21. Soulevez le loqu.............................. de la porte.

a) et
b) ais
c) aix

22. J'ai fait un dét.............................

a) ourt
b) our
c) ourd

23. Un c............................. de conduite automobile.

a) our
b) ourt
c) ours

24. Il semble .... que vos dépenses soient remboursées.

a) juste
b) justes

25. Des yeux ....

a) marron
b) marrons

26. Des ceintures .... pâle

a) vert
b) vertes

27. Des tenues ....

a) kaki
b) kakies

28. Des carrosseries ....

a) roses bonbon
b) rose bonbon

29. Elle et son frère ont été ....

a) convoqués
b) convoquées

30. Il fallait monter la garde, sous le soleil, pendant des ....-journées.

a) demi
b) demies

31. Quelle est la phrase correcte ?

a) Quel est le différent qui les oppose ?

b) Quel est le différend qui les opposent ?

c) Quel est le différent qui les opposent ?

d) Quel est le différend qui les oppose ?

32. 20 % des habitants .... contre cette décision.

a) proteste

b) protestent

33. .... euros

a) Trois mille

b) Trois milles

34. .... pages

a) Huit cent trente-deux

b) Huit cents trente-deux

35. Conjuguez à l'impératif présent et à la deuxième personne du singulier : (envoyer) une lettre.

a) Envoie une lettre.

b) Envoies une lettre.

36. Relevez l'intrus parmi ces mots lorsqu'ils sont écrits au pluriel.

a) Dieu

b) Feu

c) Bleu

d) Jeu

37. Je prendrai le moins de bagages ....

a) possible

b) possibles

38. La voiture s'est arrêtée ....

a) net

b) nette

39. Il avait gardé .... sa confiance en nous.

a) intact

b) intacte

40. Que veut dire « opportun » ?

a) Qui ennuie

b) Qui arrive au bon moment

c) Qui donne de l'affection

d) Qui est contradictoire

Exercice 2

1. Relevez dans ce texte treize fautes d'orthographe, soulignez-les et proposez-en une correction en dessous de chaque mot.

Bien des explorateurs ont ambitioné d'accéder à ce désert éternelement gelé, tout au bout du globe. Là commence le voyage du froid et les risques que l'on y encours. Un homme, téméraire et assoiffé de résultats scientifiques primordiaux pour l'humanité, s'y est engagé. Les conditions physiques très éprouvantes du climat antartique très rigoureux l'ont poussé vers le pole.

Les températures sous zéro qu'il a supporté là-bas ne l'ont pas empêcher, comme d'autres aventuriers avant lui, d'être fascinés devant la nature dépouillée et sublime dissimulant des merveilles insoupçonnées. L'épaisseur impressionante de glace, qu'ont foulée les passionnés, les a renseigné sur un passé très éloigne, préhistorique. Il fallait que l'homme, curieux de ce que révèlent la banquise fragmentée et les pics de granit, voie l'immensité éblouissante qui donne le frisson.

Ces héros des temps modernes alimentent nos rêves quoique nous préférions souvent notre petit confort domestique, bien moins périlleux et combien plus doulliet.

2. Précisez si les noms suivants sont masculins ou féminins.

- Effluve
- Échappatoire
- Antidote
- En-tête
- Apogée
- Abîme
- Urticaire
- Cernes

3. Conjuguez au présent de l'indicatif à toutes les personnes les verbes suivants.

- Convaincre
- Ouïr
- Moudre
- Projeter

4. Accordez les verbes entre parenthèses.

- Ils se sont (souhaiter) bonne chance pour le concours.
- Elle s'est (laver) à l'eau froide.
- Elle s'est (faire couper) les cheveux par un apprenti très doué.
- Pauline s'est (imaginer) réussir du premier coup.
- Ils se sont (plaire) au premier regard.
- Avec ces départs en vacances, les voitures se sont (succéder) au péage.
- Les joueurs se sont (voir pénaliser) par un arbitre soudoyé.
- Avec la pluie qui est tombée, les parapluies se sont (vendre) comme des petits pains.

5. Écrivez un synonyme pour chacun des adjectifs suivants.

- Infatué
- Séculaire
- Pusillanime
- Ostentatoire
- Concomitant
- Séditieux

6. Écrivez un nom correspondant aux adjectifs suivants.

- Imbécile
- Adroit
- Patient
- Affamé

7. Écrivez un adjectif correspondant aux noms suivants.

- Substance
- Espace
- Consomption
- Siècle

Exercice 3

1. Trouvez un nom commun qui soit homonyme de :
- Saut
- Sot
- Seau

2. Ajoutez les lettres muettes si besoin.
- Acabi
- Cauchemar
- Débarra
- Torticoli

3. L'orthographe est-elle la bonne ? (vrai ou faux)
- Abhorrer
- Asphixié
- Remord
- Abscysse

4. Conjuguez les verbes suivants à la deuxième personne du singulier de l'impératif.
- Prendre
- Cueillir
- Savoir
- Être

5. Écrivez les noms composés suivants au pluriel.
- Casse-tête
- Demi-journée
- Plate-bande
- Arrière-saison

6. Complétez par « quelque », « quels que » ou « quelques ».

- .... soient les risques, il a tenté sa chance.
- Il a mangé .... fruits.

7. Précisez le genre (masculin ou féminin) de chaque mot.

- Abysse
- Apostrophe
- Azalée
- Aparté

8. Écrivez les adverbes correspondants.

- Intelligent
- Commun
- Assidu
- Brillant

9. Quelle est la bonne conjugaison du verbe « essuyer » à la première personne du futur simple ?

a) J'essuirais
b) J'essuirai
c) J'essuierais
d) J'essuierai

10. Entourez la bonne orthographe pour chaque couple de mots.

- Cime/Cîme
- Égout/Égoût
- Dégout/Dégoût
- Naitrait/Naîtrait

11. Qu'est-ce qu'une pandémie ?

a) Une religion
b) Une grippe
c) Une épidémie
d) La population d'un continent

12. Qu'est-ce que l'agoraphobie ?

a) La peur du vide

b) La peur de la foule

c) La peur du noir

d) La peur de la mort

13. Que signifie le verbe « se déliter » ?

a) Se désagréger

b) Se réjouir

c) Sortir de son lit (pour un fleuve)

d) Se complaire

14. Complétez les phrases suivantes en accordant le verbe « lire ».

- Elle a .... des statistiques encourageantes.
- Les statistiques qu'elle a .... sont encourageantes.

15. Écrivez en lettres.

- 3 021 600
- 677

16. Trouvez un paronyme au mot « conjecture ».

■ Exercice 4

1. Dans cette liste, quels verbes expriment la colère, le mécontentement, la prière ou la moquerie ?

- Bougonner
- Fulminer
- Implorer
- Maugréer
- S'esclaffer
- Tonner
- Conspuer
- Grommeler
- Invoquer
- Persifler
- Supplier
- Vociférer

2. Écrivez l'adjectif ou le nom correspondant.

- Toutes les semaines
- Tous les deux mois
- Tous les deux ans
- Deux fois par semaine
- Deux fois par mois
- Une période de dix jours
- Une période de six mois
- Une période de cinq ans
- Une période de mille ans

3. Indiquez pour les expressions suivantes si leur valeur logique est l'opposition, la conséquence ou l'énumération.

	Opposition	Conséquence	Énumération
Ensuite			
Pourtant			
C'est pourquoi			
En revanche			
D'emblée			
En outre			
D'autre part			
Si bien que			
Ainsi			
En réalité			
Enfin			
Autrement dit			
En dépit de			
En somme			
De sorte que			
Au point que			
Malgré			
Bien que			
Quelque... que			
Loin de			

4. Reconstituez les paires de noms antonymes (qui expriment le contraire) en prenant un mot de chaque liste.

Liste 1	Liste 2
Agressif	Savant
Amorphe	Prolixe
Inculte	Énergique
Laconique	Fade
Stable	Rance
Brouillon	Insipide
Achopper	Doux
Savoureux	Organisé
Odorant	Changeant
Frais	Aboutir

5. Réécrivez les phrases suivantes à la forme négative.

- Il viendra aujourd'hui et demain.
- Il partira aussi.
- J'ai tout entendu.
- Je l'ai vu quelque part.
- Il arrive quelquefois en retard.

6. Conjuguer les verbes au temps qui convient.

- Il aurait (pouvoir) éviter ce problème s'il l'avait souhaité.
- Cette erreur, il l'a (commettre) lors de la saisie sur son ordinateur.
- Avez-vous (résoudre) cette question ?
- Si je pouvais, je (traiter) immédiatement ce dossier.
- Bien que cette lettre soit importante, il l'a à peine (parcourir).

7. Réécrivez le texte en utilisant le passé simple et l'imparfait, en indiquant entre parenthèses à côté du verbe le temps employé (PS pour passé simple et I pour imparfait).

Le petit garçon s'avance sur le trottoir de la rue en regardant fixement par terre une boîte d'allumettes vide. Il se baisse pour la ramasser.
Le pied d'un autre gamin lui apparaît brusquement et écrase la boîte.
Titou se redresse et voit trois garçons de son âge, ou un peu plus grands, qui le regardent d'un air hostile. Ils sont vêtus pauvrement et ils ont la peau très sale. Le plus âgé d'entre eux porte à une oreille un anneau doré.

8. Complétez les phrases à l'aide des expressions suivantes en indiquant la cause (chacune doit être utilisée une seule fois).

- En effet
- Étant donné
- Pour
- Comme
- Sous prétexte de
- Faute de
- En raison de
- Sous l'effet de
- Par
- Étant donné que

- La sortie scolaire de février sera annulée .... risques d'avalanches.
- Il ne pourra achever son travail .... temps.
- Il sera sanctionné .... avoir perdu un document important.
- Nous n'avons pu entrer .... le local était fermé à clé.
- .... erreur, cette circulaire m'a été adressée.
- .... les résultats actuels, le passage en troisième n'est pas envisageable.
- .... nous n'avions pas trouvé à temps, nous avons entrepris des recherches.
- .... grande faiblesse, il n'est pas venu travailler aujourd'hui.
- .... l'émotion, il n'a pas assuré son travail correctement.
- .... les conditions météorologiques sont mauvaises, il vaudrait mieux annuler.

9. Complétez les phrases suivantes par le pronom relatif qui convient.

- L'altercation .... il est fait allusion a eu de nombreux témoins.
- Les livres .... il manquera des pages devront être remboursés.
- Je réprouve la manière .... a été traitée cette affaire.
- Le problème .... vous soulevez est particulièrement épineux.
- L'établissement à proximité .... une fuite de gaz a été détectée a été évacué.
- Le passant .... il s'adressa ne connaissait pas cette rue.
- Ceux .... n'ont jamais souffert ne savent rien.
- Ce .... il a besoin, c'est d'une bonne remise à niveau.
- Il ne sait pas .... des deux voitures l'a heurté.
- Lisez cette lettre bizarre .... j'ai reçue.

10. Trouvez l'homonyme du mot en gras en utilisant la bonne orthographe pour pouvoir compléter les phrases suivantes.

- J'ai aperçu un **geai**.

Un .... de pierre.

- Une poterie en **grès**.

De .... ou de force.

- La **hyène** rôdait dans les parages.

Le .... est une monnaie.

- Ils se serrent la **main**.

Il se trame .... complots.

- Un **mur** délabré.

Le fruit .... tombe tout seul.

- Le **goal** de l'équipe.

La .... du pêcheur.

11. Mettez au pluriel les mots suivants.

- Une porte-fenêtre
- Un compte-tour
- Sourd-muet
- Couvre-lit
- Un Sud-Coréen
- Un petit-beurre
- Un fac-similé
- Un hors-jeu
- Un faire-valoir
- Une Franc-Comtoise

Exercice 5

1. Quel est le mot mal orthographié ?

a) La montée
b) La jetée
c) La gaietée
d) La dictée

2. Se dit de mots qui se prononcent exactement de la même manière mais n'ont pas le même sens :

a) métaphore.
b) pléonasme.
c) homonyme.
d) homogène.

3. Lequel de ces mots finissant par « al » ne se termine pas par « aux » au pluriel ?

a) Chacal
b) Journal
c) Cheval
d) Canal

4. La quintessence c'est ....

a) un grand plaisir.
b) la plus grosse partie de quelque chose.
c) un nouveau carburant.
d) l'essentiel et le plus pur de quelque chose.

5. Trouvez la bonne orthographe.

a) Autochtone
b) Autocthone
c) Authoctone
d) Otocthone

6. Quelle phrase est au plus-que-parfait de l'indicatif ?

a) Les rafales ont emporté les toits.
b) Les rafales emportèrent les toits.
c) Les rafales avaient emporté les toits.
d) Les rafales emportaient les toits.

7. Quel nom est mal orthographié ?

a) Statistitien

b) Politicien

c) Martien

d) Batracien

8. Orthographiez correctement le verbe « créer », conjugué à l'impératif présent dans la phrase suivante : « .... ton entreprise ! »

a) Crées

b) Crée

c) Cré

d) Créées

9. Trouvez la bonne orthographe.

A : du papier de ....

B : être content de ....

C : malgré ....

D : .... l'un .... l'autre

1. soit
2. soi
3. sois
4. soie

a) A4, B2, C2, D3

b) A3, B3, C3, D1

c) A4, B3, C3, D1

d) A4, B2, C2, D1

10. Dans la phrase « je vous saurai gré », le verbe savoir est conjugué au ....

a) subjonctif présent.

b) conditionnel présent.

c) futur simple.

d) conditionnel futur.

11. Qu'est-ce qu'un « truisme » ?

a) L'expression d'une idée par son contraire

b) Figure de rhétorique qui consiste à atténuer l'expression de sa pensée

c) Un porcelet mâle

d) Une vérité d'évidence

12. Trouvez la bonne réponse.

A : .... malade, elle travaille.

B : .... vous fassiez, il recommencera.

C : il mangera .... de gâteaux.

1. quoi que
2. quoique
3. d'avantage
4. davantage

a) A1, B2, C3

b) A2, B1, C4

c) A2, B2, C4

13. Trouvez la ligne correctement orthographiée (conjugaison au présent de l'indicatif).

a) Je joins, je résous, je gèle, je vaincs

b) Je joinds, je résouds, je gèle, je vainc

c) Je joins, je résouds, je gèle, je vaincs

d) Je joinds, je résous, je gelé, je vainc

14. Lesquelles de ces phrases sont correctement orthographiées ?

A. Ni Elsa ni Anne ne mangent aujourd'hui.

B. Ni Elsa ni Anne ne mange aujourd'hui.

C. Je sais que toi seul est coupable.

D. Je sais que toi seul es coupable.

a) A et C

b) A et D

c) B et C

d) B et D

15. « Éminent » et « imminent » sont des ....

a) paronymes.

b) homonymes.

c) anagrammes.

d) antonymes.

Exercice 6

1. Quelle est la bonne orthographe ?

a) Un labirynthe

b) Un labyrynthe

c) Un labyrinthe

2. « Après ... essais, il a fini par renoncer. »

a) maintes

b) maints

c) maint

3. « Antédiluvien » signifie :

a) ancien.

b) rare.

c) précieux.

4. Dans la phrase : « La maison est bâtie par le maçon », « par le maçon » est :

a) complément d'objet direct.

b) complément d'objet indirect.

c) complément d'agent.

5. Quelle est la bonne orthographe ?

a) Imunité

b) Immunité

c) Limmunitée

6. Quelle est la conjugaison du verbe « vaincre » à la première personne du singulier du présent de l'indicatif ?

a) Vins
b) Vaincs
c) Vains

7. Compléter : « Il a ... renoncer à son projet. »

a) du
b) dû
c) dut

8. Quel est l'intrus parmi ces verbes ?

a) Aller
b) Chanter
c) Souhaiter

9. Quelle est la bonne orthographe : « Des permanences, ils en ont ... » ?

a) effectué
b) effectués
c) effectuées

10. « Agir avec dextérité » signifie :

a) être pressé.
b) être habile.
c) être sévère.

11. Laquelle de ces propositions est correcte ?

a) Leur as-tu dit la vérité ? Leurs résultats leurs seront communiqués plus tard.
b) Leurs as-tu dit la vérité ? Leurs résultats leur seront communiqués plus tard.
c) Leur as-tu dit la vérité ? Leurs résultats leur seront communiqués plus tard.

12. « Être tiré à quatre épingles » signifie :

a) être soigné.
b) être débraillé.
c) être vêtu modestement.

13. Quel est l'intrus ?

a) Dénier

b) Récuser

c) Octroyer

14. Conjugué au présent de l'indicatif, le verbe « revêtir » donne :

a) ils revêtissent.

b) ils revêssent.

c) ils revêtent.

15. « Omoplate » est du genre :

a) masculin.

b) féminin.

c) Ce mot est une exception et n'a pas de genre.

■ Exercice 7

1. Dans quel mot, le « h » est-il à sa place ?

a) Ahrres

b) Rhinocéros

c) Rhytme

d) Termomèthre

2. Quel mot n'a pas le tréma correctement placé ?

a) Camaïeu

b) Canöe

c) Capharnaüm

d) Haïr

3. Quel est le pluriel du mot « timbre-poste » ?

a) Timbre-poste

b) Timbre-postes

c) Timbres-poste

d) Timbres-postes

4. Quel mot est correctement orthographié ?

a) *Curicculum vitæ*
b) *Curriculum vitæ*
c) *Curriculum vitâc*
d) *Curriculum vité*

5. Quel adjectif est correctement orthographié ?

a) Présidenciel
b) Providenciel
c) Résidantiel
d) Séquentiel

6. Compléter correctement la phrase suivante : « C'est en ... avec des propos ... qu'il a enlevé le marché. »

a) communicant/convaincants
b) communicant/convainquant
c) communiquant/convaincants
d) communiquant/convainquant

7. Compléter correctement la phrase suivante : « ... blessé, il est ... à venir. »

a) Quoi que/près
b) Quoi que/prêt
c) Quoique/près
d) Quoique/prêt

8. Trouver la bonne orthographe.

a) Il avait exaucé le vœu de réaliser un mariage empreint d'une grande solennité.
b) Il avait exaucé le vœu de réaliser un mariage emprunt d'une grande solennité.
c) Il avait exhaussé le vœu de réaliser un mariage empreint d'une grande solennité.
d) Il avait exhaussé le vœu de réaliser un mariage emprunt d'une grande solennité.

9. Un « anachronisme » est :

a) une confusion entre des époques différentes.
b) une contradiction de termes.
c) une divergence de points de vue.
d) une opposition entre deux mots.

10. Quel mot répond à la définition suivante : « La manie de mentir » ?

a) Cleptomanie
b) Mégalomanie
c) Mythomanie
d) Pyromanie

11. Après une dissolution, on dit que l'assemblée est :

a) disjointe.
b) dissocie.
c) dissolue.
d) dissoute.

12. Parmi les mots suivants, lequel est de genre féminin ?

a) Antre
b) Atmosphère
c) Éloge
d) Planisphère

Exercice 8

1. Trouver la bonne orthographe.

a) Mansuétude
b) Mensuétude
c) Mansuaitude
d) Mensuaitude

2. Trouver la bonne orthographe du pluriel suivant.

a) Des gardes-boues
b) Des gardes-boue
c) Des garde-boues
d) Des garde-boue

3. Donner le genre de « antre » et « mandibule ».

a) Les deux sont féminins
b) Les deux sont masculins
c) Féminin et masculin
d) Masculin et féminin

4. Donner le genre de « octave » et « réglisse ».

a) Les deux sont féminins
b) Les deux sont masculins
c) Féminin et masculin
d) Masculin et féminin

5. « Sans *a priori* » signifie :

a) sans suite.
b) sans fondement.
c) sans idée préconçue.
d) sans intérêt.

6. Trouver l'intrus.

a) Parler
b) Jacter
c) Palabrer
d) Discuter

7. Un cruciverbiste est :

a) une fleur à pétales en croix.
b) un amateur de mots croisés.
c) un archéologue.
d) un homme orgueilleux.

8. Parfois il faut choisir ... des gens et de leurs ressentis.

a) au dépand
b) aux dépands
c) au dépend
d) aux dépens

9. Extérioriser ses sentiments, c'est être :

a) exhubérent.
b) exhubérant.
c) exubérant.
d) exubérent.

10. « Galvauder » signifie :

a) utiliser à tort et à travers, gâcher.
b) effectuer un traitement chimique.
c) rire à gorge déployée.
d) encourager.

11. Trouver la bonne orthographe.

a) Les quatres enfants et les quatres cents chevaux.
b) Les quatres enfants et les quatres cent chevaux.
c) Les quatre enfants et les quatre cents chevaux.
d) Les quatre enfants et les quatre cent chevaux.

12. Trouver la bonne formulation.

a) Je vous sais grais.
b) Je vous ségré.
c) Je vous ségrais.
d) Je vous sais gré.

Exercice 9

1. Une anfractuosité est :

a) une chose monstrueuse.
b) un espace creux.
c) une énigme.

2. Quelle est la bonne formule de politesse ?

a) Veuillez agréer, Monsieur mes salutations distinguées.
b) Veuillez agréer, Monsieur, mes salutations distinguées.
c) Veuillez, agréer Monsieur, mes salutations distinguées.

3. Quelle est la bonne orthographe ?

a) Des coupe-ongle
b) Des coupe-ongles
c) Des coupes-ongles

4. Quelle phrase ne contient pas d'erreurs ?

a) Il a commit bien des erreurs mais il les a toutes réparées.
b) Il a commis bien des erreurs mais il les a toutes réparé.
c) Il a commis bien des erreurs mais il les a toutes réparées.

5. Quel verbe est conjugué au présent du subjonctif ?

a) Fais des efforts !
b) Qu'offres-tu à Noël ?
c) Que je parte ?

6. « Estomper » signifie :

a) renforcer.
b) atténuer.
c) tromper.

7. L'adverbe de « ardent » est :

a) ardentement.
b) ardamment.
c) ardemment.

8. Dans la phrase « Fatigués, les enfants se reposaient », quelle est la fonction de l'adjectif ?

a) Attribut
b) Épithète
c) Apposé

9. « Un bijou de pacotille » signifie :

a) un bijou de valeur.
b) un bijou sans valeur.
c) un bijou volé.

10. Lequel de ces verbes appartient au troisième groupe ?

a) Cueillir
b) Roussir
c) Grandir

11. La forme verbale correcte est :

a) tu chatis.

b) tu châtis.

c) tu châties.

12. Les temps et mode de la forme verbale suivante, « nous payions », sont :

a) l'imparfait du subjonctif.

b) l'imparfait de l'indicatif.

c) le présent de l'indicatif.

13. Laquelle de ces formulations n'est pas convenable ?

a) Une apartée

b) Un aparté

c) Des apartés

14. À la première personne du singulier du futur simple, le verbe « s'asseoir » s'écrit :

a) je m'assoierai.

b) je m'assoierais.

c) je m'assoirai.

15. « Si ce n'est toi, c'est donc ton complice. »

a) « Si » exprime une hypothèse.

b) « Si » a une valeur causale.

c) « Si » introduit une interrogation indirecte.

■ Exercice 10

1. « Ces ... maisons ont coûté ... euros. »

a) Neuf cents/neuf cent milles

b) Neuf cen/neuf cent mille

c) Neuf cents/neuf cent mille

d) Neuf cent/neuf cent milles

2. La deuxième personne du singulier du présent de l'indicatif du verbe « absoudre » est-elle :

a) tu absoues ?

b) tu absouds ?

c) tu absous ?

d) tu absouts ?

3. Quelle est la bonne conjugaison du verbe « rendre » à la première personne du pluriel du futur antérieur ?

a) Nous avons rendu
b) Nous rendrons
c) Nous aurons rendu
d) Nous serons rendus

4. Parmi les propositions suivantes, laquelle permet de compléter correctement cette phrase : « Elle s'est ... les dents » ?

a) brossée
b) brosser
C) brossé
d) brossées

5. Que signifie « abjurer » ?

a) Pardonner
b) Refuser
c) Renoncer
d) Supplier

6. L'expression « ajouter en plus » est :

a) un contresens.
b) une onomatopée.
c) un pléonasme.
d) un quiproquo.

7. Trouver le mot dont le sens est proche de « suranné ».

a) Conte
b) Désuet
c) Surdoué
d) Surfin

8. Un pisciculteur est un spécialiste :

a) de la ville de Pise.
b) de l'élevage des poissons.
c) des jeux de piste.
d) des piscines.

9. Indiquer la proposition qui permet de compléter correctement la phrase : « Voici tous les ingrédients qu'il a ... pour faire ces gâteaux. »

a) fallus

b) fallu

c) falus

d) fallues

10. Les noms en « ail » forment en général leur pluriel en « ails ». Dans les propositions suivantes, quelle est l'exception ?

a) Chandail

b) Gouvernail

c) Sérail

d) Vantail

11. Les verbes qui commencent par le son [ap] s'écrivent « app ». Dans la liste suivante, quel est le verbe mal orthographié ?

a) Appesantir

b) Applatir

c) Apposer

d) Approfondir

12. Un adjectif verbal est un participe présent employé comme adjectif. Dans la liste suivante, quel terme n'est pas un adjectif verbal ?

a) Communicant

b) Divergent

c) Négligeant

d) Suffocant

CORRIGÉS

Exercice 1

1. Quand tu .... venu je t'attendais.

a) es

b) est

c) ais

2. Il .... quatorze heures.

a) est

b) ais

c) ait

3. Il faut que j'............................ fini cet exercice avant une heure.

a) ai

b) ais

c) aie

4. Crois-tu qu'il .... difficile ?

a) es

b) est

c) ait

5. Je souhaite qu'elle .... raison.

a) ai

b) ait

c) ais

6. Y avez-vous pens............................ ?

a) é

b) er

c) es

7. Ne pas stationn.............................. !

a) ez

b) er

c) é

8. Il a pris son repas au .... de l'hôtel.

a) gril

b) grill

9. Le directeur de l'entreprise perçoit une forte ....

a) rénumération

b) rémunération

10. Il se fonde sur des ...., non sur des faits.

a) conjectures

b) conjonctures

11. Un repas arrosé de grands ....

a) crus

b) crûs

12. C'est moi .... aperçu le premier.

a) qui l'ai

b) qui les

c) qui l'est

13. Je ne crois pas .... soit insurmontable.

a) qu'elle

b) quelle

c) quel

14. .... est l'orthographe de ce mot ?

a) Quelle

b) Quel

c) Qu'elle

15. .... qu'il a des dettes, je lui fais crédit.

a) Quoi qu'on dise

b) Quoiqu'on dise

16. ...., nous continuerons.

a) Quoi qu'il en soit

b) Quoiqu'il en soit

17. Vous prenez le train, nous nous irons .... la route.

a) part

b) par

c) pare

18. Ils passent leurs vacances dans les envir..............................

a) on

b) ont

c) ons

19. Des petits r..............................

a) ien

b) iens

c) ient

20. Un f.............................. de commerce

a) ond

b) onds

c) ont

21. Soulevez le loqu.............................. de la porte.

a) et

b) ais

c) aix

22. J'ai fait un dét..............................

a) ourt

b) our

c) ourd

23. Un c.............................. de conduite automobile.

a) our

b) ourt

c) ours

24. Il semble .... que vos dépenses soient remboursées.

a) juste

b) justes

25. Des yeux ....

a) marron

b) marrons

26. Des ceintures .... pâle

a) vert

b) vertes

27. Des tenues ....

a) kaki

b) kakies

28. Des carrosseries ....

a) roses bonbon

b) rose bonbon

29. Elle et son frère ont été ....

a) convoqués

b) convoquées

30. Il fallait monter la garde, sous le soleil, pendant des ....-journées.

a) demi

b) demies

31. Quelle est la phrase correcte ?

a) Quel est le différent qui les oppose ?

b) Quel est le différend qui les opposent ?

c) Quel est le différent qui les opposent ?

d) Quel est le différend qui les oppose ?

32. 20 % des habitants .... contre cette décision.

a) proteste

b) protestent

33. .... euros

a) Trois mille

b) Trois milles

34. .... pages

a) Huit cent trente-deux

b) Huit cents trente-deux

35. Conjuguez à l'impératif présent et à la deuxième personne du singulier : (envoyer) une lettre.

a) Envoie une lettre.

b) Envoies une lettre.

36. Relevez l'intrus parmi ces mots lorsqu'ils sont écrits au pluriel.

a) Dieu

b) Feu

c) Bleu

d) Jeu

37. Je prendrai le moins de bagages ....

a) possible

b) possibles

38. La voiture s'est arrêtée ....

a) net

b) nette

39. Il avait gardé .... sa confiance en nous.

a) intact

b) intacte

40. Que veut dire « opportun » ?

a) Qui ennuie

b) Qui arrive au bon moment

c) Qui donne de l'affection

d) Qui est contradictoire

Exercice 2

1. Relevez dans ce texte treize fautes d'orthographe, soulignez-les et proposez-en une correction en dessous de chaque mot.

Bien des explorateurs ont **ambitionné** d'accéder à ce désert **éternellement** gelé, tout au bout du globe. Là **commencent** le voyage du froid et les risques que l'on y **encourt**. Un homme, téméraire et assoiffé de résultats scientifiques primordiaux pour l'humanité, s'y est engagé. Les conditions physiques très éprouvantes du climat **antarctique** très rigoureux l'ont poussé vers le **pôle**. Les températures sous zéro qu'il **a supportées** là-bas ne l'ont pas **empêché**, comme d'autres aventuriers avant lui, d'être **fasciné** devant la nature dépouillée et sublime dissimulant des merveilles insoupçonnées. L'épaisseur **impressionnante** de glace, qu'ont foulée les passionnés, les a **renseignés** sur un passé très **éloigné**, préhistorique. Il fallait que l'homme, curieux de ce que révèlent la banquise fragmentée et les pics de granit, voie l'immensité éblouissante qui donne le frisson. Ces héros des temps modernes alimentent nos rêves quoique nous préférions souvent notre petit confort domestique, bien moins périlleux et combien plus **douillet**.

2. Précisez si les noms suivants sont masculins ou féminins.

- Effluve : **masculin**
- Échappatoire : **féminin**
- Antidote : **masculin**
- En-tête : **masculin**
- Apogée : **masculin**
- Abîme : **masculin**
- Urticaire : **féminin**
- Cernes : **masculin**

3. Conjuguez au présent de l'indicatif à toutes les personnes les verbes suivants.

- **Convaincre**

Je convaincs
Tu convaincs
Il convainc
Nous convainquons
Vous convainquez
Ils convainquent

- **Ouïr**

J'ois
Tu ois
Il oit
Nous oyons
Vous oyez
Ils oient

- **Moudre**

Je mouds
Tu mouds
Il moud
Nous moulons
Vous moulez
Ils moulent

- **Projeter**

Je projette
Tu projettes
Il projette
Nous projetons
Vous projetez
Ils projettent

4. Accordez les verbes entre parenthèses.

- Ils se sont **souhaité** bonne chance pour le concours.
- Elle s'est **lavée** à l'eau froide.
- Elle s'est **fait couper** les cheveux par un apprenti très doué.
- Pauline s'est **imaginée** réussir du premier coup.
- Ils se sont **plu** au premier regard.
- Avec ces départs en vacances, les voitures se sont **succédé** au péage.
- Les joueurs se sont **vus pénalisés** par un arbitre soudoyé.
- Avec la pluie qui est tombée, les parapluies se sont **vendus** comme des petits pains.

5. Écrivez un synonyme pour chacun des adjectifs suivants.

- Infatué : **orgueilleux**
- Séculaire : **ancien**
- Pusillanime : **peureux**
- Ostentatoire : **voyant**
- Concomitant : **simultané**
- Séditieux : **insoumis**

6. Écrivez un nom correspondant aux adjectifs suivants.

- Imbécile : **imbécilité**
- Adroit : **adresse**
- Patient : **patience**
- Affamé : **faim**

7. Écrivez un adjectif correspondant aux noms suivants.

- Substance : **substantiel**
- Espace : **espacé**
- Consomption : **consumé**
- Siècle : **séculaire**

Exercice 3

1. Trouvez un nom commun qui soit homonyme de :

- Saut
- Sot
- Seau

Sceau

2. Ajoutez les lettres muettes si besoin.

- **Acabit**
- Cauchemar
- **Débarras**
- **Torticolis**

3. L'orthographe est-elle la bonne ? (vrai ou faux)

- Abhorrer : **vrai**
- Asphixié : **faux (asphyxié)**
- Remord : **faux (remords)**
- Abscysse : **faux (abscisse)**

4. Conjuguez les verbes suivants à la deuxième personnel du singulier de l'impératif.

- Prendre : **prends**
- Cueillir : **cueille**
- Savoir : **sache**
- Être : **sois**

5. Écrivez les noms composés suivants au pluriel.

- Casse-tête : **des casse-têtes**
- Demi-journée : **des demi-journées**
- Plate-bande : **des plates-bandes**
- Arrière-saison : **des arrière-saisons**

6. Complétez par « quelque », « quels que » ou « quelques ».

- **Quels que** soient les risques, il a tenté sa chance.
- Il a mangé **quelques** fruits.

7. Précisez le genre (masculin ou féminin) de chaque mot.

- Abysse : **masculin**
- Apostrophe : **féminin**
- Azalée : **féminin**
- Aparté : **masculin**

8. Écrivez les adverbes correspondants.

- Intelligent : **intelligemment**
- Commun : **communément**
- Assidu : **assidument**
- Brillant : **brillamment**

9. Quelle est la bonne conjugaison du verbe « essuyer » à la première personne du futur simple ?

a) J'essuirais

b) J'essuirai

c) J'essuierais

d) J'essuierai

10. Entourez la bonne orthographe pour chaque couple de mots.

- **Cime**/Cîme
- **Égout**/Égoût
- Dégout/**Dégoût**
- Naitrait/**Naîtrait**

11. Qu'est-ce qu'une pandémie ?

a) Une religion

b) Une grippe

c) Une épidémie

d) La population d'un continent

12. Qu'est-ce que l'agoraphobie ?

a) La peur du vide

b) La peur de la foule

c) La peur du noir

d) La peur de la mort

13. Que signifie le verbe « se déliter » ?

a) Se désagréger

b) Se réjouir

c) Sortir de son lit (pour un fleuve)

d) Se complaire

14. Complétez les phrases suivantes en accordant le verbe « lire ».

- Elle **a lu** des statistiques encourageantes.
- Les statistiques qu'elle **a lues** sont encourageantes.

15. Ecrivez en lettres.

- 3 021 600 : **trois millions vingt et un mille six cents**
- 677 : **six cent soixante-dix-sept**

16. Trouvez un paronyme au mot « conjecture ».

Conjoncture

Exercice 4

1. Dans cette liste, quels verbes expriment la colère, le mécontentement, la prière ou la moquerie ?

- Bougonner : **le mécontentement**
- Fulminer : **la colère**
- Implorer : **la prière**
- Maugréer : **le mécontentement**
- S'esclaffer : **la moquerie**
- Tonner : **la colère**
- Conspuer : **la colère**
- Grommeler : **le mécontentement**
- Invoquer : **la prière**
- Persifler : **la moquerie**
- Supplier : **la prière**
- Vociférer : **la colère**

2. Écrivez l'adjectif ou le nom correspondant.

- Toutes les semaines : **hebdomadaire**
- Tous les deux mois : **bimestriel**
- Tous les deux ans : **bisannuel**
- Deux fois par semaine : **bihebdomadaire**
- Deux fois par mois : **bimensuel**
- Une période de dix jours : **décade**
- Une période de six mois : **semestre**
- Une période de cinq ans : **lustre**
- Une période de mille ans : **millénaire**

3. Indiquez pour les expressions suivantes si leur valeur logique est l'opposition, la conséquence ou l'énumération.

	Opposition	Conséquence	Énumération
Ensuite			x
Pourtant	x		
C'est pourquoi		x	
En revanche	x		
D'emblée			x
En outre			x
D'autre part			x
Si bien que		x	
Ainsi		x	
En réalité	x		
Enfin			x
Autrement dit			x
En dépit de	x		
En somme			x
De sorte que		x	
Au point que		x	
Malgré	x		
Bien que	x		
Quelque... que	x		
Loin de	x		

4. Reconstituez les paires de noms antonymes (qui expriment le contraire) en prenant un mot de chaque liste.

Liste 1	Liste 2
Agressif	Doux
Amorphe	Énergique
Inculte	Savant
Laconique	Prolixe
Stable	Changeant
Brouillon	Organisé
Achopper	Aboutir
Savoureux	Insipide
Odorant	Fade
Frais	Rance

5. Réécrivez les phrases suivantes à la forme négative.

• Il viendra aujourd'hui et demain.
Il ne viendra ni aujourd'hui ni demain.

• Il partira aussi.
Il ne partira pas non plus.

• J'ai tout entendu.
Je n'ai rien entendu.

• Je l'ai vu quelque part.
Je ne l'ai jamais vu nulle part.

• Il arrive quelquefois en retard.
Il n'arrive jamais en retard.

6. Conjuguer les verbes au temps qui convient.

- Il aurait **pu** éviter ce problème s'il l'avait souhaité.
- Cette erreur, il l'a **commise** lors de la saisie sur son ordinateur.
- Avez-vous **résolu** cette question ?
- Si je pouvais, je **traiterais** immédiatement ce dossier.
- Bien que cette lettre soit importante, il l'a à peine **parcourue**.

7. Réécrivez le texte en utilisant le passé simple et l'imparfait, en indiquant entre parenthèses à côté du verbe le temps employé (PS pour passé simple et I pour imparfait).

Le petit garçon **s'avançait (I)** sur le trottoir de la rue en regardant fixement par terre une boîte d'allumettes vide. Il **se baissa (PS)** pour la ramasser.
Le pied d'un autre gamin lui **apparut (PS)** brusquement et **écrasa (PS)** la boîte.
Titou **se redressa (PS)** et **vit (PS)** trois garçons de son âge, ou un peu plus grands, qui le **regardaient (I)** d'un air hostile. Ils **étaient (I)** vêtus pauvrement et ils **avaient (I)** la peau très sale. Le plus âgé d'entre eux **portait (I)** à une oreille un anneau doré.

8. Complétez les phrases à l'aide des expressions suivantes en indiquant la cause (chacune doit être utilisée une seule fois).

- La sortie scolaire de février sera annulée **en raison de** risques d'avalanches.
- Il ne pourra achever son travail **faute** de temps.
- Il sera sanctionné **pour** avoir perdu un document important.
- Nous n'avons pu entrer **étant donné que** le local était fermé à clé.
- **Par** erreur, cette circulaire m'a été adressée.
- **Étant donné** les résultats actuels, le passage en troisième n'est pas envisageable.
- **Comme** nous n'avions pas trouvé à temps, nous avons entrepris des recherches.
- **Sous prétexte de** grande faiblesse, il n'est pas venu travailler aujourd'hui.
- **Sous l'effet de** l'émotion, il n'a pas assuré son travail correctement.
- **Puisque** les conditions météorologiques sont mauvaises, il vaudrait mieux annuler.

9. Complétez les phrases suivantes par le pronom relatif qui convient.

- L'altercation **à laquelle** il est fait allusion a eu de nombreux témoins.
- Les livres **auxquels** il manquera des pages devront être remboursés.
- Je réprouve la manière **dont** a été traitée cette affaire.
- Le problème **que** vous soulevez est particulièrement épineux.
- L'établissement à proximité **duquel** une fuite de gaz a été détectée a été évacué.
- Le passant **à qui** il s'adressa ne connaissait pas cette rue.
- Ceux **qui** n'ont jamais souffert ne savent rien.
- Ce **dont** il a besoin, c'est d'une bonne remise à niveau.
- Il ne sait pas **laquelle** des deux voitures l'a heurté.
- Lisez cette lettre bizarre **que** j'ai reçue.

10. Trouvez l'homonyme du mot en gras en utilisant la bonne orthographe pour pouvoir compléter les phrases suivantes.

- J'ai aperçu un **geai**.

Un **jet** de pierre.

- Une poterie en **grès**.

De **gré** ou de force.

- La **hyène** rôdait dans les parages.

Le **yen** est une monnaie.

- Ils se serrent la **main**.

Il se trame **maints** complots.

- Un **mur** délabré.

Le fruit **mûr** tombe tout seul.

- Le **goal** de l'équipe.

La **gaule** du pêcheur.

11. Mettez au pluriel les mots suivants.

- Une porte-fenêtre : **des portes-fenêtres**
- Un compte-tour : **des compte-tours**
- Sourd-muet : **des sourds-muets**
- Couvre-lit : **des couvre-lits**
- Un Sud-Coréen : **des Sud-Coréens**
- Un petit-beurre : **des petits-beurre**
- Un fac-similé : **des fac-similés**
- Un hors-jeu : **des hors-jeu**
- Un faire-valoir : **des faire-valoir**
- Une Franc-Comtoise : **des Franc-Comtoises**

■ Exercice 5

1. Quel est le mot mal orthographié ?

a) La montée
b) La jetée
c) La gaietée (la gaieté)
d) La dictée

2. Se dit de mots qui se prononcent exactement de la même manière mais n'ont pas le même sens :

a) métaphore.
b) pléonasme.
c) homonyme.
d) homogène.

3. Lequel de ces mots finissant par « al » ne se termine pas par « aux » au pluriel ?

a) Chacal
b) Journal
c) Cheval
d) Canal

4. La quintessence c'est ....

a) un grand plaisir.

b) la plus grosse partie de quelque chose.

c) un nouveau carburant.

d) l'essentiel et le plus pur de quelque chose.

5. Trouvez la bonne orthographe.

a) Autochtone

b) Autocthone

c) Authoctone

d) Otocthone

6. Quelle phrase est au plus-que-parfait de l'indicatif ?

a) Les rafales ont emporté les toits.

b) Les rafales emportèrent les toits.

c) Les rafales avaient emporté les toits.

d) Les rafales emportaient les toits.

7. Quel nom est mal orthographié ?

a) Statistitien (statisticien)

b) Politicien

c) Martien

d) Batracien

8. Orthographiez correctement le verbe « créer », conjugué à l'impératif présent dans la phrase suivante : « .... ton entreprise ! »

a) Crées

b) Crée

c) Cré

d) Créées

9. Trouvez la bonne orthographe.

A : du papier de ....

B : être content de ....

C : malgré ....

D : .... l'un .... l'autre

1. soit
2. soi
3. sois
4. soie

a) A4, B2, C2, D3

b) A3, B3, C3, D1

c) A4, B3, C3, D1

d) A4, B2, C2, D1

10. Dans la phrase « je vous saurai gré », le verbe savoir est conjugué au ....

a) subjonctif présent.

b) conditionnel présent.

c) futur simple.

d) conditionnel futur.

11. Qu'est-ce qu'un « truisme » ?

a) L'expression d'une idée par son contraire

b) Figure de rhétorique qui consiste à atténuer l'expression de sa pensée

c) Un porcelet mâle

d) Une vérité d'évidence

12. Trouvez la bonne réponse.

A : .... malade, elle travaille.

B : .... vous fassiez, il recommencera.

C : il mangera .... de gâteaux.

1. quoi que
2. quoique
3. d'avantage
4. davantage

a) A1, B2, C3

b) A2, B1, C4

c) A2, B2, C4

13. Trouvez la ligne correctement orthographiée (conjugaison au présent de l'indicatif).

a) Je joins, je résous, je gèle, je vaincs

b) Je joinds, je résouds, je gèle, je vainc

c) Je joins, je résouds, je gèle, je vaincs

d) Je joinds, je résous, je gelé, je vainc

14. Lesquelles de ces phrases sont correctement orthographiées ?

A. Ni Elsa ni Anne ne mangent aujourd'hui.

B. Ni Elsa ni Anne ne mange aujourd'hui.

C. Je sais que toi seul est coupable.

D. Je sais que toi seul es coupable.

a) A et C

b) A et D

c) B et C

d) B et D

15. « Éminent » et « imminent » sont des ....

a) paronymes.

b) homonymes.

c) anagrammes.

d) antonymes.

Exercice 6

1. Quelle est la bonne orthographe ?

a) Un labirynthe

b) Un labyrynthe

c) Un labyrinthe

2. « Après ... essais, il a fini par renoncer. »

a) maintes

b) maints

c) maint

3. « Antédiluvien » signifie :

a) ancien.

b) rare.

c) précieux.

4. Dans la phrase : « La maison est bâtie par le maçon », « par le maçon » est :

a) complément d'objet direct.

b) complément d'objet indirect.

c) complément d'agent.

5. Quelle est la bonne orthographe ?

a) Imunité

b) Immunité

c) Limmunitée

6. Quelle est la conjugaison du verbe « vaincre » à la première personne du singulier du présent de l'indicatif ?

a) Vins

b) Vaincs

c) Vains

7. Compléter : « Il a ... renoncer à son projet. »

a) du

b) dû

c) dut

8. Quel est l'intrus parmi ces verbes ?

a) Aller

b) Chanter

c) Souhaiter

9. Quelle est la bonne orthographe : « Des permanences, ils en ont ... » ?

a) effectué

b) effectués

c) effectuées

10. « Agir avec dextérité » signifie :

a) être pressé.

b) être habile.

c) être sévère.

11. Laquelle de ces propositions est correcte ?

a) Leur as-tu dit la vérité ? Leurs résultats leurs seront communiqués plus tard.

b) Leurs as-tu dit la vérité ? Leurs résultats leur seront communiqués plus tard.

c) Leur as-tu dit la vérité ? Leurs résultats leur seront communiqués plus tard.

12. « Être tiré à quatre épingles » signifie :

a) être soigné.

b) être débraillé.

c) être vêtu modestement.

13. Quel est l'intrus ?

a) Dénier

b) Récuser

c) Octroyer

14. Conjugué au présent de l'indicatif, le verbe « revêtir » donne :

a) ils revêtissent.

b) ils revêssent.

c) ils revêtent.

15. « Omoplate » est du genre :

a) masculin.

b) féminin.

c) Ce mot est une exception et n'a pas de genre.

Exercice 7

1. Dans quel mot, le « h » est-il à sa place ?

a) Ahrres

b) Rhinocéros

c) Rhytme

d) Termomèthre

2. Quel mot n'a pas le tréma correctement placé ?

a) Camaïeu

b) Canöe

c) Capharnaüm

d) Haïr

3. Quel est le pluriel du mot « timbre-poste » ?

a) Timbre-poste

b) Timbre-postes

c) Timbres-poste

d) Timbres-postes

4. Quel mot est correctement orthographié ?

a) *Curicculum vitæ*

b) *Curriculum vitæ*

c) *Curriculum vitâc*

d) *Curriculum vité*

5. Quel adjectif est correctement orthographié ?

a) Présidenciel

b) Providenciel

c) Résidantiel

d) Séquentiel

6. Compléter correctement la phrase suivante : « C'est en ... avec des propos ... qu'il a enlevé le marché. »

a) communicant/convaincants
b) communicant/convainquant
c) communiquant/convaincants
d) communiquant/convainquant

7. Compléter correctement la phrase suivante : « ... blessé, il est ... à venir. »

a) Quoi que/près
b) Quoi que/prêt
c) Quoique/près
d) Quoique/prêt

8. Trouver la bonne orthographe.

a) Il avait exaucé le vœu de réaliser un mariage empreint d'une grande solennité.
b) Il avait exaucé le vœu de réaliser un mariage emprunt d'une grande solennité.
c) Il avait exhaussé le vœu de réaliser un mariage empreint d'une grande solennité.
d) Il avait exhaussé le vœu de réaliser un mariage emprunt d'une grande solennité.

9. Un « anachronisme » est :

a) une confusion entre des époques différentes.
b) une contradiction de termes.
c) une divergence de points de vue.
d) une opposition entre deux mots.

10. Quel mot répond à la définition suivante : « La manie de mentir » ?

a) Cleptomanie
b) Mégalomanie
c) Mythomanie
d) Pyromanie

11. Après une dissolution, on dit que l'assemblée est :

a) disjointe.
b) dissocie.
c) dissolue.
d) dissoute.

12. Parmi les mots suivants, lequel est de genre féminin ?

a) Antre

b) Atmosphère

c) Éloge

d) Planisphère

Exercice 8

1. Trouver la bonne orthographe.

a) Mansuétude

b) Mensuétude

c) Mansuaitude

d) Mensuaitude

2. Trouver la bonne orthographe du pluriel suivant.

a) Des gardes-boues

b) Des gardes-boue

c) Des garde-boues

d) Des garde-boue

3. Donner le genre de « antre » et « mandibule ».

a) Les deux sont féminins

b) Les deux sont masculins

c) Féminin et masculin

d) Masculin et féminin

4. Donner le genre de « octave » et « réglisse ».

a) Les deux sont féminins

b) Les deux sont masculins

c) Féminin et masculin

d) Masculin et féminin

5. « Sans *a priori* » signifie :

a) sans suite.

b) sans fondement.

c) sans idée préconçue.

d) sans intérêt.

6. Trouver l'intrus.

a) Parler

b) Jacter

c) Palabrer

d) Discuter

Discuter est le seul verbe transitif.

7. Un cruciverbiste est :

a) une fleur à pétales en croix.

b) un amateur de mots croisés.

c) un archéologue.

d) un homme orgueilleux.

8. Parfois il faut choisir ... des gens et de leurs ressentis.

a) au dépand

b) aux dépands

c) au dépend

d) aux dépens

9. Extérioriser ses sentiments, c'est être :

a) exhubérent.

b) exhubérant.

c) exubérant.

d) exubérent.

10. « Galvauder » signifie :

a) utiliser à tort et à travers, gâcher.

b) effectuer un traitement chimique.

c) rire à gorge déployée.

d) encourager.

11. Trouver la bonne orthographe.

a) Les quatres enfants et les quatres cents chevaux.

b) Les quatres enfants et les quatres cent chevaux.

c) Les quatre enfants et les quatre cents chevaux.

d) Les quatre enfants et les quatre cent chevaux.

12. Trouver la bonne formulation.

a) Je vous sais grais.

b) Je vous ségré.

c) Je vous ségrais.

d) Je vous sais gré.

Exercice 9

1. Une anfractuosité est :

a) une chose monstrueuse.

b) un espace creux.

c) une énigme.

2. Quelle est la bonne formule de politesse ?

a) Veuillez agréer, Monsieur mes salutations distinguées.

b) Veuillez agréer, Monsieur, mes salutations distinguées.

c) Veuillez, agréer Monsieur, mes salutations distinguées.

3. Quelle est la bonne orthographe ?

a) Des coupe-ongle

b) Des coupe-ongles

c) Des coupes-ongles

4. Quelle phrase ne contient pas d'erreurs ?

a) Il a commit bien des erreurs mais il les a toutes réparées.

b) Il a commis bien des erreurs mais il les a toutes réparé.

c) Il a commis bien des erreurs mais il les a toutes réparées.

5. Quel verbe est conjugué au présent du subjonctif ?

a) Fais des efforts !

b) Qu'offres-tu à Noël ?

c) Que je parte ?

6. « Estomper » signifie :

a) renforcer.

b) atténuer.

c) tromper.

7. L'adverbe de « ardent » est :

a) ardentement.

b) ardamment.

c) ardemment.

8. Dans la phrase « Fatigués, les enfants se reposaient », quelle est la fonction de l'adjectif ?

a) Attribut

b) Épithète

c) Apposé

9. « Un bijou de pacotille » signifie :

a) un bijou de valeur.

b) un bijou sans valeur.

c) un bijou volé.

10. Lequel de ces verbes appartient au troisième groupe ?

a) Cueillir

b) Roussir

c) Grandir

11. La forme verbale correcte est :

a) tu chatis.

b) tu châtis.

c) tu châties.

12. Les temps et mode de la forme verbale suivante, « nous payions », sont :

a) l'imparfait du subjonctif.

b) l'imparfait de l'indicatif.

c) le présent de l'indicatif.

13. Laquelle de ces formulations n'est pas convenable ?

a) Une apartée

b) Un aparté

c) Des apartés

14. À la première personne du singulier du futur simple, le verbe « s'asseoir » s'écrit :

a) je m'assoierai.

b) je m'assoierais.

c) je m'assoirai.

15. « Si ce n'est toi, c'est donc ton complice. »

a) « Si » exprime une hypothèse.

b) « Si » a une valeur causale.

c) « Si » introduit une interrogation indirecte.

■ Exercice 10

1. « Ces ... maisons ont coûté ... euros. »

a) Neuf cents/neuf cent milles

b) Neuf cent/neuf cent mille

c) Neuf cents/neuf cent mille

d) Neuf cent/neuf cent milles

2. La deuxième personne du singulier du présent de l'indicatif du verbe « absoudre » est-elle :

a) tu absoues ?

b) tu absouds ?

c) tu absous ?

d) tu absouts ?

3. Quelle est la bonne conjugaison du verbe « rendre » à la première personne du pluriel du futur antérieur ?

a) Nous avons rendu

b) Nous rendrons

c) Nous aurons rendu

d) Nous serons rendus

4. Parmi les propositions suivantes, laquelle permet de compléter correctement cette phrase : « Elle s'est ... les dents » ?

a) brossée

b) brosser

c) brossé

d) brossées

5. Que signifie « abjurer » ?

a) Pardonner

b) Refuser

c) Renoncer

d) Supplier

6. L'expression « ajouter en plus » est :

a) un contresens.

b) une onomatopée.

c) un pléonasme.

d) un quiproquo.

7. Trouver le mot dont le sens est proche de « suranné ».

a) Conte

b) Désuet

c) Surdoué

d) Surfin

8. Un pisciculteur est un spécialiste :

a) de la ville de Pise.

b) de l'élevage des poissons.

c) des jeux de piste.

d) des piscines.

9. Indiquer la proposition qui permet de compléter correctement la phrase : « Voici tous les ingrédients qu'il a ... pour faire ces gâteaux. »

a) fallus

b) fallu

c) falus

d) fallues

10. Les noms en « ail » forment en général leur pluriel en « ails ». Dans les propositions suivantes, quelle est l'exception ?

a) Chandail

b) Gouvernail

c) Sérail

d) Vantail

11. Les verbes qui commencent par le son [ap] s'écrivent « app ». Dans la liste suivante, quel est le verbe mal orthographié ?

a) Appesantir

b) Applatir

c) Apposer

d) Approfondir

12. Un adjectif verbal est un participe présent employé comme adjectif. Dans la liste suivante, quel terme n'est pas un adjectif verbal ?

a) Communicant

b) Divergent

c) Négligeant

d) Suffocant

4| LES TESTS DE MATHÉMATIQUES

QUELQUES RAPPELS DE MATHÉMATIQUES

Pour les questions de mathématiques, plusieurs règles sont particulièrement importantes : la règle de trois, les pourcentages, les mesures d'aires et de périmètres, les conversions d'unités, ainsi que les équations à une inconnue.

La règle de trois

La règle de trois est une règle de proportionnalité. Son principe est de ramener à l'unité.

Exemple : il faut sept heures de travail pour qu'un menuisier produise trois tables. Combien de temps lui faut-il pour produire cinq tables ?

Pour produire une table, le menuisier a besoin de $\frac{7}{3}$ d'heure. Par conséquent, pour produire cinq tables, ce menuisier aura besoin de $5 \times \frac{7}{3}$ d'heure, soit $\frac{35}{3}$ d'heures.

Si vous ne vous sentez pas à l'aise avec les fractions, vous pouvez également établir un tableau de proportionnalité.

En reprenant le même exemple que ci-avant (il faut 7 heures pour qu'un menuisier produise trois tables ; combien de temps lui faut-il pour produire cinq tables ?), nous obtiendrons le tableau de proportionnalité suivant :

Soit x le temps de fabrication de 5 tables :

Nombre de tables	3	1	5
Temps en heures	7	$\frac{7}{3}$	$x = \frac{7 \times 5}{3} = \frac{35}{3}$

Les pourcentages

Afin de calculer le pourcentage d'un nombre, on multiplie ce nombre par le pourcentage.
Exemple : dans une préfecture où travaillent 180 fonctionnaires, on compte 40 % de femmes.

Le nombre de femmes est donc de : $\frac{(180 \times 40)}{100} = \frac{7\,200}{100} = 72.$

Pour calculer un pourcentage à partir de deux nombres, il faut procéder à une division entre ces deux nombres et multiplier le résultat par 100.

Exemple : 78 salariés d'une entreprise, comptant 123 salariés au total, maîtrisent correctement l'outil informatique. Le pourcentage de salariés maîtrisant l'outil informatique sera donc de :

$(\frac{78}{123})$ = 0,6341 (en arrondissant à quatre décimales après la virgule) × 100 = 63,41 %.

Pour augmenter un nombre d'un certain pourcentage, il convient de multiplier ce nombre par le chiffre obtenu par l'addition de 1 et du résultat de la division par 100 du chiffre du pourcentage.
Exemple : pour l'année n, le montant des impôts locaux est de 1 400 euros. Si l'année n + 1, les impôts augmentent de 15 %, le montant des impôts sera de 1 400 × 1,15 = 1 610.

Pour diminuer un nombre d'un certain pourcentage, on multiplie ce nombre par le chiffre obtenu par la soustraction de 1 et du résultat de la division par 100 du chiffre du pourcentage.
Exemple : le budget de la mairie, qui était l'an dernier de 800 000 euros, baisse cette année de 5 %. Il sera donc de : 800 000 × (1 - 0,05) = 800 000 × 0,95 = 760 000 euros.

Les mesures d'aires, de périmètres et de volumes

■ L'aire

Définition

L'aire d'une figure est la **mesure de sa surface,** définie par son contour.
Elle est exprimée dans une **unité d'aire** (m^2, cm^2, km^2, etc.).

Voici les formules permettant de calculer l'aire de quelques figures particulières.

Le carré

L'aire d'un carré de côté c vaut : c^2.

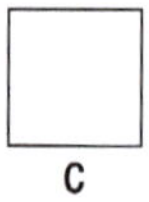

Le rectangle

L'aire d'un rectangle de longueur L et de largeur l vaut : $L \times l$.

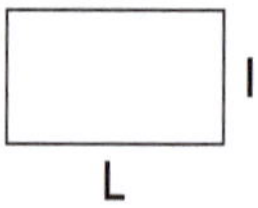

Le losange

L'aire d'un losange de grande diagonale D et de petite diagonale d vaut : $\frac{d \times D}{2}$

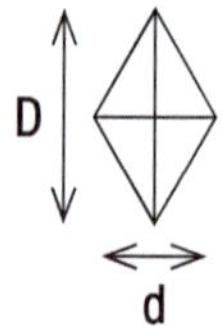

Le parallélogramme

L'aire d'un parallélogramme de côté c et de hauteur associée h vaut : $c \times h$.

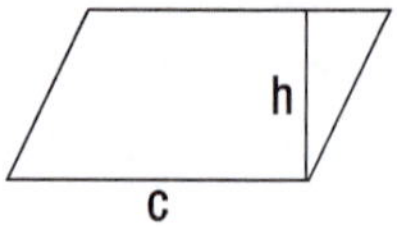

Le triangle

L'aire d'un triangle de base B et de hauteur associée h vaut : $\frac{B \times h}{2}$

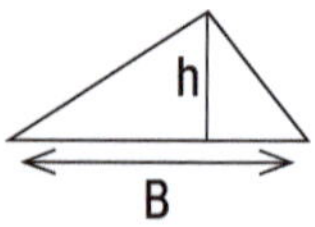

Le trapèze

L'aire d'un trapèze de grande base B, de petite base b et de hauteur h vaut : $\frac{(B + b) \times h}{2}$

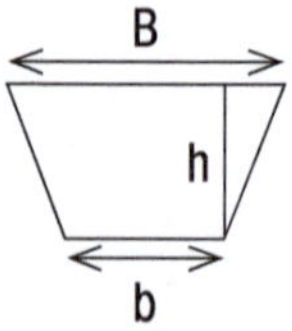

Le disque

L'aire d'un disque de rayon r vaut : **$\pi \times r^2$**.

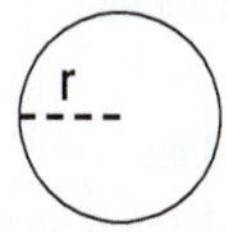

La sphère

L'aire d'une sphère de rayon r est l'aire de son enveloppe.
Elle vaut : **$4 \times \pi \times r^2$**.

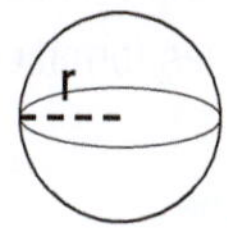

Le cylindre

L'aire latérale d'un cylindre de disque de base de rayon r et de hauteur h vaut : **$2 \times \pi \times r \times h$**.

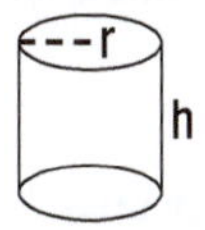

■ Le périmètre

Définition

Le **périmètre** d'une figure est la **longueur** de son **contour**.

Voici les formules permettant de calculer le périmètre de quelques figures particulières :

Le carré

Le périmètre d'un carré de côté c vaut : **$4 \times c$**.

Le rectangle

Le périmètre d'un rectangle de longueur L et de largeur l vaut : **$2 \times (L + l)$**.

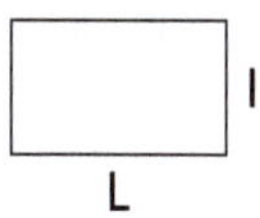

Le cercle

Le périmètre (ou circonférence) d'un cercle de rayon r ou de diamètre D vaut :
$2 \times \pi \times r = \pi \times D$.
On prendra en général **$\pi \approx 3{,}14$**.

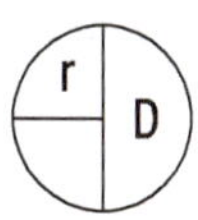

Le volume

Définition

Le volume d'un **solide** est sa **contenance**.

Il est exprimé dans une **unité de volume** (m^3, cm^3, km^3, etc.).

Voici les formules permettant de calculer le volume de quelques solides de base.

Le cube

Le volume d'un cube d'arête a vaut : a^3.

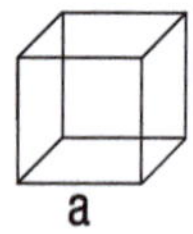

Le pavé droit

Le volume d'un pavé de longueur L, de largeur l et de hauteur h vaut :
$L \times l \times h$.

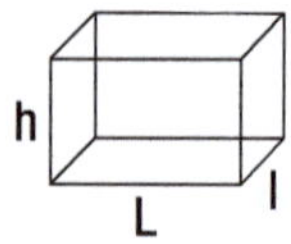

Le cône

Le volume d'un cône de disque de base de rayon r et de hauteur h vaut :
$\frac{1}{3} \times \text{Aire de la base} \times h = \frac{1}{3} \times \pi \times r^2 \times h$.

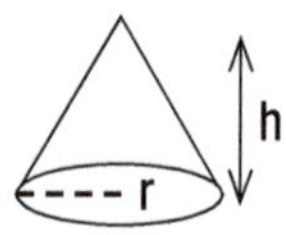

La pyramide

Le volume d'une pyramide de base d'aire B et de hauteur h vaut : $\frac{1}{3} \times B \times h$.

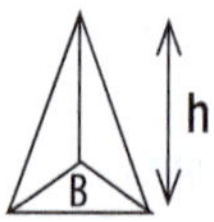

Le prisme droit

Le volume d'un prisme droit de base d'aire B et de hauteur h vaut : $B \times h$.

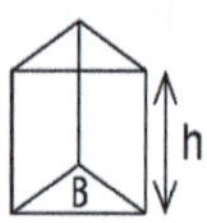

La sphère

Le volume d'une sphère de rayon r vaut :
$\frac{4}{3} \times \pi \times r^3$.

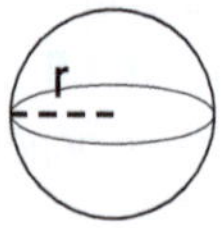

Le cylindre

Le volume d'un cylindre de disque de base de rayon r et de hauteur h vaut : $\text{Aire de la base} \times h = \pi \times r^2 \times h$.

La mesure du temps

- Une minute (min) compte 60 secondes (s).
- Une heure (h) compte 60 minutes.
- Un jour compte 24 heures.

Ces règles permettent de convertir les unités de temps entre elles.
Exemple : 150 minutes = 150 / 60 = 2,5 = 2 heures 30 minutes.

Pour additionner ou soustraire les unités de temps entre elles, il faudra les convertir (exemple :
6 h 50 min 6 s + 1 h 30 min 30 s = 8 h 20 min 36 s
en convertissant les unités, on a 80 min = 1 h 20
donc le résultat de l'addition est : 8 h 20 min 36 s).

La mesure de la vitesse

La vitesse, mesurée en kilomètres/heure, d'un objet en mouvement est égale au rapport de la distance parcourue en kilomètres (km) par la durée du trajet en heures (h).

Exemple : une voiture parcourt 135 kilomètres en 1 heure 30 minutes.
Sa vitesse et donc de 135/1,5 = 90 km/h.

Les conversions d'unités

- **Pour les poids :**

1 t = 1 000 kg
1 qt = 100 kg
1 kg = 1 000 g
1 g = 1 000 mg

- **Pour les longueurs :**

1 km = 1 000 m
1 m = 10 dm = 100 cm
1 cm = 10 mm

- **Pour les aires :**

1 km^2 = 1 000 000 m^2
1 ha = 10 000 m^2
1 are (a) = 100 m^2
1 m^2 = 100 dm^2 = 10 000 cm^2
1 cm^2 = 100 mm^2

- **Pour les volumes :**

1 m^3 = 1 000 dm^3
1dm^3 = 0,001 m^3 = 1 000 cm^3
1 m^3 = 1 000 000 cm^3
1 cm^3 = 1 000 mm^3
1 litre (l) = 10 dl = 100 cl = 1 000 ml
1 l = 0,001 m^3 = 1 dm^3 = 1 000 cm^3 = 1 000 000 mm^3

Les équations à une inconnue

Une équation est une égalité comportant une ou plusieurs inconnues. Résoudre une équation, c'est trouver la valeur d'une inconnue.

Exemple : $4 + x = 9$.
x est l'inconnue. Pour la déterminer, il faut faire : $x = 9 - 4 = 5$
Comme dans cet exemple, il faut toujours isoler l'inconnue x afin d'obtenir une formule de type « x = ... ».

Exemple : $5x + 12 = 27$
$x = (27 - 12) \div 5$
$x = 15 \div 5$
$x = 3$

Exemple : $x - 14 = 43$
$x = 14 + 43$
$x = 57$

Exemple : $6x + 10 = 11x - 15$
$11x = 6x + 10 + 15$
$11x = 6x + 25$
$11x - 6x = 25$
$5x = 25$
$x = 5$

EXERCICES

Vous disposez de 30 minutes pour réaliser chacun des exercices suivants.

Exercice 1

1. Sachant que la pointe de l'aiguille des secondes d'une horloge circulaire parcourt 6 mètres en 1 minute, quelle est la longueur de l'aiguille ? ($\pi = 3$)

a) 0,5 mètre
b) 1 mètre
c) 3 mètres
d) 1,5 mètre
e) Aucune proposition n'est correcte
f) Toutes les propositions sont correctes

2. Un satellite artificiel est sur une orbite géostationnaire à une altitude de 35 000 km de la surface de la Terre. On admet que le rayon terrestre est de 6 000 km. Quelle est la distance parcourue par ce satellite en 24 heures dans un repère dont l'origine est le centre de la Terre ? ($\pi = 3$)

a) 246 000 km
b) 123 000 km
c) 240 000 km
d) 480 000 km
e) Aucune proposition n'est correcte
f) Toutes les propositions sont correctes

3. Quelle est la solution du système d'équations ci-dessous ?

$$\begin{cases} 2x + y = 2 \\ 4x + 3y = 2 \end{cases}$$

a) $y = 0$ et $x = 1$
b) $y = 1$ et $x = 1$
c) $y = 2$ et $x = 2$
d) $y = 2$ et $x = 3$
e) Aucune proposition n'est correcte
f) Toutes les propositions sont correctes

4. La somme des angles d'un triangle isocèle est :

a) égale à 360°.

b) supérieure à 180°.

c) inférieure ou égale à 180°.

d) égale à 180°.

e) Aucune proposition n'est correcte

f) Toutes les propositions sont correctes

5. 5 clefs USB et 5 CD-Rom coûtent 55 euros. 3 clefs USB et 2 CD-Rom coûtent 28 euros. Combien coûtent 1 clef USB et 1 CD-Rom ?

a) Une clef USB = 6 euros, un CD-Rom = 6 euros

b) Une clef USB = 6 euros, un CD-Rom = 5 euros

c) Une clef USB = 5 euros, un CD-Rom = 6 euros

d) Une clef USB = 6 euros, un CD-Rom = 4 euros

e) Aucune proposition n'est correcte

f) Toutes les propositions sont correctes

6. Un maçon construit un mur en dix heures. Un autre maçon met cinq heures pour construire le même mur. Combien de temps mettront-ils pour construire ce mur s'ils travaillent ensemble ?

a) 3 h 20

b) 4 h 00

c) 5 h 20

d) 15 h 00

e) Aucune proposition n'est correcte

f) Toutes les propositions sont correctes

7. Une colonne de section carrée de 10 centimètres de côté contient 100 litres d'eau. L'eau arrive à 10 centimètres du bord. Combien de litres d'eau supplémentaires peut-on verser dans la colonne sans la faire déborder ?

a) 1

b) 2

c) 10

d) 100

e) Aucune proposition n'est correcte

f) Toutes les propositions sont correctes

8. La TVA sur un article est passée d'un taux fictif de 20 % à 5 % au 1er juillet. Cet article valait 24 euros (TVA incluse) au mois de juin. Quel est son nouveau prix au 1er juillet après le changement de TVA ?

a) 6 euros
b) 20 euros
c) 21 euros
d) 22 euros
e) Aucune proposition n'est correcte
f) Toutes les propositions sont correctes

9. Quelle est la solution de l'inéquation $2x + 3 < 6x - 5$?

a) $x < -2$
b) $x > -2$
c) $x < 2$
d) $x > 2$
e) Aucune proposition n'est correcte
f) Toutes les propositions sont correctes

10. Parmi ces nombres, lequel n'est pas un nombre premier ?

a) 2
b) 13
c) 37
d) 121
e) Aucune proposition n'est correcte
f) Toutes les propositions sont correctes

11. On sait que la masse volumique du cuivre est 9 000 kg/m^3 et celle de l'or 20 000 kg/m^3. Quelle est la masse d'un lingot composé de 3 litres de cuivre fondu et de 6 litres d'or fondu ?

a) 37 kg
b) 87 kg
c) 107 kg
d) 147 kg
e) Aucune proposition n'est correcte
f) Toutes les propositions sont correctes

12. Un véhicule consomme 6 litres/100 km quand il roule à 90 km/h. Il consomme 20 % de plus à 120 km/h. En roulant à 90 km/h pendant 50 km puis à 120 km/h pendant les 100 km suivants, combien a-t-il consommé de carburant ?

a) 6,6 litres
b) 9 litres
c) 10,3 litres
d) 12,3 litres
e) Aucune proposition n'est correcte
f) Toutes les propositions sont correctes

Exercice 2

1. Un article de 500 euros subit en décembre une hausse de 11 %, puis en janvier une baisse de 11 %. Quelle est sa valeur finale ?

a) 445,15 euros
b) 493,95 euros
c) 500,00 euros
d) 616,05 euros

2. Un article est soldé de 15 %. Un défaut est signalé et une ristourne supplémentaire de 20 euros est accordée. Il est finalement vendu 107,50 euros. Quel était son prix d'origine ?

a) 130 euros
b) 140 euros
c) 150 euros
d) 160 euros

3. Quel est le résultat de l'opération suivante :
(2/3) - (7/3) × (8/21)

a) - 2/9
b) 2/9
c) - 4/9
d) 4/3

4. Un père a 36 ans, ses deux fils ont l'un 8 ans et l'autre 4 ans. Quel âge aura le père quand la somme des âges des deux enfants sera égale à 60 ans ?

a) 50 ans
b) 60 ans
c) 70 ans
d) 80 ans

5. Sur une carte géographique à l'échelle 1/75 000e, la distance entre deux villes est de 3,25 cm. Quelle est la distance réelle, en kilomètres, séparant ces deux villes ?

a) 0,243 km
b) 2,4375 km
c) 24,375 km
d) 243,75 km

6. Un guépard court à la vitesse de 112 km/heure. Combien de mètres parcourt-il par seconde (arrondi au mètre le plus proche) ?

a) 3
b) 18
c) 31
d) 33

7. Un train roule à 100 km/h sur une distance de 250 km. Tous les 100 km, il effectue un arrêt de 5 minutes. En supposant que sa vitesse soit constante, combien de temps mettra-t-il pour effectuer le trajet ?

a) 2 h 30
b) 2 h 35
c) 2 h 40
d) 2 h 45

8. On veut remplir un bassin rectangulaire de 8 m de long sur 3 m de large, avec de l'eau, jusqu'à une hauteur de 0,75 m. Quel est le volume d'eau nécessaire ?

a) 18 m^3
b) 20 m^3
c) 22 m^3
d) 24 m^3

9. Quelle est la surface totale d'un cube dont l'arête est de 9 cm ?

a) 324 cm^2

b) 486 cm^2

c) 648 cm^2

d) 729 cm^2

10. Un triangle rectangle a un côté adjacent à l'angle droit qui mesure le double de l'autre côté adjacent. Si la taille de l'hypoténuse est égale à 5 cm, quelle est la taille du plus petit côté adjacent à l'angle droit ?

a) $\sqrt{5}$

b) 2

c) $2\sqrt{5}$

d) 5

Exercice 3

1. Le nombre (32)(93) est égal à :

a) 38

b) 311

c) 312

d) 315

2. La fraction 7/2 divisée par 3/4 est égale à :

a) 14/3

b) 21/8

c) 7/6

d) 7/24

3. Quelle est la forme développée de l'expression $(5x + 1)(2x^2 - 5) + 5(2x - x^2)$?

a) $10x^3 - 3x^2 - 15x - 5$

b) $10x^3 + 2x^2 + 15$

c) $12x^2 + 10x + 15$

d) $x^3 + 2x^2 + 5x + 5$

4. Quel est le nombre qui, étant augmenté de 24, devient cinq fois plus grand qu'il ne l'était auparavant ?

a) 1
b) 15
c) 6
d) 26

5. Quel est le plus grand diviseur commun entre 1 001 et 2 310 ?

a) 77
b) 39
c) 442
d) 156

6. Quel est le plus petit diviseur commun entre 1 001 et 2 310 ?

a) 5
b) 7
c) 9
d) 11

7. Le couple (2, - 2) est la solution du système :

a) $x + 2y = -2$ et $2x + 4y = -4$ et $x + 5y = -8$
b) $5x + 2y = 6$ et $3x - 2y = 6$ et $4x + 5y = 15$
c) $x + y = 3$ et $x - 2y = -6$ et $7x - 3y = 9$
d) $-2x + 5y = 2$ et $x + y = 0$ et $x + 3y = 5$

8. On sait que la largeur d'un rectangle est le quart de sa longueur et qu'elle mesure 30 cm de moins que sa longueur. Quelle est l'aire du rectangle ?

a) 2 dm^2
b) 7,5 cm^2
c) 4 dm^2
d) 40 cm^2

9. La distance entre deux gares ferroviaires sur une carte à l'échelle 1/500 000e est de 2,4 cm. Quelle est la distance réelle entre ces deux gares ?

a) 12 km
b) 48 km
c) 120 km
d) 480 km

10. (- 3)5 = ?

a) 81

b) - 81

c) - 243

d) 243

Exercice 4

1. Quel nombre n'est pas un multiple de 7 ?

a) 1 694

b) 693

c) 454

d) 623

2. Si $x^2 < 16$, alors :

a) $x < 4$

b) $0 > x > 4$

c) $0 < x < 4$

d) $-4 < x < 4$

3. Calculer : $(4 - \frac{16}{2} + 2)^2 - (3 + 3^2)$

a) 8

b) - 8

c) 4

d) - 4

4. Combien pèse un mètre cube d'eau ?

a) 10 kg

b) 100 kg

c) 1 tonne

d) 10 tonnes

5. Calculer 10 752/256.

a) 7

b) 21

c) 42

d) 63

6. Quel est le résultat de l'opération suivante : 56 - 12 × 2 + 4 ?

a) 36

b) 92

c) -16

d) 264

7. 14 hectares égale :

a) 1 400 m^2

b) 14 000 m^2

c) 0,14 are

d) 140 000 m^2

8. 0,002 × 0,042 est égal à :

a) 0,0084

b) 0,00084

c) 0,000084

d) 0,0000084

9. L'expression $\sqrt{27} \times \sqrt{3} \times \sqrt{36} \times \sqrt{12}$ a pour résultat :

a) 186

b) $3 \times 3\sqrt{3}$

c) $54 \times 2\sqrt{3}$

d) $12 \times 3\sqrt{2}$

10. Si a, b, c, d et e sont cinq nombres tels que : a = 3,584, b = - 4,458, c = 3,27, d = - 3,245 et e = 3,3, alors on peut dire que :

a) $d < b < e < c < a$

b) $b < d < a < c < e$

c) $b < d < e < c < a$

d) $b < d < c < e < a$

Exercice 5

1. Vous faites procéder à des travaux de réfection dans votre habitation principale, une maison du xixe siècle. Vous bénéficiez d'une nouvelle mesure fiscale, ces travaux ne sont plus soumis à une TVA de 19,6 % mais à une TVA de 5,5 %. Quel est votre gain pour des travaux d'un coût hors taxes de 8 000 euros ?

a) 828 euros
b) 1 028 euros
c) 1 128 euros
d) 2 228 euros

2. Pour le dernier match, 2 742 billets ont été vendus. Le dernier billet vendu porte le n° 7855. Quel numéro porte le premier billet vendu ?

a) 5 113
b) 5 114
c) 10 597
d) 10 598

3. Une propriété agricole possède 3,2 hectares de prairie. À quoi cela correspond-il ?

a) 3,2 km^2
b) 3 200 m^2
c) 320 m^2
d) 32 000 m^2

4. Mon frère souhaite repeindre en deux couches les murs et le plafond de sa cuisine qui mesure 4 m de long, 3 m de large et 2 m de haut. Un pot d'un kilo de peinture permet de couvrir 12 m^2. Combien de pots devra-t-il acheter ?

a) 4
b) 5
c) 6
d) 7

5. On multiplie un nombre par 3. En ajoutant 23 à ce que l'on obtient, on trouve 176. Quel est ce nombre ?

a) 23
b) 51
c) 69
d) 153

6. Quelle est la valeur de x dans l'expression suivante :
$-(4/5)x = 2$

a) 5/2
b) - 5/2
c) 8/10
d) - 8/10

7. Emma a 7 ans de moins qu'Éric. On désigne par x l'âge d'Emma. Parmi les expressions suivantes, quelle est celle qui donne l'âge d'Éric en fonction de x ?

a) $7 - x$
b) $x - 7$
c) $7 + x$
d) $-7 + x$

8. Il y a 15 km de distance entre la ville A et la ville B. Quelle sera cette distance sur une carte au 1/200 000e ?

a) 0,75 cm
b) 3 cm
c) 7,5 cm
d) 30 cm

9. Quel est le 37e nombre impair ?

a) 37
b) 39
c) 73
d) 75

10. Le résultat de l'expression suivante peut s'écrire :

$$\left(\frac{3}{4} + \frac{4}{3} - 1\right)$$

a) 1,3
b) 1,4
c) 13/12
d) 4/3

CORRIGÉS

1. Sachant que la pointe de l'aiguille des secondes d'une horloge circulaire parcourt 6 mètres en 1 minute, quelle est la longueur de l'aiguille ? (π = 3)

a) 0,5 mètre
b) 1 mètre
c) 3 mètres
d) 1,5 mètre
e) Aucune proposition n'est correcte
f) Toutes les propositions sont correctes

L'aiguille des secondes représente ici le rayon du cercle.
1 minute = 60 secondes = 1 tour d'horloge par l'aiguille des secondes
= périmètre d'un cercle = $\pi \times$ diamètre (D).
$\pi \times$ diamètre = 6 mètres
$3 \times D = 6$
$D = 6/3 = 2$
$R = 1$

2. Un satellite artificiel est sur une orbite géostationnaire à une altitude de 35 000 km de la surface de la Terre. On admet que le rayon terrestre est de 6 000 km. Quelle est la distance parcourue par ce satellite en 24 heures dans un repère dont l'origine est le centre de la Terre ? (π = 3)

a) 246 000 km

b) 123 000 km

c) 240 000 km

d) 480 000 km

e) Aucune proposition n'est correcte

f) Toutes les propositions sont correctes

La distance parcourue est égale au périmètre du cercle représenté par le rayon de la Terre et l'orbite du satellite.

Rayon du cercle = 6 000 + 35 000 = 41 000

$\pi \times D = 3 \times (41\,000 \times 2) = 246\,000$

3. Quelle est la solution du système d'équations ci-dessous ?

$$\begin{cases} 2x + y = 2 \\ 4x + 3y = 2 \end{cases}$$

a) $y = 0$ et $x = 1$

b) $y = 1$ et $x = 1$

c) $y = 2$ et $x = 2$

d) $y = 2$ et $x = 3$

e) Aucune proposition n'est correcte

f) Toutes les propositions sont correctes

$2x + y = 2$ donc $y = 2 - 2x$

$4x + 3y = 2$ donc $4x + 6 - 6x = 2$

donc $4 = 2x$

donc $x = 2$ et $y = -2$

4. La somme des angles d'un triangle isocèle est :

a) égale à 360°.

b) supérieure à 180°.

c) inférieure ou égale à 180°.

d) égale à 180°.

e) Aucune proposition n'est correcte

f) Toutes les propositions sont correctes

5. 5 clefs USB et 5 CD-Rom coûtent 55 euros. 3 clefs USB et 2 CD-Rom coûtent 28 euros. Combien coûtent 1 clef USB et 1 CD-Rom ?

a) Une clef USB = 6 euros, un CD-Rom = 6 euros

b) Une clef USB = 6 euros, un CD-Rom = 5 euros

c) Une clef USB = 5 euros, un CD-Rom = 6 euros

d) Une clef USB = 6 euros, un CD-Rom = 4 euros

e) Aucune proposition n'est correcte

f) Toutes les propositions sont correctes

5 clefs USB + 5 CD-Rom = 55, soit 1 clef USB + 1 CD-Rom = 11
ou bien 1 clef USB = 11 - CD-Rom
3 clefs USB + 2 CD-Rom = 28 donc 33 - 3 CD-Rom + 2 CD-Rom = 28 donc 5 = CD-Rom
donc clef USB = 6

6. Un maçon construit un mur en dix heures. Un autre maçon met cinq heures pour construire le même mur. Combien de temps mettront-ils pour construire ce mur s'ils travaillent ensemble ?

a) 3 h 20

b) 4 h 00

c) 5 h 20

d) 15 h 00

e) Aucune proposition n'est correcte

f) Toutes les propositions sont correctes

Le premier maçon construit 1/10 mur par heure et le second maçon 1/5 de mur par heure.
En une heure, ils construisent donc 1/10 + 1/5 mur, soit 1/10 + 2/10, soit 3/10 mur.
Il leur faudra par conséquent 10/3 d'heures pour construire un mur complet, soit 3 h (9/3) + 1/3 d'heure, donc 3 h 20.

7. Une colonne de section carrée de 10 centimètres de côté contient 100 litres d'eau. L'eau arrive à 10 centimètres du bord. Combien de litres d'eau supplémentaires peut-on verser dans la colonne sans la faire déborder ?

a) 1

b) 2

c) 10

d) 100

e) Aucune proposition n'est correcte

f) Toutes les propositions sont correctes

La surface de la colonne est de 100 cm² (10 × 10).
Le volume d'un litre d'eau est de 1 000 cm³ (10 × 10 × 10).
Le volume disponible dans la colonne est de 1 000 cm³ (100 × 10).
Si l'eau arrive à 10 cm du bord de la colonne, le volume d'eau supplémentaire possible est donc d'un litre.

8. La TVA sur un article est passée d'un taux fictif de 20 % à 5 % au 1er juillet. Cet article valait 24 euros (TVA incluse) au mois de juin. Quel est son nouveau prix au 1er juillet après le changement de TVA ?

a) 6 euros

b) 20 euros

c) 21 euros

d) 22 euros

e) Aucune proposition n'est correcte

f) Toutes les propositions sont correctes

En juin, l'article est vendu 24 euros et supporte 20 % de TVA.
Le prix avant la TVA est donc 24/1,20 = 20 euros.
Le prix en juillet sera de 20 euros + 5 % de TVA = 20 × 1,05 = 21 euros.

9. Quelle est la solution de l'inéquation $2x + 3 < 6x - 5$?

a) $x < -2$

b) $x > -2$

c) $x < 2$

d) $x > 2$

e) Aucune proposition n'est correcte

f) Toutes les propositions sont correctes

$2x + 3 < 6x - 5$

$2x < 6x - 8$

Donc $x < 3x - 4$

$4 < 2x$ donc $2 < x$

La réponse est $x > 2$

10. Parmi ces nombres, lequel n'est pas un nombre premier ?

a) 2

b) 13

c) 37

d) 121

e) Aucune proposition n'est correcte

f) Toutes les propositions sont correctes

$11 \times 11 = 121$

11. On sait que la masse volumique du cuivre est 9 000 kg/m^3 et celle de l'or 20 000 kg/m^3. Quelle est la masse d'un lingot composé de 3 litres de cuivre fondu et de 6 litres d'or fondu ?

a) 37 kg

b) 87 kg

c) 107 kg

d) 147 kg

e) Aucune proposition n'est correcte

f) Toutes les propositions sont correctes

1 dm^3 = 1 litre

1 m^3 = 1 000 dm^3

Cuivre : 9 000 kg/m^3 = 9 kg/dm^3 = 9 kg/litre

Or = 20 000 kg/m^3 = 20 kg/dm^3 = 20 kg/litre

Masse d'un lingot de 3 litres de cuivre et de 6 litres d'or :
(3 × 9) + (6 × 20) = 147

12. Un véhicule consomme 6 litres/100 km quand il roule à 90 km/h. Il consomme 20 % de plus à 120 km/h. En roulant à 90 km/h pendant 50 km puis à 120 km/h pendant les 100 km suivants, combien a-t-il consommé de carburant ?
a) 6,6 litres
b) 9 litres
c) 10,3 litres
d) 12,3 litres
e) Aucune proposition n'est correcte
f) Toutes les propositions sont correctes

Consommation sur les 50 km à 90 km/h à 6 l/100 donc 3 l.
Consommation sur les 100 km suivants : 6 l × 1,2/100 = 7,2 l
Total : 3 + 7,2 = 10,2 l

Exercice 2

1. Un article de 500 euros subit en décembre une hausse de 11 %, puis en janvier une baisse de 11 %. Quelle est sa valeur finale ?
a) 445,15 euros
b) 493,95 euros
c) 500,00 euros
d) 616,05 euros

500 × 1,11 = 555
555 × (1 - 0,11) = 493,95

2. Un article est soldé de 15 %. Un défaut est signalé et une ristourne supplémentaire de 20 euros est accordée. Il est finalement vendu 107,50 euros. Quel était son prix d'origine ?
a) 130 euros
b) 140 euros
c) 150 euros
d) 160 euros

150 × 0,85 = 127,5
127,5 - 20 = 107,5

3. Quel est le résultat de l'opération suivante :
(2/3) - (7/3) × (8/21)
a) - 2/9
b) 2/9
c) - 4/9
d) 4/3

4. Un père a 36 ans, ses deux fils ont l'un 8 ans et l'autre 4 ans. Quel âge aura le père quand la somme des âges des deux enfants sera égale à 60 ans ?
a) 50 ans
b) 60 ans
c) 70 ans
d) 80 ans

Soit x l'âge du plus jeune fils :
$x + (x + 4) = 60$
$2x = 60 - 4$
$2x = 56$
$x = 28$

Par conséquent, les fils auront 28 + (28 + 4) = 60, soit 28 + 32 = 60.
Puisque l'aîné des fils a 8 ans quand son père en a 36, 32 - 8 = 24 ans (âge du père à la naissance de son premier fils), donc le père aura 36 + 24 = 60 ans.

5. Sur une carte géographique à l'échelle 1/75 000e, la distance entre deux villes est de 3,25 cm. Quelle est la distance réelle, en kilomètres, séparant ces deux villes ?
a) 0,243 km
b) 2,4375 km
c) 24,375 km
d) 243,75 km

75 000 × 3,25 = 243 750 cm = 2 437,5 m = 2,4375 km

6. Un guépard court à la vitesse de 112 km/heure. Combien de mètres parcourt-il par seconde (arrondi au mètre le plus proche) ?

a) 3

b) 18

c) 31

d) 33

112 km = 112 000 mètres

3 600 s = 1 heure

donc 112 000/3 600 = 31 mètres

7. Un train roule à 100 km/h sur une distance de 250 km. Tous les 100 km, il effectue un arrêt de 5 minutes. En supposant que sa vitesse soit constante, combien de temps mettra-t-il pour effectuer le trajet ?

a) 2 h 30

b) 2 h 35

c) 2 h 40

d) 2 h 45

Si le train ne s'arrêtait pas, il mettrait 2 h 30 car il roule à 100 km/h.

Mais comme il effectue deux arrêts de 5 minutes, le trajet dure 2 h 40.

8. On veut remplir un bassin rectangulaire de 8 m de long sur 3 m de large, avec de l'eau, jusqu'à une hauteur de 0,75 m. Quel est le volume d'eau nécessaire ?

a) 18 m^3

b) 20 m^3

c) 22 m^3

d) 24 m^3

Le volume du bassin sera le suivant : longueur × largeur × hauteur = 8 × 3 × 0,75 = 18 m^3

9. Quelle est la surface totale d'un cube dont l'arête est de 9 cm ?

a) 324 cm^2

b) 486 cm^2

c) 648 cm^2

d) 729 cm^2

La surface totale d'un cube se calcule en multipliant la longueur du côté par elle-même puis par six (car le cube a six faces).
Donc $9 \times 9 \times 6 = 486$ cm²

10. Un triangle rectangle a un côté adjacent à l'angle droit qui mesure le double de l'autre côté adjacent. Si la taille de l'hypoténuse est égale à 5 cm, quelle est la taille du plus petit côté adjacent à l'angle droit ?

a) $\sqrt{5}$

b) 2

c) $2\sqrt{5}$

d) 5

Puisque le triangle est un triangle rectangle, on applique le théorème de Pythagore :

$5^2 = (2x)^2 + (x)^2$

$25 = 4x^2 + x^2$

$25 = 5x^2$

$25/5 = x^2$

$5 = x^2$

$x = \sqrt{5}$

Exercice 3

1. Le nombre (32)(93) est égal à :

a) 38

b) 311

c) 312

d) 315

$(3^2)(9^3)$

$= 3^2 \times 9^3$

$= 3 \times 3 \times 9 \times 9 \times 9$

$= 3 \times 3 \times 3^2 \times 3^2 \times 3^2$

$= 3 \times 3 \times 3 \times 3 \times 3 \times 3 \times 3 \times 3$

= 38

2. La fraction 7/2 divisée par 3/4 est égale à :

a) 14/3

b) 21/8

c) 7/6

d) 7/24

En mathématiques, diviser par une fraction revient à multiplier par l'inverse de cette fraction.
Donc :
7/2 ÷ 3/4
= 7/2 × 4/3
Fusion en une seule fraction :
= (7 × 4)/(2 × 3)
= 28/6
Simplification de la fraction :
= (14 × 2)/(3 × 2)
= 14/3

3. Quelle est la forme développée de l'expression $(5x + 1)(2x^2 - 5) + 5(2x - x^2)$?

a) $10x^3 - 3x^2 - 15x - 5$

b) $10x^3 + 2x^2 + 15$

c) $12x^2 + 10x + 15$

d) $x^3 + 2x^2 + 5x + 5$

$(5x + 1)(2x^2 - 5) + 5(2x - x^2)$
$= 5x \times 2x^2 + 1 \times 2x^2 + 5x \times (-5) + 1 \times (-5) + 5 \times 2x + 5 \times (-x^2)$
$= 10x^3 + 2x^2 + (-25x) + (-5) + 10x + (-5x^2)$
$= 10x^3 + 2x^2 - 25x - 5 + 10x - 5x^2$
$= 10x^3 + 2x^2 - 5x^2 + 10x - 25x - 5$
$= 10x^3 - 3x^2 - 15x - 5$

4. Quel est le nombre qui, étant augmenté de 24, devient cinq fois plus grand qu'il ne l'était auparavant ?

a) 1

b) 15

c) 6

d) 26

6 + 24 = 30
30 ÷ 5 = 6

5. Quel est le plus grand diviseur commun entre 1 001 et 2 310 ?

a) 77

b) 39

c) 442

d) 156

6. Quel est le plus petit diviseur commun entre 1 001 et 2 310 ?

a) 5

b) 7

c) 9

d) 11

7. Le couple (2, - 2) est la solution du système :

a) $x + 2y = -2$ et $2x + 4y = -4$ et $x + 5y = -8$

b) $5x + 2y = 6$ et $3x - 2y = 6$ et $4x + 5y = 15$

c) $x + y = 3$ et $x - 2y = -6$ et $7x - 3y = 9$

d) $-2x + 5y = 2$ et $x + y = 0$ et $x + 3y = 5$

Ici, il faut calculer chaque proposition a, b, c et d. Puis choisir la seule qui est juste.

8. On sait que la largeur d'un rectangle est le quart de sa longueur et qu'elle mesure 30 cm de moins que sa longueur. Quelle est l'aire du rectangle ?

a) 2 dm^2

b) 7,5 cm^2

c) 4 dm^2

d) 40 cm^2

Soit x la longueur du rectangle et y la largeur. Pour déterminer sa longueur, on sait que la largeur du rectangle est égale au quart de la longueur et qu'elle mesure 30 cm de moins que celle-ci.

Donc, $y = 1/4x$

$y = x - 30$

Par conséquent, si y est égal aux deux expressions figurant ci-dessus, les deux expressions sont elles aussi égales : $1/4x = x - 30$

$1/4x \times 4 = (x - 30) \times 4$

$1/4x \times 4 = x \times 4 - 30 \times 4$

$x = 4x - 120$

$x - 4x = 4x - 4x - 120 - 3x = - 120$

$3x = 120$

$3x/3 = 120/3$

$x = 40$ *cm*

La longueur du rectangle est donc de 40 cm.

Concernant la largeur du rectangle :

$y = 1/4x$

$y = x - 30$

$y = 1/4 \times 40 = 1/4 \times 40/1 = (1 \times 40)/(4 \times 1) = 40/4 = 10$ *cm*

$y = 40 - 30 = 10$ *cm*

Donc, la largeur du rectangle est de 10 cm.

L'aire A du rectangle est égale à sa longueur multipliée par sa largeur :

$A = x \times y$

$A = 40 \times 10$

$A = 400$ *cm*^{2}

Donc 400 cm^2 *= 4 dm*^{2}

9. La distance entre deux gares ferroviaires sur une carte à l'échelle 1/500 000e est de 2,4 cm. Quelle est la distance réelle entre ces deux gares ?

a) 12 km

b) 48 km

c) 120 km

d) 480 km

500 000 × 2,4 = 1 200 000 cm = 12 000 m = 12 km

10. (- 3)5 = ?

a) 81

b) - 81

c) - 243

d) 243

(- 3)5 = (- 3) × (- 3) × (- 3) × (- 3) × (- 3)

= - (- 9) × - (- 9) × (- 3)

= 9 × 9 × (- 3)

= 81 × (- 3)

= - 243

Exercice 4

1. Quel nombre n'est pas un multiple de 7 ?

a) 1 694

b) 693

c) 454

d) 623

1 694 = 7 × 242

693 = 7 × 99

623 = 7 × 89

2. Si $x^2 < 16$, alors :

a) $x < 4$

b) $0 > x > 4$

c) $0 < x < 4$

d) $-4 < x < 4$

3. Calculer : $(4 - \frac{16}{2} + 2)^2 - (3 + 3^2)$

a) 8

b) - 8

c) 4

d) - 4

$(4 - 8 + 2)^2 - (3 + 3^2) = (-2)^2 - 12 = 4 - 12 = -8$

4. Combien pèse un mètre cube d'eau ?

a) 10 kg

b) 100 kg

c) 1 tonne

d) 10 tonnes

1 litre = 1 kg

1 m^3 = 1 000 l = 1 000 kg = 1 tonne

5. Calculer 10 752/256.

a) 7

b) 21

c) 42

d) 63

6. Quel est le résultat de l'opération suivante : 56 - 12 × 2 + 4 ?

a) 36

b) 92

c) - 16

d) 264

7. 14 hectares égale :

a) 1 400 m^2

b) 14 000 m^2

c) 0,14 are

d) 140 000 m^2

8. 0,002 × 0,042 est égal à :

a) 0,0084

b) 0,00084

c) 0,000084

d) 0,0000084

9. L'expression $\sqrt{27} \times \sqrt{3} \times \sqrt{36} \times \sqrt{12}$ a pour résultat :

a) 186

b) $3 \times 3\sqrt{3}$

c) $54 \times 2\sqrt{3}$

d) $12 \times 3\sqrt{2}$

$\sqrt{27} \times \sqrt{3} \times \sqrt{36} \times \sqrt{12} =$
$\sqrt{(3 \times 9)} \times \sqrt{3} \times 6 \times \sqrt{(3 \times 4)} =$
$3\sqrt{3} \times \sqrt{3} \times 6 \times 2\sqrt{3} =$
$3(\sqrt{3} \times \sqrt{3}) \times 6 \times 2\sqrt{3} =$
$3 \times 3 \times 6 \times 2\sqrt{3} =$
$9 \times 6 \times 2\sqrt{3} =$
$54 \times 2\sqrt{3}$

10. Si a, b, c, d et e sont cinq nombres tels que : a = 3,584, b = - 4,458, c = 3,27, d = - 3,245 et e = 3,3, alors on peut dire que :

a) d < b < e < c < a

b) b < d < a < c < e

c) b < d < e < c < a

d) b < d < c < e < a

Exercice 5

1. Vous faites procéder à des travaux de réfection dans votre habitation principale, une maison du xixe siècle. Vous bénéficiez d'une nouvelle mesure fiscale, ces travaux ne sont plus soumis à une TVA de 19,6 % mais à une TVA de 5,5 %. Quel est votre gain pour des travaux d'un coût hors taxes de 8 000 euros ?

a) 828 euros

b) 1 028 euros

c) 1 128 euros

d) 2 228 euros

(8 000 × 19,6/100) - (8 000 × 5,5/100) = 1 128

2. Pour le dernier match, 2 742 billets ont été vendus. Le dernier billet vendu porte le n° 7855. Quel numéro porte le premier billet vendu ?

a) 5 113

b) 5 114

c) 10 597

d) 10 598

(7 855 - 2 742) + 1 = 5 114

3. Une propriété agricole possède 3,2 hectares de prairie. À quoi cela correspond-il ?

a) 3,2 km^2

b) 3 200 m^2

c) 320 m^2

d) 32 000 m^2

4. Mon frère souhaite repeindre en deux couches les murs et le plafond de sa cuisine qui mesure 4 m de long, 3 m de large et 2 m de haut. Un pot d'un kilo de peinture permet de couvrir 12 m^2. Combien de pots devra-t-il acheter ?

a) 4

b) 5

c) 6

d) 7

Surface des murs :
2 murs : 4×2 m^2 = 8×2 = 16 m^2
2 murs : 3×2 m^2 = 6×2 = 12 m^2
Surface du plafond : 1 plafond avec 4×3 m^2 = 12 m^2
Total à couvrir : 16 + 12 + 16 = 40 m^2
Pour deux couches : 80 m^2
Il faut 80/12 pots = 6,6666 pots, donc on achète 7 pots

5. On multiplie un nombre par 3. En ajoutant 23 à ce que l'on obtient, on trouve 176. Quel est ce nombre ?

a) 23

b) 51

c) 69

d) 153

Il convient de faire l'opération inverse : 176 - 23 = 153
153/3 = 51

6. Quelle est la valeur de x dans l'expression suivante :
$-(4/5)x = 2$

a) 5/2

b) - 5/2

c) 8/10

d) - 8/10

$x = 2 \times (-5)/4 = -5/2$

7. Emma a 7 ans de moins qu'Éric. On désigne par x l'âge d'Emma. Parmi les expressions suivantes, quelle est celle qui donne l'âge d'Éric en fonction de x ?

a) $7 - x$

b) $x - 7$

c) $7 + x$

d) $-7 + x$

Emma = Éric - 7
donc Éric = Emma + 7 = $x + 7$

8. Il y a 15 km de distance entre la ville A et la ville B. Quelle sera cette distance sur une carte au 1/200 000e ?

a) 0,75 cm

b) 3 cm

c) 7,5 cm

d) 30 cm

15 km = 1 500 000 cm
1 500 000/200 000 = 7,5

9. Quel est le 37e nombre impair ?

a) 37
b) 39
c) 73
d) 75

(37 × 2) - 1 = 73

10. Le résultat de l'expression suivante peut s'écrire :

$\left(\frac{3}{4} + \frac{4}{3} - 1\right)$

a) 1,3
b) 1,4
c) 13/12
d) 4/3

(3/4) + (4/3) - 1 = (9 + 16 - 12)/12 = (25 - 12)/12 = 13/12

5 | LE TEST D'ANGLAIS

Le test d'anglais est un test écrit pouvant comprendre jusqu'à 150 questions. Il est attendu des candidats qu'ils maîtrisent les fondamentaux de cette langue étrangère pour converser et répondre aux sollicitations auxquelles ils peuvent être confrontés à l'occasion du service.

■ CONSEILS DE PRÉPARATION AU TEST D'ANGLAIS

L'épreuve se déroule sous la forme d'un questionnaire à choix multiples. Il vous faut donc privilégier la forme écrite de l'apprentissage de l'anglais :

- revoyez le vocabulaire de base et les traits généraux de la grammaire anglaise ;
- apprenez les phrases usuelles (exemples : comment indiquer une direction, interroger quelqu'un sur son identité...) ;
- discutez en anglais aussi souvent que possible avec des personnes disposant d'une maîtrise de cette langue suffisamment bonne pour pouvoir corriger vos défauts de prononciation, de vocabulaire ou de grammaire ;
- écoutez les émissions de radio en anglais (sur un poste de radio ou sur Internet) ;
- suivez sur le câble ou sur Internet les bulletins d'information télévisée en anglais ;
- pour approfondir votre vocabulaire, lisez un journal en anglais en vous aidant d'un dictionnaire ;
- apprenez les traits fondamentaux de l'Angleterre et des États-Unis (histoire, géographie, institutions...) ;
- regardez des films en VO et masquez les sous-titres si vous vous sentez suffisamment à l'aise en anglais.

■ AUTO-ÉVALUATION EN ANGLAIS

Nous vous proposons l'exercice suivant afin de vous auto-évaluer en anglais. Si vous faites plus de trois fautes, vous devez impérativement réviser au moyen d'un manuel simple de langue anglaise.

Tests

■ Sujet

1. We... a week in Spain two years ago.

a) spend
b) were spending
c) have spent
d) spent

2. ... you from? – I come from Italy.

a) Where are
b) What are
c) How are
d) Who are

3. They forgot... wallets at home and missed their flight.

a) they're
b) their
c) theirs
d) there

4. What is the the opposite of "dusty"?

a) clean
b) heavy
c) dark
d) small

5. My father stopped me and asked me where...

a) I am going.
b) am I going.
c) was I going.
d) I was going.

6. You... me, did you?

a) didn't hear
b) heard
c) heart
d) were hearing

7. What a surprise to see Mary! We... ten years!

a) did not meet since
b) met not for
c) did not have met since
d) haven't met for

8. Where is Sandra? In her bedroom, she... since you left.

a) has been sleeping
b) slept
c) sleeps
d) is sleeping

9. I never have coffee after 6... it makes me angry.

a) therefore
b) since
c) although
d) despite

10. This guy... the suspect's description.

a) matches
b) sits
c) catches
d) connects

Corrigé

1. We... a week in Spain two years ago.

a) spend
b) were spending
c) have spent
d) spent

2. ... you from? – I come from Italy.

a) Where are
b) What are
c) How are
d) Who are

3. They forgot... wallets at home and missed their flight.

a) they're
b) their
c) theirs
d) there

4. What is the the opposite of "dusty"?

a) clean

b) heavy

c) dark

d) small

5. My father stopped me and asked me where...

a) I am going.

b) am I going.

c) was I going.

d) I was going.

6. You... me, did you?

a) didn't hear

b) heard

c) heart

d) were hearing

7. What a surprise to see Mary! We... ten years!

a) did not meet since

b) met not for

c) did not have met since

d) haven't met for

8. Where is Sandra? In her bedroom, she... since you left.

a) has been sleeping

b) slept

c) sleeps

d) is sleeping

9. I never have coffee after 6... it makes me angry.

a) therefore

b) since

c) although

d) despite

10. This guy... the suspect's description.

a) matches

b) sits

c) catches

d) connects

Exercices

Sujet

I. Structure of the language and vocabulary

1. How long ago... his first film?

a) has he made

b) did he make

c) has he been making

d) would he make

2. Never before... this!

a) have I seen

b) did I see

c) I saw

d) I have seen

3. She... two good films this week.

a) see

b) has seen

c) sees

d) has been seeing

4. He... in London for 2 years when the war broke out.

a) was living

b) lived

c) has been living

d) had been living

5. Elvis... for years, but lots of people are still buying his records.

a) has died
b) is dead
c) dead
d) has been dead

6. If I... enough time I'll come and see you next week.

a) had
b) have
c) will have
d) would have

7. He denied... the question.

a) to have asked
b) asking
c) he has asked
d) to ask

8. Would you mind... louder?

a) speaking
b) to speak
c) and speak
d) speak

9. I must be careful... her.

a) to not disturb
b) in not disturbing
c) not to disturb
d) of not disturbing

10. Charles succeeded... the game.

a) to win
b) win
c) winning
d) in winning

11. I am used... coffee at breakfast.

a) drink
b) to drink
c) to drinking
d) drinking

12. He used... a lot when he was working.

a) smoke
b) to smoking
c) to smoke
d) smoking

13. It's no use... it's all over now.

a) crying
b) to cry
c) cry
d) to crying

14. There is no point... now, we have time.

a) to leave
b) leaving
c) of leaving
d) in leaving

15. His wife could not bear... anymore and left him.

a) his drink
b) his drinking
c) that he drinks
d) him to drink

16. They all suggested... early.

a) to start
b) starting
c) being started
d) having to start

17. ... in public was the difficult part.

a) Speak
b) The speaking
c) Speech
d) Speaking

18. I'd rather stay than...

a) go
b) to go
c) going
d) I go

19. She insists that he... a tie for the wedding.

a) wears
b) wear
c) had worn
d) was wearing

20. It is vital that he... the password.

a) remembers
b) remembered
c) will remember
d) remember

21. If I... you I would do it now.

a) was
b) am
c) were
d) had been

22. If only I... that before the test!

a) knew
b) had known
c) have known
d) would have known

23. I wish you... come and dine with me.

a) will
b) would
c) had
d) have

24. To... it may concern.

a) who
b) who's
c) whose
d) whom

25. He works as... pilot for... airline company.

a) a/a
b) a/the
c) a/an
d) the/the

26. He was caught travelling on the train without... ticket.

a) the
b) a
c) no
d) none

27. ... English cooking isn't as bad as... French say.

a) Ø/the
b) The/Ø
c) The/the
d) An/the

28. ... to be two options.

a) They exist
b) It exists
c) It seems
d) There seem

29. This old man lives...

a) on his own
b) on himself
c) by his own
d) on him

30. He visits them once every... week.

a) two
b) another
c) other
d) both

31. This is... of your business.

a) not any
b) no
c) nothing
d) none

32. I like... of humour.

a) their sense
b) their senses
c) the sense
d) sense

33. Everyone must have... ready.

a) his boarding pass
b) their boarding pass
c) one's boarding pass
d) their boarding passes

34. She gave...

a) a speech of two hours
b) a two-hours speech
c) a two-hour speech
d) about a two hour speech

35. He helped a... walk back home.

a) blind
b) blind people
c) blind person
d) blind one

36. If you look... you'll see it.

a) close enough
b) enough close
c) nearly enough
d) closely enough

37. John and Mary are very much...

a) unlike
b) alike
c) likely
d) like

38. There were... people at the meeting.

a) hundreds
b) a hundred of
c) hundreds of
d) hundred

39. The weather was... worse than expected.

a) very
b) quite
c) extremely
d) rather

40. The ticket was... than I thought.

a) cheapest
b) the cheapest
c) far cheaper
d) the cheaper

41. I need to... money to buy a car.

a) lend
b) hire
c) rent
d) borrow

42. Each diamond is... thousands of pounds.

a) valued
b) valuable
c) valid
d) worth

43. He has a cottage on the... of the Thames.

a) bank
b) landing
c) shore
d) coast

44. I know you have to go, I won't... you too long.

a) retard
b) withdraw
c) withstand
d) keep

45. Please... your seat belt.

a) attach
b) tie
c) bind
d) fasten

II. Reading comprehension

Choose the word that best fits in the blank.

"The Next New Thing" (*Newsweek*, December 2001), by Stephen Levy

We've been waiting (46) for the day when we and our machines are (47) without (48). Finally, the pieces are coming together. And life won't be (49). Is it finally time for the Wireless Big Bang, when all our devices, appliances and gadgets suddenly blend into a big mixture of connectedness, and everything and everybody is (50) with each other instantly and persistently? Relax, the answer is (51). We have yet to endure the futuristic vision of internet refrigerators that (52) the alarm when the milk is low. We do not (53) receive instant messages from the store after lingering at the store window for 40 seconds ("If you walk in now, that leather sofa in your field of vision is 10 % off..."). And we have yet to contemplate the (54) of privacy that being on, all the time will entail.

46.

a) for centuries
b) since 1999
c) for years
d) since the war

47.

a) attached
b) tied
c) wired
d) connected

48.

a) wires
b) ropes
c) chords
d) ties

49.
a) different
b) similar
c) better
d) the same

50.
a) in harmony
b) in keeping
c) in touch
d) in agreement

51.
a) of course
b) never
c) not
d) no

52.
a) blow
b) sound
c) set
d) rise

53.
a) actually
b) currently
c) recently
d) really

54.
a) loss
b) gain
c) win
d) improvement

Read the following text and choose the answer that best fits the text. Give only ONE answer per question.

"Can hard-driving capitalism solve the romantic problems it creates?" (*The Economist*, August 2000)

Ask any unmarried, overworked middle-class person looking for love, and he or she will tell you it all seems hopeless. Finding Mr or Mrs Right is harder than ever. In the 1950s, the median age of marriage for women in the United States was 20, and it was not much more for men. Most well-educated women met their husbands at university, where there was an ample supply of suitable partners. Men could do the same, or find a wife in the suburbs where they grew up, or marry a girl in the office.

The marriage age has crept steadily upwards since then. A rising divorce rate means that more older people are searching for love for a second or third time. And in the past quarter of a century there has been no reliable institution where you can search for a prospective mate. Places like singles bars or health clubs often have much to be desired.

Of course, there is always the workplace, where so many Americans seem to be spending an increasing amount of their time. But the lawyers are busy thwarting that possibility: insurers against sexual-harassment litigation are starting companies where they ought to have "no-dating" policies.

So what is a single person to do? The answer, it appears, is to think like a company. You should "outsource" your social calendar to one of an increasing array of sophisticated matchmaking services that provide "assisted dating". It's Just Lunch (IJL) is a firm that arranges "pre-screened lunch dates" for busy professionals. IJL customers pay $1,000 a year for a minimum of 12 dates.

55. Finding a partner today in the USA is very difficult because:

a) there are fewer available men around.
b) men are not what they used to be.
c) people no longer get married when they're young.
d) women prefer to live on their own.

56. More people are now looking for partners because:

a) more people become single after getting divorced.
b) men and women both attend university.
c) people are more choosy than in the past.
d) people live longer.

57. Singles bars are not the right places to meet partners because:

a) there are only men there.

b) people go there just to drink.

c) the air there is full of smoke.

d) the text implies that people cannot meet there partners who are serious about marriage.

58. Finding the right partner at work is in fact harder now because:

a) people are overworked.

b) workers are getting older and older.

c) working people are getting divorced.

d) flirting at work is discouraged.

59. People can find partners thanks to IJL because:

a) they can eat there.

b) they pay a lot of money to join.

c) IJL candidates are carefully selected.

d) they drink a lot at IJL parties.

60. People should easily find partners at work because:

a) they spend a lot of time there.

b) companies encourage marriage.

c) companies pay for health club fees.

d) a lot of people there get divorced.

Corrigé

I. Structure of the language and vocabulary

1. How long ago... his first film?

a) has he made

b) did he make

c) has he been making

d) would he make

2. Never before... this!

a) have I seen

b) did I see

c) I saw

d) I have seen

3. She... two good films this week.

a) see

b) has seen

c) sees

d) has been seeing

4. He... in London for 2 years when the war broke out.

a) was living

b) lived

c) has been living

d) had been living

5. Elvis... for years, but lots of people are still buying his records.

a) has died

b) is dead

c) dead

d) has been dead

6. If I... enough time I'll come and see you next week.

a) had

b) have

c) will have

d) would have

7. He denied... the question.

a) to have asked

b) asking

c) he has asked

d) to ask

8. Would you mind... louder?

a) speaking

b) to speak

c) and speak

d) speak

9. I must be careful... her.

a) to not disturb

b) in not disturbing

c) not to disturb

d) of not disturbing

10. Charles succeeded... the game.

a) to win

b) win

c) winning

d) in winning

11. I am used... coffee at breakfast.

a) drink

b) to drink

c) to drinking

d) drinking

12. He used... a lot when he was working.

a) smoke

b) to smoking

c) to smoke

d) smoking

13. It's no use... it's all over now.

a) crying

b) to cry

c) cry

d) to crying

14. There is no point... now, we have time.

a) to leave

b) leaving

c) of leaving

d) in leaving

15. His wife could not bear... anymore and left him.

a) his drink

b) his drinking

c) that he drinks

d) him to drink

16. They all suggested... early.

a) to start

b) starting

c) being started

d) having to start

17. ... in public was the difficult part.

a) Speak

b) The speaking

c) Speech

d) Speaking

18. I'd rather stay than...

a) go

b) to go

c) going

d) I go

19. She insists that he... a tie for the wedding.

a) wears

b) wear

c) had worn

d) was wearing

20. It is vital that he... the password.

a) remembers

b) remembered

c) will remember

d) remember

21. If I... you I would do it now.

a) was

b) am

c) were

d) had been

22. If only I... that before the test!

a) knew

b) had known

c) have known

d) would have known

23. I wish you... come and dine with me.

a) will

b) would

c) had

d) have

24. To... it may concern.

a) who

b) who's

c) whose

d) whom

25. He works as... pilot for... airline company.

a) a/a

b) a/the

c) a/an

d) the/the

26. He was caught travelling on the train without... ticket.

a) the

b) a

c) no

d) none

27. ... English cooking isn't as bad as... French say.

a) Ø/the

b) The/Ø

c) The/the

d) An/the

28. ... to be two options.

a) They exist

b) It exists

c) It seems

d) There seem

29. This old man lives...

a) on his own

b) on himself

c) by his own

d) on him

30. He visits them once every... week.

a) two

b) another

c) other

d) both

31. This is... of your business.

a) not any

b) no

c) nothing

d) none

32. I like... of humour.

a) their sense

b) their senses

c) the sense

d) sense

33. Everyone must have... ready.

a) his boarding pass

b) their boarding pass

c) one's boarding pass

d) their boarding passes

34. She gave...

a) a speech of two hours

b) a two-hours speech

c) a two-hour speech

d) about a two hour speech

35. He helped a... walk back home.

a) blind

b) blind people

c) blind person

d) blind one

36. If you look... you'll see it.

a) close enough

b) enough close

c) nearly enough

d) closely enough

37. John and Mary are very much...

a) unlike

b) alike

c) likely

d) like

38. There were... people at the meeting.

a) hundreds

b) a hundred of

c) hundreds of

d) hundred

39. The weather was... worse than expected.

a) very

b) quite

c) extremely

d) rather

40. The ticket was... than I thought.

a) cheapest

b) the cheapest

c) far cheaper

d) the cheaper

41. I need to... money to buy a car.

a) lend

b) hire

c) rent

d) borrow

42. Each diamond is... thousands of pounds.

a) valued

b) valuable

c) valid

d) worth

43. He has a cottage on the... of the Thames.

a) bank

b) landing

c) shore

d) coast

44. I know you have to go, I won't... you too long.

a) retard

b) withdraw

c) withstand

d) keep

45. Please... your seat belt.

a) attach

b) tie

c) bind

d) fasten

II. Reading comprehension

Choose the word that best fits in the blank.

"The Next New Thing" (*Newsweek*, December 2001), by Stephen Levy

We've been waiting (46) for the day when we and our machines are (47) without (48). Finally, the pieces are coming together. And life won't be (49). Is it finally time for the Wireless Big Bang, when all our devices, appliances and gadgets suddenly blend into a big mixture of connectedness, and everything and everybody is (50) with each other instantly and persistently? Relax, the answer is (51). We have yet to endure the futuristic vision of internet refrigerators that (52) the alarm when the milk is low. We do not (53) receive instant messages from the store after lingering at the store window for 40 seconds ("If you walk in now, that leather sofa in your field of vision is 10 % off..."). And we have yet to contemplate the (54) of privacy that being on, all the time will entail.

46.

a) for centuries

b) since 1999

c) for years

d) since the war

47.

a) attached

b) tied

c) wired

d) connected

48.
a) wires
b) ropes
c) chords
d) ties

49.
a) different
b) similar
c) better
d) the same

50.
a) in harmony
b) in keeping
c) in touch
d) in agreement

51.
a) of course
b) never
c) not
d) no

52.
a) blow
b) sound
c) set
d) rise

53.
a) actually
b) currently
c) recently
d) really

54.

a) loss

b) gain

c) win

d) improvement

Read the following text and choose the answer that best fits the text. Give only ONE answer per question.

"Can hard-driving capitalism solve the romantic problems it creates?" (*The Economist*, August 2000)

Ask any unmarried, overworked middle-class person looking for love, and he or she will tell you it all seems hopeless. Finding Mr or Mrs Right is harder than ever. In the 1950s, the median age of marriage for women in the United States was 20, and it was not much more for men. Most well-educated women met their husbands at university, where there was an ample supply of suitable partners. Men could do the same, or find a wife in the suburbs where they grew up, or marry a girl in the office.

The marriage age has crept steadily upwards since then. A rising divorce rate means that more older people are searching for love for a second or third time. And in the past quarter of a century there has been no reliable institution where you can search for a prospective mate. Places like singles bars or health clubs often have much to be desired.

Of course, there is always the workplace, where so many Americans seem to be spending an increasing amount of their time. But the lawyers are busy thwarting that possibility: insurers against sexual-harassment litigation are starting companies where they ought to have "no-dating" policies.

So what is a single person to do? The answer, it appears, is to think like a company. You should "outsource" your social calendar to one of an increasing array of sophisticated matchmaking services that provide "assisted dating". It's Just Lunch (IJL) is a firm that arranges "pre-screened lunch dates" for busy professionals. IJL customers pay $1,000 a year for a minimum of 12 dates.

55. Finding a partner today in the USA is very difficult because:

a) there are fewer available men around.

b) men are not what they used to be.

c) people no longer get married when they're young.

d) women prefer to live on their own.

56. More people are now looking for partners because:

a) more people become single after getting divorced.

b) men and women both attend university.

c) people are more choosy than in the past.

d) people live longer.

57. Singles bars are not the right places to meet partners because:

a) there are only men there.

b) people go there just to drink.

c) the air there is full of smoke.

d) the text implies that people cannot meet there partners who are serious about marriage.

58. Finding the right partner at work is in fact harder now because:

a) people are overworked.

b) workers are getting older and older.

c) working people are getting divorced.

d) flirting at work is discouraged.

59. People can find partners thanks to IJL because:

a) they can eat there.

b) they pay a lot of money to join.

c) IJL candidates are carefully selected.

d) they drink a lot at IJL parties.

60. People should easily find partners at work because:

a) they spend a lot of time there.

b) companies encourage marriage.

c) companies pay for health club fees.

d) a lot of people there get divorced.

6| LES TESTS SPORTIFS

Les tests sportifs se composent généralement de trois tests :
- course (test de Luc Léger : paliers de vitesse progressive) ;
- parcours d'obstacles (dit également parcours d'agilité) ;
- épreuve de force (tractions).

Il est possible, selon les armées, que les tests changent légèrement le jour de la sélection.

PRÉSENTATION DES TESTS

Le test de Luc Léger consiste à faire des allers-retours entre deux lignes éloignées de 10 mètres, soit un total de 20 mètres à parcourir entre chaque palier avant le déclenchement du « bip ». Le premier palier est généralement de 8 km/h, soit une allure légère de footing. La vitesse accélère de 0,5 km/h à chaque palier.

Ce test ne comprend pas de barème spécifique, mais des temps minimaux que le candidat doit atteindre. Il s'agit généralement de 8 minutes et de 6 minutes 30.

Le parcours d'obstacles se compose le plus souvent de deux tours chronométrés d'un parcours de 60 mètres comprenant plusieurs obstacles. Le parcours d'obstacles est considéré comme la partie la plus facile des tests sportifs. Les obstacles sont généralement les suivants :
- franchissement d'une haie de 0,95 m et 0,5 m de largeur ;
- saut en longueur d'au moins 2 mètres ;
- passage sur poutre de 5 mètres de long à 1,10 mètre au-dessus du sol ;
- saut dans 10 cerceaux alternativement du pied droit et du pied gauche ;
- lancer de précision de balle dans un cercle situé à 9 mètres.

Les tractions comprennent à la fois un nombre le plus élevé possible de tractions et une durée minimale de maintien en suspension (tête immobile dépassant la barre de traction). Plus le nombre de tractions réalisées est important, plus la durée du maintien en suspension sera longue.

CONSEILS D'ENTRAÎNEMENT

Pour vous préparer aux tests physiques du parcours de sélection, vous devez vous entraîner et vous maintenir en bonne forme physique. L'entraînement physique est à la fois une nécessité professionnelle et une hygiène de vie.

En premier lieu, si vous êtes en surpoids, vous devez suivre un régime alimentaire. En cas de surpoids important, un régime « auto-prescrit » ne remplace pas la consultation d'un médecin ou d'un diététicien.

Soyez régulier dans vos efforts d'entraînement et n'hésitez pas à demander conseil à un moniteur de sport ou à un professeur d'éducation physique pour élaborer un programme de préparation adapté. Par exemple, il est inutile de courir trois fois par semaine, puis plus du tout pendant un mois. De même, si vous n'êtes pas sportif au départ, ne vous lancez pas dans un entraînement trop poussé les premiers temps, en raison notamment d'un risque important de blessure.

Vous devez donc privilégier un entraînement progressif. Trois axes de travail sont à privilégier : l'amélioration de la force musculaire, de la forme physique générale et de l'endurance. En établissant votre programme d'entraînement, soyez cohérent et réaliste, tenez compte de vos obligations professionnelles et personnelles. Ne négligez pas le repos, en particulier le sommeil.

La forme physique générale et l'endurance peuvent être améliorées grâce à la pratique régulière de la course à pied. Commencez par deux séances de footing par semaine, pendant 30 à 45 minutes. Après quelques semaines de préparation, vous pouvez augmenter le nombre et la durée des séances, tout en incluant une séance plus intense pendant laquelle vous allez courir plus vite que votre rythme d'endurance. Vous pouvez également travailler votre résistance en vous exerçant à faire des tours de piste à des allures variées, selon un programme défini. Le tonus musculaire peut également être développé grâce à des séries de montées de marches. Dans la mesure du possible, s'entraîner à deux est toujours plus motivant que tout seul.

Le fractionné sur piste est le meilleur entraînement pour préparer le Luc Léger mais aussi le parcours puisqu'il prépare le « cardio ». En peu de temps, on peut voir une nette progression dans les temps, notamment au Luc Léger. Toutefois, il faut être assidu. Deux entraînements de « cardio » par semaine en 30/30, c'est-à-dire trente secondes de course et trente secondes de repos sur une distance de 100 à 120 mètres ; sinon du 15/15 sur une distance de 70/80 mètres ou encore 1 min 30/1 min 30 c'est-à-dire une minute trente de repos et 1 min 30 de course à 80 % de la VMA autour de la piste. Il ne faut pas oublier de changer les exercices pour ne pas habituer le corps au même effort.

Faire du renforcement musculaire permet de travailler les deux épreuves. Ici encore, il faut privilégier les pompes et les abdominaux car l'ensemble permet d'acquérir de l'explosivité et d'améliorer son temps au parcours et au Luc Léger.

Si vous avez la possibilité d'accéder à un parcours pour le préparer, c'est un plus. Avant le vrai passage, il est fortement conseillé de s'entraîner en amont sur un parcours qui ressemble au vrai parcours ; cela permet d'éviter des erreurs. De plus, cela permet de voir quels sont les ateliers qui vous font défaut et qu'il faut travailler.

C'est la même chose pour le Luc Léger. Il faut le faire une première fois pour voir son temps et le refaire toutes les deux à trois semaines en suivant le programme de renforcement « cardio » et *footing* ; la progression sera significative.

En ce qui concerne la force musculaire, privilégiez les exercices simples avec le poids du corps (pompes avec les bras, abdominaux avec relevés du buste, tractions à la force des bras) et à l'aide de quelques haltères. En ce domaine, suivez également un programme d'entraînement.

De même, en tenant à jour un carnet d'entraînement, dans lequel vous noterez vos séances d'exercices et vos résultats, vous vous rendrez compte de vos progrès et vous vous motiverez.

Tout au long de votre entraînement, pensez toujours à vous échauffer préalablement à vos efforts physiques et à bien vous étirer à leur issue. Ces étirements vous permettront également de travailler votre souplesse et de diminuer les risques de blessure.

Enfin, pour éviter tout risque de blessure, nous vous recommandons de ne pas faire de sport la veille des tests.

LES ENTRETIENS DE RECRUTEMENT ET D'ÉVALUATION

PARTIE III

Épreuve fondamentale et décisive du recrutement, les différents entretiens doivent faire l'objet d'une préparation sérieuse de la part des candidats. Dans le cadre de cette préparation, vous pourrez vous inspirer des conseils qui suivent.

Au cours du processus de sélection des sous-officiers, il est possible que les candidats soient soumis à plusieurs entretiens :

• entretien éventuel avec un psychologue ou un psychotechnicien ;
• entretien de motivation avec un officier ou un jury de sélection ;
• entretien éventuel avec un jury composé des gradés de la spécialité envisagée (exemples : sous-marinier, commando de l'air...).

Pour approfondir votre travail de préparation aux entretiens, nous vous conseillons vivement de vous reporter au manuel *Concours police, gendarmerie – Tout pour l'oral* (écrit par Marc Dalens et publié par les éditions Studyrama). Vous y trouverez de nombreux conseils et exercices pour vous entraîner, ainsi que pour améliorer votre communication orale et gérer votre stress.

1 | LA MANIÈRE DE SE PRÉSENTER

La manière de se présenter est un aspect essentiel de l'oral dans la mesure où il constitue la « première impression ». Un entretien est nécessairement court - au maximum 30 minutes et, le plus souvent, 15 à 20 minutes - et il est difficile pour un candidat de revenir sur une mauvaise prestation auprès du jury ou d'un interlocuteur unique.

Par commodité de langage, nous évoquerons toujours le terme de jury, même si concrètement, le jour de la sélection, il s'agira probablement d'une seule personne, en l'occurrence un officier.

L'entrée dans la salle, la manière de se tenir sur sa chaise ou son apparence physique sont autant d'éléments sur lesquels tout candidat doit se préparer afin d'offrir la meilleure image possible.

L'APPARENCE PHYSIQUE

L'apparence physique du candidat conditionnera certainement une part non négligeable de l'appréciation du jury. Elle peut se décomposer en plusieurs éléments : coiffure, rasage et maquillage, choix des vêtements et des chaussures... Les candidats faisant preuve d'une bonne présentation bénéficieront toujours d'un *a priori* favorable de la part du jury.

Une bonne présentation n'est pas contingente de la beauté physique. Le jury n'est pas à la recherche des candidats les plus minces ou les plus musclés. Il s'agit plutôt d'inspirer la confiance et la crédibilité.

La coiffure

Il est évident que toute fantaisie en la matière doit être proscrite : pas de coiffures multicolores, de motifs stylisés effectués à la tondeuse, de cheveux hirsutes...

Les hommes veilleront à se présenter avec une coupe de cheveux courte, propre et ordonnée, sans cependant qu'elle soit trop courte. Concrètement, vous rendre chez le coiffeur dans un délai d'une semaine ou deux avant l'oral peut être utile pour vous.

Les femmes peuvent adopter une coupe de cheveux longue ou courte, selon leur propre goût. Si les cheveux sont longs, mieux vaut les attacher : ils dégageront votre visage, donneront une image « plus ordonnée » de vous-même et vous gêneront moins. Ainsi, une frange trop longue pourrait vous contraindre à des gestes répétitifs et agaçants afin de la dégager.

Enfin, nous conseillons vivement de vous munir d'un peigne le jour de l'oral. Vous attendrez certainement dans un bâtiment équipé de toilettes où vous trouverez des glaces bien utiles pour un ultime « coup de peigne » avant de vous présenter devant le jury. De plus, si vous passez des épreuves sportives le même jour que l'oral, vous aurez besoin de vous recoiffer après la douche.

Le visage et le corps

Votre âge, votre taille ou votre silhouette ne seront pas jugés par le jury. Cependant, tout comme pour les cheveux et le reste du corps, le visage doit présenter une propreté irréprochable.

Les hommes veilleront particulièrement à se présenter devant le jury rasés de près. Les barbes et les moustaches ne posent pas de problème, pour peu qu'elles soient propres et taillées.

Les femmes peuvent tout à fait se maquiller. Mais, cela doit rester discret.

Les ongles et les mains doivent être propres. Évitez le vernis à ongles (sauf incolore).

Les *piercings* sont à proscrire totalement et les éventuels tatouages doivent être dissimulés le plus possible.

Nous vous déconseillons le port des bijoux, sauf s'ils restent discrets. Évitez les bijoux bruyants (chaînes avec pendentifs, multiples bracelets...) et ceux présentant une connotation religieuse ou politique.

Enfin, nous vous recommandons de prendre avec vous le jour de l'oral une brosse à dents et du dentifrice. Cela vous procurera une sensation physique agréable et contribuera à vous donner un peu plus confiance en vous.

Le choix des vêtements et des chaussures

Il n'existe pas véritablement d'obligation vestimentaire pour les différents entretiens. Il est bien entendu possible de porter un costume et une cravate ou bien un tailleur, mais cela n'est pas nécessaire. Nous vous conseillons de vous en remettre à votre propre jugement.

Pour choisir vos vêtements, il est inutile d'engager des frais importants. Ce n'est pas un concours de mode, mais un recrutement dans l'armée. Vous pouvez donc vous mettre en situation professionnelle : dans quelle tenue vais-je représenter dignement la fonction à laquelle je me destine ?

En toute hypothèse, il faut que votre tenue soit propre, bien repassée, et surtout que vous vous sentiez à votre aise en la portant. À cet égard, nous ne saurions que trop vous conseiller de la porter quelques jours à l'avance afin de vous familiariser avec elle, notamment s'il s'agit d'une tenue neuve.

De même, évitez le jean, les couleurs trop sombres (le « noir intégral ») ou bariolées (fluo...), le négligé ou les tenues de sport (veste, pantalon ou baskets). Choisissez plutôt des tenues neutres et aux couleurs assorties, mais qui vous vont bien.

Les chaussures doivent être propres et bien cirées. Comme cela est précisé plus haut, vous devez bannir les baskets, mais également les nu-pieds ou les tongs, les talons aiguilles, les bottes à hauts talons...

Vous devez également éviter à tout prix de porter pour la première fois des chaussures neuves le jour de l'oral. Si vous faites l'acquisition de chaussures en vue de l'épreuve orale, portez-les pendant plusieurs jours, jusqu'à vous sentir totalement à l'aise.

Enfin, dans le cas probable où vous aurez à voyager pour vous rendre sur le lieu de l'oral et dans celui où vous passerez les éventuelles épreuves sportives du concours le même jour que l'oral, nous vous recommandons de vous munir d'une housse à vêtements qui permette de les suspendre (en particulier pour les vestes et les chemises).

Par ailleurs, un chiffon peut également être utile pour redonner un petit coup d'éclat à vos chaussures avant l'oral.

Les accessoires

Vous éviterez les sacs trop encombrants ou trop voyants.

En principe, vous pourrez disposer dans la salle de l'oral d'un endroit où remiser vos affaires (sac à main ou à dos, valise, affaires de sport éventuelles...).

Votre téléphone portable doit être impérativement éteint : éteignez-le dès que vous entrerez dans le bâtiment où se tiendra l'entretien.

LA PRESTANCE

La prestance désigne la manière de se tenir. Dans le cas de la présentation devant le jury, il s'agit plus particulièrement de votre façon d'entrer dans la salle, de saluer le jury, de vous asseoir... Chacune de ces étapes doit être préparée de manière précise.

Entrer dans la salle

Il est indéniable que le jury se fait une première idée du candidat uniquement sur sa manière d'entrer dans la salle. Ainsi, un candidat au pas hésitant et à l'air apeuré aura tendance à donner une image de relative faiblesse au jury. De même, un candidat qui entrerait dans la salle avec un air trop martial, un pas excessivement rapide et un regard dur donnerait certainement une image peu engageante au jury.

Même si cela est difficile compte tenu du contexte et du stress éventuel, vous devez vous efforcer d'être le plus naturel possible. Concrètement :

- entrez dans la salle en ayant l'air raisonnablement sûr de vous ;
- avancez d'un pas normal, ni trop pressé ni trop lent. Efforcez-vous de donner l'image de quelqu'un de dynamique ;
- cherchez à établir dès votre entrée dans la salle un contact visuel avec le jury ;
- essayez de traduire sur votre visage une expression agréable : souriez mais sans excès, montrez que vous êtes heureux d'être parvenu jusqu'à l'entretien.

Le regard avec le jury doit être l'élément le plus important de l'entrée dans la salle de l'oral. Regardez le jury sans crainte ni attitude de défi. L'idéal est de parvenir à un regard de sympathie, d'ouverture. Un oral réussi repose toujours sur une bonne interaction entre le jury et le candidat.

N'oubliez jamais que le jury n'est pas composé de personnes hostiles mais plutôt de professionnels avec lesquels vous serez peut-être amené à travailler.

Saluer le jury

Bien entendu, il est attendu du candidat qu'il fasse preuve d'une correction irréprochable. Si le jury est composé de membres porteurs d'une tenue d'uniforme, commencez par saluer en partant du plus gradé au moins gradé (« Bonjour mon colonel, bonjour mon capitaine, bonjour mon adjudant... »). Apprenez au préalable à reconnaître les insignes de grades. Si le jury est composé de membres en tenue civile, commencez par saluer les dames puis les hommes (« Bonjour madame/mesdames, bonjour monsieur/messieurs » ; pas de « Bjour », de « Bonjour » simple, ni de « bonjour m'sieur, dames »).

Il est important d'attendre que le jury vous invite à vous asseoir pour le faire. Dans le cas contraire, vous risquez de déplaire au jury et même de vous exposer à une remarque.

Le jury vous demandera certainement de lui présenter votre convocation à l'oral et une pièce d'identité. Conservez donc ces documents à la main avant d'entrer dans la salle d'examen. Il est toujours délicat pour un candidat de ne pas retrouver sa convocation ou d'avoir à fouiller ses affaires devant le jury. Veillez toujours à avoir une pièce d'identité (carte nationale d'identité ou passeport) en cours de validité et dans un état présentable.

Se tenir sur sa chaise

Vous devez également veiller, une fois assis, à avoir une prestance qui vous favorise aux yeux du jury. Dans la logique propre à l'oral, vous devez vous efforcer d'apparaître comme un candidat ouvert et dynamique.

Comme il a été précisé dans la partie relative au stress, il vous appartient de vous tenir de manière confortable mais en vous efforçant de manifester une « présence active ».

Ainsi, bannissez les postures en retrait sur la chaise, trop relâchées ou pouvant sembler inappropriées. Nous vous conseillons d'adopter la position suivante :

• gardez le buste bien droit, le dos appuyé contre le dossier de la chaise, les pieds posés au sol (évitez si possible les jambes croisées ou les pieds qui « tapotent » le sol) et gardez les épaules souples ;

• avec vos mains et vos bras, essayez de témoigner d'une attitude ouverte : les mains doivent se situer au-dessus du bassin (surtout pas sous la table ou invisibles pour le jury) et si possible sur la table (mais sans l'envahir exagérément), gardez les mains souples (évitez de jouer avec un trombone, votre montre... ainsi que de les garder crispées), conservez les bras également souples afin de pouvoir faire quelques gestes à l'appui de votre argumentation (langage non verbal) et n'oubliez pas que les bras croisés sont souvent interprétés comme attitude de fermeture ;

- conservez la tête droite, avec une expression du visage qui demeure positive et balayez du regard tous les membres du jury. Efforcez-vous de maintenir un contact visuel permanent avec les membres du jury ;
- le fait d'être souriant après vous être assis pourra être interprété par le jury comme le signe que vous être prêt ;
- ménagez-vous des moments pour souffler, pour reprendre votre respiration. Efforcez-vous cependant de le faire de manière discrète.

Tâchez de maintenir cette position tout au long de l'oral, sans vous relâcher, mais en restant souple et maître de vos mouvements. Pensez régulièrement à vérifier au cours de l'entretien que votre posture est convenable et met en valeur un certain dynamisme.

Bien entendu, il est recommandé de s'entraîner à entrer dans la salle et à s'asseoir. Vous pouvez même le faire en étant filmé ou bien en vous asseyant devant une grande glace. En vous regardant, soyez particulièrement attentif à votre position et au maintien du contact visuel avec le jury.

Se présenter soi-même

Il est possible que le jury vous demande de vous présenter après que vous vous soyez assis.

Savoir quitter la salle

Même si l'oral peut durer jusqu'à une demi-heure, ne vous relâchez pas et ne poussez pas de soupir de soulagement à la fin.

Lorsque le jury prendra congé de vous, souriez et remerciez le jury (« Merci madame, merci messieurs »). Cherchez à laisser une dernière bonne impression. Quittez la salle d'un pas normal, mais en conservant un certain dynamisme.

N'oubliez pas que le jury vous observera jusqu'à ce que vous ayez effectivement quitté la salle.

2 | L'ENTRETIEN DE RECRUTEMENT DANS L'ARMÉE

Ce type d'entretien ne pose pas de difficulté particulière : il s'agit de recruter un candidat susceptible d'occuper un emploi déterminé.

■ LA LOGIQUE DE L'ENTRETIEN DE RECRUTEMENT

L'entretien de recrutement est véritablement un entretien d'embauche. Le rôle du jury - qui peut se résumer à une seule personne - ne sera pas d'évaluer avec profondeur les qualités de réflexion et la personnalité du candidat. Il s'agira simplement de déterminer si le candidat est apte à servir dans un emploi déterminé dans l'armée, à plus forte raison s'il s'agit de fonctions nécessitant un savoir-faire professionnel. Pour autant, il est naturel que le jury s'intéresse à la personnalité du candidat et à ses motivations, ce qui est consubstantiel de n'importe quel processus de recrutement.

■ LE DÉROULEMENT DE L'ENTRETIEN AVEC LE JURY

Concrètement, le jour de l'entretien avec le jury, le candidat patientera dans une salle d'attente en compagnie d'autres candidats. Puis il sera introduit dans la salle, devant le jury. Ensuite, le jury précisera au candidat la durée de l'entretien, puis lui demandera éventuellement de se présenter. Après cette présentation, qui peut durer quelques minutes (cinq minutes au maximum), le jury peut interroger le candidat sur son parcours, ses motivations et sa connaissance du métier auquel il postule.

Pour évaluer le profil du candidat, le jury peut être amené à poser des questions de mise en situation professionnelle, surtout lorsqu'il s'agit de recruter pour un poste technique ou faisant appel à un savoir-faire spécifique. Le jury pourra aussi interroger le candidat à propos des institutions publiques, notamment poser des questions en relation avec l'institution organisatrice du recrutement (armée de terre, marine nationale, armée de l'air). Il est également possible que le jury demande au candidat son opinion personnelle sur tel ou tel fait d'actualité ou question donnant lieu à débat. Enfin, le jury mettra fin à l'entretien.

■ PRÉPARER UNE PRÉSENTATION DEVANT LE JURY

Il est possible que, le jour de l'oral, le jury demande au candidat de se présenter. Il convient donc, au cours de votre préparation, d'envisager cette éventualité. La présentation devant le jury ne doit pas se limiter à l'énumération factuelle et chronologique d'un parcours professionnel. Par ailleurs, cette présentation ne doit pas être perçue par le candidat comme une obligation formelle, mais plutôt comme une opportunité de se valoriser aux yeux du jury. De fait, il s'agit, à travers elle, de mettre en avant ses points forts. La présentation doit donc faire l'objet d'une préparation sérieuse, bien en amont du jour du concours.

Avant toute chose, pour vous préparer à vous présenter devant le jury, nous vous conseillons d'établir au préalable votre *curriculum vitæ* (CV). Vous ferez figurer dans votre CV votre état civil (âge et situation de famille), votre parcours scolaire (études, diplômes et qualifications obtenus), vos expériences professionnelles passées et actuelles, vos loisirs et engagements éventuels (bénévolat, association...). Ensuite, vous décrirez brièvement ce que vos expériences personnelles (formation, travail, loisirs...) ont pu vous apporter de manière positive (sur le plan humain, sur celui des compétences acquises, sur celui de l'évolution de votre carrière...). Cet exercice vous permettra de synthétiser, structurer et valoriser votre parcours personnel. Vous pouvez notamment insister sur vos compétences techniques particulières (formation, expériences professionnelles...).

Voici également, à titre d'illustration, un canevas de la préparation d'une présentation devant le jury :

- indiquez votre prénom et votre nom, votre âge, votre situation de famille et votre lieu de résidence ;
- faites une brève synthèse de votre formation professionnelle ainsi que de votre éventuel parcours professionnel. Les candidats les plus anciens auront intérêt à condenser au mieux leur parcours, notamment en insistant uniquement sur les aspects les plus marquants et valorisants ;
- ensuite, afin de préparer la présentation de vos motivations pour exercer le métier auquel vous postulez, nous vous conseillons de bien réfléchir sur les raisons principales de votre candidature (goût de l'uniforme, sens patriotique, désir d'élargir son horizon professionnel et ses responsabilités, volonté de travailler en équipe, sens de la hiérarchie, souhait de travailler sur le terrain, diversité des missions...). Puis vous les retracerez en quelques lignes, par exemple sous forme d'énumération si ces raisons sont multiples. Rapprochez ces éléments de votre éventuelle expérience professionnelle concrète. Cette démarche vous aidera à voir plus clair dans vos motivations. Mais en aucun cas vous ne devez apprendre par cœur un discours à réciter devant le jury.

Au cours de votre présentation, ne négligez pas les expériences effectuées et les compétences acquises en dehors du cadre professionnel (emplois saisonniers ou ponctuels comme garde d'enfants, bénévolat, activités associatives, compétition sportive, mandat politique ou syndical...). D'ailleurs, les candidats les plus jeunes – qui disposeront d'une moindre expérience professionnelle – auront tout intérêt à mettre également en avant cet aspect de leur parcours personnel.

Le but d'une telle préparation est d'avoir un minimum les idées claires pour être à même de faire une présentation intelligible par le jury. Il n'existe pas, bien entendu, de présentation type ou idéale. C'est à chaque candidat de définir sa propre présentation, en fonction de sa personnalité, de son parcours et des points qu'il souhaite mettre en avant. Préparez votre présentation mais, le jour de l'entretien, ne récitez pas un texte tout prêt devant le jury. Si elle se doit d'être structurée, elle ne doit pas moins être dynamique et retenir l'attention du jury. De plus, votre présentation servira de base à une discussion ultérieure avec le jury.

SE PRÉSENTER AU JURY LE JOUR J

Au cours de votre présentation, ne vous montrez pas trop sûr de vous, ni trop défaitiste (quelles qu'aient pu être les difficultés que vous avez rencontrées dans votre parcours professionnel ou au cours de vos études, efforcez-vous toujours de rester sur une présentation positive).

Une fois devant le jury, essayez de faire un exposé clair : ne parlez pas trop vite, ménagez quelques instants de silence (pour reprendre votre souffle, pour marquer l'enchaînement entre deux parties ou idées...) et ne regardez pas votre montre. Vous pouvez clôturer votre présentation par une phrase ou une formule permettant au jury de comprendre que vous avez terminé votre présentation.

En toute hypothèse, nous vous recommandons de :
- ne pas réciter au jury un discours tout prêt : restez naturel ;
- vous montrer modeste : ne cherchez pas à impressionner le jury ;
- ne pas être trop long au cours des différents points de votre présentation (si le jury veut des précisions, il vous interrogera directement par la suite) ;
- soigner les premiers temps de votre présentation et la manière dont vous la terminez.

Bien entendu, il est souhaitable de s'exercer au préalable à effectuer une présentation : mettez-vous dans les conditions du concours (le plus souvent, l'épreuve durera une vingtaine de minutes, dont cinq minutes au maximum de présentation), puis faites-vous filmer et interroger par un proche.

RÉPONDRE AUX QUESTIONS DU JURY

Il existe deux particularités notables :
- puisque le candidat a présenté son parcours professionnel, le jury sera amené à interroger le candidat sur celui-ci (approfondissement d'une expérience mentionnée par le candidat, demande d'éclaircissement sur un point particulier...) ;

- lors de questions de mise en situation professionnelle, le jury attendra des réponses plus approfondies et professionnelles.

Néanmoins, pour l'essentiel, nous vous invitons à vous reporter aux conseils et exercices figurant dans la partie de ce manuel relative à la préparation des questions posées par le jury.

3| LES QUESTIONS DU JURY

Dans cette partie, nous vous présenterons les différentes questions que le jury est susceptible de vous poser, quel que soit le type d'épreuve orale (oral d'évaluation, oral de recrutement, entretien avec le jury...). Nous listerons un grand nombre de questions possibles, en fonction de chacune des grandes catégories de questions. Mais, de manière délibérée, nous n'indiquerons pas les réponses à apporter aux questions. En effet, c'est à chaque candidat de déterminer la réponse qu'il souhaite donner à telle ou telle question. Il est essentiel de ne pas répondre de manière trop formatée ou en manquant de naturel le jour des épreuves orales.

Le jury pourra revenir sur des éléments que vous avez formulés au cours de votre présentation devant lui. À ce titre, si pendant votre présentation, vous évoquez tel ou tel point particulier (souhait d'affectation, expérience professionnelle, savoir-faire technique, engagement associatif ou bénévole...), il est fort possible que le jury revienne ensuite dessus sous la forme de questions. Par conséquent, il est ainsi possible de suggérer en quelque sorte au jury de vous poser des questions relatives à tel ou tel aspect particulier de votre profil ou de votre candidature.

La nature des questions est extrêmement variée. Elles peuvent concerner :
- le parcours du candidat (études, formation, emplois occupés...) ;
- ses loisirs et ses centres d'intérêt ;
- sa personnalité et ses expériences personnelles ;
- ses motivations pour exercer la profession à laquelle il se destine ;
- sa connaissance du métier et de son futur environnement professionnel ;
- ses souhaits d'affectation et sa vision du déroulement de sa carrière ;
- une mise en situation professionnelle concernant l'emploi auquel il se destine ;
- l'actualité et, le cas échéant, l'opinion qu'il peut avoir de tel ou tel fait d'actualité ;
- la culture générale, notamment le fonctionnement des institutions publiques et de l'armée.

COMMENT RÉPONDRE AUX QUESTIONS DU JURY

Avant toute chose, vous devez être bien conscient que chaque question du jury doit être envisagée comme une opportunité de valoriser votre candidature. Vous devez notamment le convaincre que vous êtes un meilleur candidat que les autres. N'oubliez pas que vous passez un recrutement et que, s'il existe une étape sélective, c'est bien l'oral. Ne prenez donc pas les questions du jury comme des pièges à redouter ou bien des sources d'ennui, mais plutôt comme des chances qui vous sont données pour vous démarquer des autres candidats et être ainsi recruté. Ensuite, n'oubliez pas que les questions vous concernent vous-même. Vous devez donc employer le « je » et prendre une position personnelle lorsque cela vous est demandé (exemple : « Que pensez-vous de la dépénalisation du cannabis ? »).

Nous vous conseillons de formuler des phrases simples et courtes : un sujet, un verbe, un ou plusieurs compléments du verbe. De préférence, n'exprimez qu'une idée par phrase. Si vous employez des phrases trop longues, vous risquez de perdre le fil de votre propos et, de son côté, le jury aura du mal à vous suivre.

Afin de rendre votre raisonnement plus clair, tâchez de toujours partir du général pour aller au particulier, et également de suivre un ordre chronologique. Choisissez des mots simples, adaptés au contexte et dont vous êtes certain du sens exact. Proscrivez le langage familier et les mauvaises tournures de phrases. De même, il est souhaitable de toujours employer le présent de l'indicatif, qui est un temps simple à maîtriser et qui permet de rester sur un mode affirmatif. Rappelez-vous toujours l'adage de Nicolas Boileau (dans *L'Art poétique*) : « *Ce que l'on conçoit bien s'énonce clairement/Et les mots pour le dire arrivent aisément.* »

LES QUESTIONS OUVERTES ET LES QUESTIONS FERMÉES

Il existe deux grands types de questions : les questions ouvertes et les questions fermées.
Le tableau suivant explique leur logique propre.

	Questions ouvertes	Questions fermées
Exemples	• Que pensez-vous de... ? • Pourquoi... ? • Comment... ? • Selon vous... ?	• Avez-vous déjà rencontré un soldat ? • Êtes-vous sportif ? • Maîtrisez-vous l'outil informatique ? • Savez-vous... ? • Parlez-vous une langue étrangère ?
Attentes du jury	Le jury est dans l'attente d'une réponse précise et argumentée du candidat. Celui-ci doit notamment démontrer ses capacités de réflexion.	Le jury a besoin d'une information précise.

	Questions ouvertes	Questions fermées
Manière dont le candidat doit répondre	En premier lieu, le candidat doit bien réfléchir à la question posée et à la réponse qu'il va fournir. Si une prise de position lui est demandée, le candidat doit la prendre et être capable de la défendre devant le jury. De même, la réponse doit être structurée et cohérente. À cet égard, nous vous rappelons qu'il est toujours préférable d'aller du général au particulier et de suivre une logique chronologique.	Même si le jury attend une information précise, il est souhaitable de ne pas répondre uniquement par « oui » ou par « non ». Profitez de ces questions pour valoriser votre candidature (exemple : si l'on vous demande si vous avez déjà visité telle ou telle unité dans laquelle vous êtes susceptible d'être affecté en cas de recrutement, développez votre réponse en racontant au jury votre démarche et les enseignements que vous en avez tirés). De plus, vous éviterez au jury de devoir vous poser à nouveau des questions sur le même sujet afin d'obtenir des précisions.

LES QUESTIONS PORTANT SUR LE PARCOURS DU CANDIDAT

Après avoir demandé - ou non - au candidat qu'il fasse une courte présentation de lui-même, le jury sera certainement amené à l'interroger sur son parcours.

Les questions pourront alors concerner :
- ses études ;
- sa formation ;
- ses expériences professionnelles (le cas échéant, les emplois saisonniers ou ponctuels que le candidat a pu occuper) ;
- sa région d'origine ;
- sa situation de famille ;
- ou, généralement, toute question relative au parcours personnel ou professionnel du candidat.

Dans leurs réponses, les candidats doivent se montrer sous un jour optimiste, autant que possible. Exemple : si un candidat a interrompu ses études de droit sans avoir dépassé la première année, il ne faut pas qu'il présente cela comme un abandon ou échec. Au contraire, il est préférable de mettre en avant ce que cette expérience a pu avoir de positif : approfondissement de la culture générale et juridique, découverte d'une ville nouvelle et d'un cadre d'études jusqu'alors inconnu, prise de conscience du besoin de travailler autour de choses concrètes et non pas abstraites comme cela peut être le cas en droit...

À nouveau, nous vous recommandons d'établir un CV faisant ressortir votre parcours de formation et professionnel, afin d'en voir les points essentiels et de vous efforcer d'en dégager la cohérence. Plusieurs concours prévoient d'ailleurs que le candidat se présente devant le jury muni d'un CV.

Vous ferez ainsi figurer dans votre CV :
- votre état civil (âge et situation de famille) ;
- votre parcours scolaire (études, formation professionnelle, savoir-faire acquis, diplômes et qualifications obtenus) ;
- vos expériences professionnelles passées et actuelles (même sous forme d'emplois saisonniers ou ponctuels) ;
- vos loisirs et engagements éventuels (bénévolat, association...).

Ensuite, vous pouvez décrire brièvement ce que vos expériences personnelles (formation, travail, loisirs, voyages...) ont pu vous apporter de manière positive (sur le plan humain, sur celui des compétences acquises, sur celui de l'évolution de votre carrière...). Voici quelques exemples de questions liées au parcours du candidat :
- Quel bilan faites-vous de votre expérience du monde du travail ?
- Vos études vous ont-elles paru trop théoriques ou trop concrètes ?
- Que peut apporter la formation que vous avez reçue dans l'exercice du métier auquel vous postulez ?
- Quelle est votre situation familiale ?
- Que peut apporter votre parcours professionnel dans l'exercice des missions auxquelles vous vous destinez ?
- Où avez-vous grandi/fait vos études/travaillé ?
- Quels savoir-faire concrets tirez-vous de votre parcours personnel ?
- Comment jugez-vous votre parcours scolaire ?
- Citez un cas où vous avez mené à bien une mission ou des responsabilités confiées.
- Vos études vous inspirent-elles des regrets ?
- Pourquoi avez-vous changé d'orientation ?
- Pourquoi cherchez-vous à quitter votre emploi actuel ?
- Parlez-nous de votre région d'origine.
- Au cours de vos études, quelle était votre discipline préférée ?

- Quelles spécialités ou compétences avez-vous acquises dans vos études/votre formation/votre parcours professionnel/vos loisirs ?
- Pourquoi avoir abandonné vos études/votre travail (le cas échéant) ?
- Dans votre expérience professionnelle, avez-vous travaillé en équipe ?
- Êtes-vous prêt à retourner en formation ?
- Vous a-t-on déjà confié des responsabilités ?

Enfin, ne vous offusquez pas si le jury vous pose une question vous paraissant trop personnelle. Le jury souhaite vous connaître, savoir qui vous êtes réellement et il est légitime de parfois aller au fond des choses.

LES QUESTIONS PORTANT SUR LES LOISIRS ET LES CENTRES D'INTÉRÊT DU CANDIDAT

Dans la même logique que les autres questions du jury, celles portant sur les loisirs et les centres d'intérêt du candidat doivent être envisagées comme des opportunités pour valoriser son profil.
Le jury aura à cœur, à travers ce genre de questions, de mieux connaître le candidat, sa personnalité et son ouverture d'esprit. Certains loisirs (par exemple, les sports d'équipe, l'engagement associatif, le bénévolat...) peuvent démontrer une certaine sociabilité chez le candidat. Plusieurs questions peuvent être considérées comme récurrentes ou habituelles de la part des jurys d'oraux. À ce titre, les questions suivantes doivent être préparées au préalable par le candidat.

- « Quel est le dernier livre que vous avez lu ? » : à cette question, évitez de répondre que vous ne lisez jamais (restez sur une présentation positive). Autant que possible, évitez de citer une bande dessinée, un *manga*, un roman d'*héroïc-fantasy* ou à l'eau de rose. À l'opposé, ne cherchez pas à épater à tout prix le jury en mentionnant un ouvrage philosophique particulièrement ardu, sauf si vous l'avez réellement lu et que vous maîtrisez bien son contenu. Choisissez un livre que vous avez apprécié, même si ce n'est pas précisément le dernier livre que vous avez lu.

- « Quel est le dernier film que vous avez vu ? » : vous pouvez citer un film vu au cinéma, à la télévision ou sur Internet. D'ailleurs, s'agissant du téléchargement sur Internet, soyez franc si vous le faites réellement, mais soyez également conscient de l'illégalité de cette pratique et du préjudice qui en résulte pour les droits d'auteur. De la même manière que pour les livres, essayez d'opérer un choix mettant en valeur vos propos, connaissez le réalisateur et les acteurs principaux (et les autres films auxquels ils ont participé), le contexte du film et sa trame... Si vous regardez des films (ou des séries télévisées) en version originale, sous-titrée ou non, vous pouvez le mentionner au jury. Cela mettra en valeur vos compétences linguistiques.

- « Quels sont vos loisirs ? »/« Comment occupez-vous votre temps libre ? »/« Quels sont vos centres d'intérêt ? »/« Êtes-vous sportif ? »/« Avez-vous une passion ? » : les loisirs ou centres d'intérêt peuvent être multiples (sport, activités associatives, bénévolat, lecture, peinture ou activité manuelle, photographie, collection, voyages...). Tout le monde a plusieurs loisirs ou centres d'intérêt. Une des images les plus désastreuses pour un candidat serait que le jury soit amené à penser qu'il ne s'intéresse à rien, que ses loisirs sont insignifiants. Il ne s'agit pas non plus de chercher à tout prix l'originalité ou à éblouir le jury : si vous prétendez avoir une passion pour l'archéologie étrusque ou la photographie animalière, il faudra en parler devant le jury et pouvoir répondre à des questions parfois précises. Préparez-vous en établissant une liste de vos passions et centres d'intérêt, de vos expériences personnelles en relation avec eux et ce qu'ils vous ont apporté sur le plan personnel. De même, s'agissant du sport, il est inutile de le pratiquer à haut niveau pour en faire un atout pour votre candidature. En soi, l'esprit d'équipe, le dynamisme induit et la volonté de dépassement de soi sont autant de points à mettre en avant le jour de l'épreuve orale.

LES QUESTIONS LIÉES À LA PERSONNALITÉ DU CANDIDAT ET À SES EXPÉRIENCES PERSONNELLES

L'un des objets principaux de l'entretien est d'évaluer la personnalité du candidat. Dans cette catégorie de questions, le psychologue éventuellement présent dans le jury sera amené à intervenir plus particulièrement. Il est ainsi possible que les questions de personnalité s'adressant au candidat soient orientées vers tel ou tel trait psychologique (exemples : acceptation de l'autorité, aptitude au travail en équipe et à l'engagement physique, capacité d'acceptation de la critique personnelle, adaptation à la nouveauté et au changement, confiance en soi, optimisme ou pessimisme...).

À nouveau, il est possible que le jury revienne sur le genre de questions faisant habituellement partie des tests de personnalité. De même, les expériences personnelles du candidat peuvent faire l'objet de questions de la part du jury. En fonction de sa situation personnelle, il pourra être ainsi interrogé sur une expérience de vie en collectivité, sur des voyages lointains, sur un engagement caritatif...

LES QUESTIONS PORTANT SUR LES MOTIVATIONS DU CANDIDAT

Les questions de motivation rejoignent celles de personnalité en ce sens que le jury entend connaître la réalité psychologique et personnelle du candidat. À nouveau, il convient d'y répondre avec naturel et franchise. Le jury est composé de professionnels qui sont à même de découvrir si un candidat leur ment, notamment s'il cherche à dissimuler sa véritable personnalité. Un tel candidat serait éliminé. Comme chaque candidat doit y répondre de manière personnelle et sincère, il n'existe pas de réponse type, ni de bonne ou de mauvaise réponse.

Néanmoins, les candidats doivent se préparer un minimum à ces questions car elles sont basées sur l'évaluation de leur motivation ; elles sont déterminantes pour l'issue du parcours de recrutement. Pour cela, nous vous recommandons de bien réfléchir à vos motivations. Sans qu'il soit cependant exhaustif, vous pouvez vous reporter au tableau suivant.

Points à déterminer	Questions à se poser
Origine de la motivation	• Comment m'est venue l'envie de devenir… ? • Ce choix est-il ancien ou récent ? • Ai-je changé de choix ou douté de mon choix ?
Fondements de la motivation	• Pourquoi est-ce que je souhaite devenir… ? • Quelle est ma principale motivation ?/Quelles sont mes principales motivations ? • Comment est-ce que je conçois le métier de… ?
Cohérence de la motivation	• Est-ce que je suis prêt à accepter les contraintes du métier de… ? • Ai-je les qualités attendues et le profil requis pour le métier de… ? • Quelle image me fais-je du métier de… et correspond-elle à la réalité ? • Quelles compétences sont mises en œuvre dans l'exercice du métier de… ? • Que pourrais-je apporter à la fonction de… ?
Solidité de la motivation	• Quelles démarches ai-je entreprises pour me renseigner sur le métier… ? • Comment me suis-je préparé au recrutement de… ? • Ai-je rencontré des personnes exerçant le métier de… ?

La question essentielle demeure : « Pourquoi voulez-vous devenir… ? » Cette question doit être sérieusement préparée par le candidat. Sans chercher l'originalité à tout prix, il convient de s'éloigner des clichés les plus éculés (exemples : « Depuis tout petit, j'ai toujours voulu être marin », « Pour moi, soldat, c'est le plus beau métier du monde », « J'en ai toujours rêvé »…). Vous pouvez établir une liste de vos motivations principales, les mettre en rapport avec vos qualités et avec ce que vous pensez pouvoir apporter à l'institution. Ne cherchez pas à tout prix l'originalité absolue, mais soyez bien conscient que le jury est souvent confronté au même discours chez de nombreux candidats.

Néanmoins, ne préparez pas à l'avance un discours convenu. Gardez simplement à l'esprit l'architecture générale de votre propos et ses points forts : vous devez à tout prix vous efforcer de rester naturel devant le jury. Il est également possible d'observer que les questions portant sur la motivation du candidat sont assez souvent proches, dans leur esprit comme dans leur formulation, de celles relatives à la connaissance du métier et de l'environnement professionnel.

LES QUESTIONS PORTANT SUR LA CONNAISSANCE DU MÉTIER ET DE L'ENVIRONNEMENT PROFESSIONNEL

Il est évident que le jury attend d'un candidat qu'il connaisse le métier auquel il se destine et son futur environnement professionnel. En ce sens, la motivation du candidat et l'adéquation avec le profil recherché seront appréciées par le jury. De même, il conviendra de s'assurer que l'image que le candidat se fait du métier auquel il se destine correspond bien à la réalité de ce métier. Bref, vous devez bien être conscient de la réalité quotidienne et de terrain du métier, loin des clichés et discours convenus.

Concrètement, vous devez au préalable vous être renseigné sur le métier auquel vous vous destinez. À cette fin, nous vous indiquons les conseils suivants :

• lisez attentivement les brochures figurant dans votre dossier d'inscription au recrutement et disponibles dans les Cirat... ;

• intéressez-vous à la presse professionnelle (exemples : magazines *Cols bleus* et *Armées d'aujourd'hui...*). Si possible, lisez plusieurs numéros différents de cette presse ;

• cherchez à rencontrer plusieurs personnes servant dans le domaine ou l'arme auxquels vous vous destinez. Interrogez-les sur leur quotidien, les missions exercées, le déroulement de carrière, les contraintes et les avantages du métier, les conseils qu'ils pourraient vous donner... ;

• visitez une unité dans laquelle vous êtes susceptible de travailler (base navale, caserne, base aérienne...). Pour cela, vous pouvez profiter des journées portes ouvertes, solliciter la possibilité d'une visite en vue de votre candidature au recrutement ou bien encore demander la possibilité de faire un stage de découverte du métier. Pour avoir des chances d'aboutir, toutes ces démarches doivent être initiées bien en amont du concours. Afin de mieux utiliser ce que vous avez appris à ces occasions, nous vous conseillons de prendre des notes, de prendre possession de la documentation disponible et de rédiger un compte-rendu à l'issue de la visite ;

• à condition de ne pas être la seule, Internet peut être une bonne source de renseignements. Toutefois, dans vos recherches, vous devez privilégier les sites institutionnels ou ceux offrant de bonnes garanties de sérieux. Gardez également un œil critique sur les propos ou jugements que certaines personnes peuvent porter lorsqu'ils s'expriment sur les forums internet ;

• interrogez également votre entourage familial, amical et professionnel. Grâce à ce réseau, vous pourrez peut-être entrer en relation avec un professionnel qui pourra utilement vous renseigner ;

• suivez particulièrement l'actualité de votre profession : interventions à l'étranger, géopolitique, réformes d'organisation, personnalités emblématiques... Pour cela, vous pouvez notamment effectuer une recherche par mots-clés sur Internet à partir de moteurs de recherche ou de sites de quotidiens.

LES QUESTIONS DE MISE EN SITUATION PROFESSIONNELLE

Les questions de mise en situation professionnelle sont celles que le jury est amené à poser au candidat en lui demandant de réagir comme s'il occupait l'emploi auquel il postule. Bien entendu, puisque le candidat n'a pas été formé en école et ne dispose d'aucune expérience, ces questions de mise en situation professionnelle ne poseront pas de difficulté technique concernant leur compréhension. Il s'agit d'ailleurs, pour le jury, d'évaluer les capacités du candidat à occuper une fonction bien déterminée, et non pas de juger de son niveau professionnel.

Les questions de mise en situation professionnelle portent généralement sur les aspects essentiels de tel ou tel métier. Compte tenu de la variété des concours administratifs, il est évidemment impossible d'en établir une typologie exhaustive ou une liste complète. Voici néanmoins quelques exemples de ces aspects essentiels relatifs à certains corps de métiers : problématiques liées à la discipline, au port de l'arme, au port de l'uniforme, à l'autorité, à l'honnêteté, à l'usage de la violence, aux prérogatives dont dispose le militaire, aux contraintes du métier, au travail en équipe...

Pour vous entraîner, nous vous indiquons les conseils suivants :

• le jury n'attend pas que vous répondiez comme un professionnel expérimenté. Il est parfaitement conscient de votre absence de formation professionnelle et de votre inexpérience. Il s'agit simplement de se mettre dans la peau d'une personne exerçant le métier auquel vous vous destinez, puis de réagir de la manière la plus digne et loyale possible ;

• prenez toujours bien le temps de réfléchir à la question posée avant d'y répondre et n'hésitez pas à demander au jury des précisions sur son interrogation si celle-ci vous paraît confuse.

LES QUESTIONS PORTANT SUR L'ACTUALITÉ

L'intérêt pour l'actualité doit se renforcer plus particulièrement en ce qui concerne les domaines en relation avec le métier auquel il se destine (exemples : la géopolitique, la mer ou le domaine aérien, les conflits dans le monde...). Dès le début de votre préparation au concours, vous devez vous intéresser à l'actualité.

Enfin, nous vous conseillons d'être particulièrement attentif à l'actualité la veille des entretiens et le matin même des épreuves. Pensez à écouter la radio et à vous procurer un quotidien.

S'agissant de l'actualité, il est possible que le jury interroge le candidat sur l'opinion qu'il peut avoir de tel ou tel fait d'actualité ou sujet portant à débat. Il ne s'agit pas de piéger le candidat, ni d'ouvrir une polémique avec lui, ni encore de connaître ses positions politiques. L'objectif de ce genre de questions est plutôt d'évaluer la curiosité personnelle du candidat par rapport au monde qui l'entoure, ainsi que sa capacité à argumenter.

En toute hypothèse, nous vous recommandons de :
- bien prendre le temps de réfléchir à la question posée par le jury ;
- formuler une réponse correctement argumentée, en préférant toujours les faits indiscutables aux jugements de valeur ;
- si l'on vous demande de prendre une position personnelle, faites-le et ne vous retranchez pas derrière des formules toutes faites (« Il y a du pour et du contre », « Il faut privilégier le consensus »...). Si vous ne pouvez pas trancher votre réponse, prouvez au moins que vous aviez convenablement réfléchi en argumentant un point de vue puis un autre ;
- évitez les formules péremptoires (« Y'a qu'à... », « Il suffit de... »...) devant des questions complexes ;
- si la question concerne des opinions personnelles (politiques, philosophiques, religieuses...), défendez votre position de manière pondérée (exemples de formulation : « Il me semble... », « À mon sens... », « Il est permis de penser que... », etc.) ;
- si vous n'êtes pas d'accord avec un ou plusieurs membres du jury, cela n'est pas un problème, pour peu que votre position soit argumentée et que vous restiez posé et nuancé.

Le jury pourra également vous demander quel est le fait d'actualité récent qui vous a le plus frappé et pourquoi. Cette question doit être préparée par le candidat, en veillant bien à respecter à la fois le caractère récent du fait d'actualité et son importance (par exemple, la victoire d'un club de football ne constitue pas vraiment un événement d'importance).

LES QUESTIONS DE CULTURE GÉNÉRALE

Le jury sera amené à interroger le candidat sur sa culture générale. Il peut s'agir de questions quelque peu décousues (un peu à la manière d'un *quizz* de culture générale) ou bien en relation avec :
- les centres d'intérêt du candidat ;
- le parcours personnel du candidat (études, formation, expérience professionnelle...) ;
- les origines géographiques du candidat.

Cette liste est loin d'être limitative dans la mesure où le jury dispose de toute latitude pour élargir la discussion avec le candidat et les questions qu'il entend lui poser.

Par définition, il n'existe pas de définition officielle ou réglementaire de la culture générale.
En revanche, il est possible de considérer que le niveau de classe de terminale en histoire, géographie, littérature française et connaissance des institutions françaises constitue une base commune de référence. Le domaine artistique (peinture, cinéma, musique, sculpture, bande dessinée...) ne doit pas être négligé. L'appréciation du jury ne se portera d'ailleurs pas véritablement sur le niveau quantitatif de connaissances du candidat, mais bien plutôt sur son ouverture d'esprit et sa curiosité intellectuelle. Il est d'ailleurs tout à fait admis qu'un candidat puisse répondre « je ne sais pas » à une question posée sans que cela ne le pénalise outre mesure. Ne vous inquiétez donc pas si, le jour de l'entretien, vous n'êtes pas en mesure de répondre à une ou plusieurs questions de culture générale.

LES QUESTIONS EMBARRASSANTES

Il arrive parfois que le jury pose au candidat une ou plusieurs questions embarrassantes.
Pour évaluer la motivation réelle du candidat, il est possible que le jury le pousse parfois quelque peu dans ses retranchements (exemples : « Vous pensez vraiment être capable de faire ce métier ? », « Comment pouvez-vous nous convaincre que votre candidature est sérieuse ? »...).
Il ne faut alors surtout pas s'estimer agressé par le jury et en perdre tous ses moyens. Il convient de démontrer au jury que vous ne vous laissez pas impressionner et que vous avez le sens de la répartie. Vous pouvez répondre à partir de l'idée précise que vous vous faites du métier auquel vous vous destinez, ou bien en argumentant sur la solidité et le bien-fondé de votre motivation. Si la question est quelque peu excessive dans sa formulation, vous pouvez répondre sur le fond, mais en ajoutant un trait d'humour.

De même, pour les questions de personnalité, si vous estimez que le jury vous pose une question trop personnelle ou trop intime, par exemple dans le domaine affectif, vous pouvez le lui dire simplement (exemple : « Je pense qu'il s'agit d'une question très intime à laquelle il m'est difficile de répondre »), mais réfléchissez bien au préalable. En effet, si un jury composé de professionnels vous pose une question, c'est que celle-ci a une relation directe avec la finalité du concours (recruter les meilleurs candidats).

Il peut également arriver que le jury pose des questions embarrassantes sur la légalité ou la légitimité de certaines pratiques ou certains comportements, comme par exemple :
- Avez-vous déjà consommé de l'alcool avant de prendre le volant ?
- Vous arrive-t-il de mentir ?
- Pratiquez-vous le téléchargement de films ou de musique sur Internet ?

Réfléchissez alors bien à votre réponse. Si vous souhaitez répondre par l'affirmative, précisez bien que vous êtes conscient de l'illégalité ou du caractère moralement condamnable de la pratique. Comme l'on dit couramment, faute avouée est à demi pardonnée...

Une autre forme de question embarrassante peut être : « Quelles questions n'aimeriez-vous pas que l'on vous pose ? » Dans ce cas, vous pouvez parler du respect de votre vie privée ou d'une expérience douloureuse.

Enfin, pour l'anecdote, sachez que si le jury vous demande si vous êtes vierge, il fait naturellement référence au signe astrologique...

L'ÉVENTUELLE QUESTION FINALE

Au terme de l'épreuve orale, il est possible que le jury demande au candidat s'il souhaite revenir sur un point de la discussion ou s'il a quelque chose à ajouter. Cette hypothèse peut également prendre la forme suivante : « Quelle est la question que vous souhaiteriez que l'on vous pose ? » Clairement, cette éventuelle question finale doit être perçue par le candidat comme une faveur du jury à son encontre. Elle doit être préparée dans cet état d'esprit et il est inenvisageable pour le candidat d'y répondre négativement.

Voici quelques axes possibles de réponse à ce genre de question :

- si vous vous êtes senti mal à l'aise à un moment de l'entretien, si vous souhaitez apporter des correctifs ou des précisions à certains de vos propos, cette question vous en offre l'occasion idéale ;
- si vous souhaitez mettre en avant un aspect important et valorisant de votre candidature (exemples : maîtrise de langues étrangères, connaissances en informatique, stages en milieu professionnel, savoir-faire spécifique...), vous pouvez le faire à ce moment-là ;
- plus généralement, vous pouvez à ce moment faire passer un message supplémentaire, repréciser vos motivations ou bien synthétiser les atouts importants de votre candidature. C'est en ce sens notamment que cette question peut et doit être préparée au préalable.

4| AMÉLIORER SA CULTURE GÉNÉRALE

On peut considérer que la culture générale regroupe les événements qui font l'actualité, les connaissances en relation avec le cadre institutionnel politique français et européen, les règles du comportement citoyen et l'ensemble des notions de base dans les disciplines scolaires. Il est donc illusoire de vouloir le maîtriser entièrement. Pour autant, vous veillerez à suivre les conseils suivants :

• prenez l'habitude de lire tous les jours un journal d'information et toutes les semaines un magazine d'actualité. Variez les titres afin de connaître les différents points de vue et sensibilités éditoriales de la presse française. Montrez-vous curieux, cherchez toujours à en savoir davantage et ne vous contentez surtout pas du journal télévisé de 20 heures ;

• travaillez sur des fiches de culture générale (vous en trouverez dans ce manuel), puis exercez-vous sur les QCM qui accompagnent les fiches ;

• enfin, si vous pensez avoir des lacunes dans une matière particulière et importante (par exemple, l'histoire ou les institutions publiques), prenez un manuel simple de vulgarisation et étudiez-le avec attention.

■ LE SUIVI DE L'ACTUALITÉ

Un candidat à l'armée doit s'intéresser à l'actualité française et internationale. Il ne s'agit pas seulement d'être informé des derniers soubresauts de la marche du monde. Ne devenez pas prisonnier de l'événementiel. Le suivi de l'actualité doit vous permettre de parvenir à une meilleure compréhension du monde. En ce sens, vous devez toujours faire preuve, face à un événement donné, de recul et de sens critique. Pour parvenir à ce recul, nous vous conseillons de lire, de temps en temps, avec un certain retard (d'une semaine à quelques mois), les magazines d'actualité. Confrontez les faits et les analyses des journalistes à l'évolution ultérieure des événements. Vous constaterez que la presse française n'est pas toujours neutre et peut manquer d'objectivité. Il est facile de pratiquer cet exercice dans les bibliothèques publiques car elles disposent de plusieurs numéros pour un même titre de presse.

Cet intérêt pour l'actualité doit se renforcer plus particulièrement en ce qui concerne les domaines en relation avec le métier auquel le candidat se destine (exemple : la délinquance pour les métiers de la sécurité, la culture pour les métiers en rapport avec le monde culturel, l'éducation pour les concours de l'Éducation nationale...). À cet égard, il peut être intéressant - et cela est même souhaitable - que les candidats constituent des dossiers de presse sur les thèmes d'actualité (environnement, crise économique, Moyen-Orient, construction européenne...) et sur les sujets auxquels ils accordent une importance particulière. De même, on ne peut pas considérer que la lecture des journaux gratuits

(*20 minutes*, *Métro*...) permette, à elle seule, un suivi satisfaisant de l'actualité. Il est toujours préférable de se fier à plusieurs sources d'information : la radio, la télévision et la presse écrite.

Pour la radio, préférez les radios d'information (*France Info*, *FIP*...) et les grandes stations de radio (stations de Radio France, *RMC*, *Europe 1*, *RTL*...). En consultant les programmes des stations de radio, vous pourrez plus facilement trouver les horaires des informations et des émissions susceptibles de vous intéresser. La télévision est également une source intéressante d'information. Choisissez de concentrer votre attention sur les chaînes d'information continue (*CNews*, *LCI*, *BFM TV*...), les journaux de 20 heures de grandes chaînes et les émissions sérieuses traitant de sujets d'actualité. La télévision peut également présenter une intéressante utilité en raison de l'existence de chaînes étrangères d'actualité (*CNN*, *BBC World*...) qui permettent à la fois de s'informer, de trouver l'éclairage d'un point de vue étranger et de progresser en langue étrangère.

La presse écrite permet de bénéficier d'un certain recul sur l'information et de la mettre en perspective, notamment grâce aux analyses des journalistes. Nous vous conseillons donc de privilégier à la fois la lecture d'un quotidien (*Le Monde*, *Le Figaro*, *Libération*...) et d'un hebdomadaire d'actualité (*Le Point*, *L'Obs*, *Valeurs actuelles*...). Les candidats pourront compléter cette lecture par celles d'une revue à caractère historique (*Historia*, *L'Histoire*, *Science et Vie*, *Guerres et Histoire*...) et d'une revue qui privilégie l'analyse et les débats de fond (*Éléments*, *Conflits*, *Causeur*, *Le Monde diplomatique*...). Les bibliothèques publiques permettent de procéder facilement à des revues de presse afin de connaître plusieurs points de vue et de se familiariser avec les diverses sensibilités éditoriales françaises. Variez au maximum les titres des revues et journaux que vous consultez à cette occasion. De même, vous pouvez également consulter les sites internet des journaux français et étrangers.

QU'EST-CE QUE LA CULTURE GÉNÉRALE ?

Le suivi de l'actualité est un préalable indispensable à l'acquisition d'une bonne culture générale, mais ce travail n'est pas suffisant à lui seul. En effet, le jury s'attachera à favoriser les candidats sachant utiliser un large fonds de connaissances. Il ne s'agit pas de rechercher uniquement l'accumulation de savoirs chez un candidat, mais d'évaluer sa curiosité intellectuelle et son ouverture d'esprit. En effet, un militaire se doit d'avoir une bonne compréhension du monde contemporain.

C'est précisément la culture générale qui permet cette compréhension. Le suivi de l'actualité, le sens critique, la capacité de recul historique, la faculté de réflexion personnelle et la capacité à produire une argumentation nuancée sont les qualités les plus attendues chez un militaire, c'est-à-dire chez un serviteur de l'État. Charles de Gaulle a raison d'écrire que « *la véritable école du commandement est la culture générale* ».

Concrètement, pour un candidat à l'armée, travailler à approfondir sa culture générale constituera bien souvent une rupture avec ses habitudes et une réorientation de ses choix personnels. Par exemple, il choisira d'écouter plutôt une station de radio orientée vers la culture ou l'actualité (notamment les différentes stations de Radio France, mais il est possible de varier également en choisissant des stations plus indépendantes) plutôt que les stations ne diffusant que des musiques contemporaines. Il faut avoir également conscience de la nullité de l'apport intellectuel de nombre d'émissions télévisées (le cas de la « téléréalité » est à cet égard confondant).

Comme nous l'avons vu, il est difficile de donner une définition exacte de la culture générale et d'en délimiter le domaine. Pour autant, il est permis de considérer qu'un certain nombre de disciplines entrent dans le champ de la culture générale :

- l'histoire contemporaine (à partir de 1789) ;
- la géographie, dans ses aspects humains (démographie, développement des villes, exode rural...) et économiques (échanges mondiaux, répartition des ressources naturelles, puissances émergentes...) ;
- les grands courants d'idées politiques, religieuses et philosophiques (connaissance minimale des trois religions monothéistes, des principaux courants politiques...) ;
- les arts et lettres (connaissance des principaux courants artistiques et des œuvres majeures, notamment de la littérature française...) ;
- la géopolitique (entendue comme la compréhension des enjeux globaux de la planète : lutte pour les ressources énergétiques, expansion de l'islamisme, mouvements migratoires massifs...) ;
- les institutions publiques françaises et européennes (sur le plan de leur fonctionnement, de leur histoire et de leur philosophie sous-jacente).

CULTIVER SON SENS CRITIQUE ET SON INDÉPENDANCE

En France, l'information et la parole publique peuvent paraître formatées et rester circonscrites dans un cercle de plus en plus étroit. Les raisons sont nombreuses : l'influence des aides publiques à la presse, les grands groupes financiers sont propriétaires des principaux médias, les restrictions croissantes à la liberté d'expression...

Il est important de diversifier et croiser ses sources, et de ne pas limiter sa lecture aux grands quotidiens et aux principaux hebdomadaires d'actualité. Confrontez les positions de chacun et faites-vous, en toute liberté, votre propre opinion.

On peut résumer cette nécessité de cultiver son sens critique et son indépendance par quelques conseils pratiques :

- cherchez un nouvel éclairage aux faits et aux événements ;
- faites remonter à la surface des éléments occultés (le caractère partiel d'une information démontre très souvent sa nature partiale) ;
- le discours dominant est, le plus souvent, à sens unique : cherchez les points de vue contradictoires ;
- en toute hypothèse, intéressez-vous aux opinions de tous les acteurs (ainsi, sur le plan de la géopolitique mondiale, prêtez autant d'attention à la voix de la Russie qu'à celle des États-Unis) ;
- sachez décrypter les images et les vidéos, avec recul et objectivité ;
- enfin, mettez toujours en perspective les événements en prenant en compte leur dimension historique et géopolitique.

LIENS INTERNET UTILES

Actualité

- Google Actualités permet de varier les sources d'information pour la multiplicité des liens proposés.
- Journaux en ligne (*Le Monde*, *Le Figaro*, *Libération*, *Le Point*...).
- Sur un sujet d'actualité, essayez également de confronter l'analyse des grands médias et celles de sources plus marginales ou dissidentes, ou bien également issues de la presse étrangère si vous êtes capable de lire.

EXERCICE DE CULTURE GÉNÉRALE

Questions

1. Quelle est la capitale française de la coutellerie ?

a) Auxerre
b) Thiers
c) Dijon

2. Lequel de ces hommes politiques n'a jamais été Premier ministre de François Mitterrand ?

a) Lionel Jospin
b) Michel Rocard
c) Jacques Chirac

3. Lequel de ces romans n'a pas été écrit par Dostoïevski ?

a) *Crime et Châtiment*
b) *Guerre et Paix*
c) *Les Frères Karamazov*

4. Dans *l'Iliade* et *l'Odyssée*, combien de temps Ulysse reste-t-il éloigné de son royaume d'Ithaque et de sa femme Pénélope ?

a) 10 ans
b) 20 ans
c) 30 ans

5. Quelle est la capitale du Pérou ?

a) Lima
b) La Paz
c) Cuzco

6. Sur quel(s) continent(s) trouve-t-on des montagnes dépassant les 8 000 mètres d'altitude ?

a) L'Asie, l'Amérique du Sud et l'Afrique
b) L'Asie et l'Amérique du Sud
c) L'Asie

7. Quel nom donne-t-on au bureau du président de l'Assemblée nationale dans l'hémicycle ?

a) La tribune
b) Le nid
c) Le perchoir

8. Qui a succédé à Kennedy à la présidence des États-Unis ?

a) Jimmy Carter
b) Lyndon Johnson
c) Richard Nixon

9. En France, d'après la Constitution, qui doit assurer l'intérim du président de la République en cas de décès ou d'empêchement ?

a) Le Premier ministre
b) Le président de l'Assemblée nationale
c) Le président du Sénat

10. Qui a écrit les romans *Cent ans de solitude* et *L'Amour au temps du choléra* ?

a) Gabriel García Márquez
b) Mario Vargas Llosa
c) Isabel Allende

11. Eugène de Rastignac est le héros du roman :

a) *Le Rouge et le Noir.*
b) *L'Éducation sentimentale.*
c) *Le Père Goriot.*

12. Après la Russie, quel est le deuxième plus grand pays au monde en superficie ?

a) Les États-Unis
b) Le Canada
c) La Chine

13. Lequel de ces films n'a pas été réalisé par Pedro Almodóvar ?

a) *Vicky Cristina Barcelona*
b) *Talons aiguilles*
c) *La Mauvaise Éducation*

14. Qui fut l'architecte de la Sagrada Família de Barcelone ?

a) Dufau
b) Le Corbusier
c) Gaudi

15. En quelle année l'homosexualité est-elle définitivement rayée par l'OMS de la liste des maladies mentales ?

a) 1974
b) 1981
c) 1990

16. Depuis quand l'IVG est-elle autorisée en France ?

a) 1968
b) 1975
c) 1981

17. Dans quelle série de bande dessinée apparaît le personnage de « méchant » Olrik ?

a) *Tintin*
b) *Spirou et Fantasio*
c) *Blake et Mortimer*

18. Qui a écrit la saga *Harry Potter* ?

a) J. K. Rowling
b) Stéphanie Meyer
c) Patricia Cornwell

19. Quel est le nom donné aux différentes insurrections royalistes au moment de la Révolution française ?

a) La Jacquerie
b) La Chouannerie
c) Les sans-culottes

20. Qui prend le pouvoir au Chili le 11 septembre 1973 ?

a) Salvador Allende
b) Augusto Pinochet
c) Ernesto Che Guevara

21. Sur une carte IGN au 1/25 000e, de quelle différence d'altitude les courbes de niveau sont-elles distantes l'une de l'autre ?

a) 5 mètres
b) 10 mètres
c) 15 mètres

22. Lequel de ces pays n'est pas situé en Amérique centrale ?

a) Le Surinam
b) Le Nicaragua
c) Le Costa Rica

23. Lequel de ces « grands hommes » n'est pas enterré au Panthéon ?

a) Émile Zola
b) Jean Moulin
c) Charles de Gaulle

24. Qui a écrit le roman d'anticipation *1984* ?

a) George Orwell
b) H. G. Wells
c) Aldous Huxley

25. Lequel de ces joueurs de tennis a gagné le plus de tournois du Grand Chelem ?

a) Pete Sampras
b) Roger Federer
c) Rafael Nadal

26. Qui a écrit *À la recherche du temps perdu* ?

a) Marcel Proust
b) Émile Zola
c) Victor Hugo

27. Quelle est la capitale de la Hongrie ?

a) Bratislava
b) Bucarest
c) Budapest

28. Laquelle de ces colonies françaises a obtenu la première son indépendance ?

a) L'Algérie

b) Le Maroc

c) L'Indochine

29. Après la Chine et l'Inde, quel est le troisième pays le plus peuplé au monde ?

a) Les États-Unis

b) L'Indonésie

c) Le Brésil

30. Laquelle de ces bandes dessinées n'a pas été créée par le scénariste Jean Van Hamme ?

a) *Blueberry*

b) *Largo Winch*

c) *Thorgal*

31. Où habitent les Aztèques ?

a) Au Mexique

b) Au Pérou

c) Au Brésil

32. Lequel de ces pays ne fait pas partie de l'Union européenne ?

a) La Finlande

b) La Norvège

c) La Suède

33. Qui est aujourd'hui l'homme le plus rapide du monde sur 100 mètres ?

a) Maurice Green

b) Asafa Powell

c) Usain Bolt

34. Lequel de ces pays ne fait pas partie de l'espace Schengen ?

a) La Norvège

b) La Suisse

c) L'Irlande

35. Qu'est-ce qu'un euphémisme ?

a) Une maladie du rein
b) Une figure de style d'atténuation
c) Une forme de calcul mathématique

36. Quel pays n'a pas signé le statut de Rome, entérinant la création de la Cour pénale internationale ?

a) La Russie
b) Les États-Unis
c) La Chine

37. Quel ancien haut fonctionnaire français a été condamné en 1998 pour complicité de crimes contre l'humanité à l'époque du régime de Vichy ?

a) Maurice Papon
b) Paul Touvier
c) Klaus Barbie

38. Vilnius est la capitale de :

a) la Lettonie.
b) la Lituanie.
c) l'Estonie.

39. Laquelle de ces compétences ne relève pas de la Commission européenne ?

a) Elle établit le budget annuel de l'Union.
b) Elle veille à l'application du droit européen.
c) Elle propose des actes législatifs.

40. Par qui est élu le président de la République sous la IVe République ?

a) Les députés
b) Les membres du Conseil de la République
c) Les députés et les membres du Conseil de la République

41. Contre quel pays le Royaume-Uni est-il entré en guerre en 1982 pour la souveraineté sur les îles Malouines ?

a) L'Australie
b) La Nouvelle-Zélande
c) L'Argentine

42. Quelle est la préfecture du Tarn ?

a) Albi

b) Montauban

c) Carcassonne

43. Lequel de ces pays possède un débouché maritime ?

a) La Bolivie

b) L'Éthiopie

c) La Jordanie

44. Quand a eu lieu le dernier référendum en France ?

a) En 2002

b) En 2005

c) En 2007

45. Où s'est tenue la conférence marquant le début de la création du mouvement des pays non alignés ?

a) À Jakarta

b) À Bandung

c) À Rangoon

46. Que signifie le mot « subjuguer » ?

a) Placer sous l'autorité hiérarchique de quelqu'un

b) Recouvrir complètement

c) Séduire vivement

47. Lequel de ces chefs d'État n'a pas été renversé par les révolutions du Printemps arabe de 2011 ?

a) Hosni Moubarak

b) Abdelaziz Bouteflika

c) Zine el-Abidine Ben Ali

48. Qui a écrit les *Chants de Maldoror* ?

a) Charles Baudelaire

b) Arthur Rimbaud

c) Lautréamont

49. Lequel de ces films n'a pas été réalisé par Ken Loach ?

a) *Land and Freedom*

b) *Le Vent se lève*

c) *Les Virtuoses*

50. Qui a composé la *Symphonie du nouveau monde* ?

a) Schubert

b) Berlioz

c) Dvorak

51. Qui a composé la Lettre à Élise ?

a) Bach

b) Mozart

c) Beethoven

52. Laquelle de ces interventions internationales s'est faite sans l'accord de l'ONU ?

a) La guerre du Golfe

b) La guerre du Kosovo

c) La guerre en Afghanistan

53. Qui a le premier développé la théorie de la Terre tournant autour du Soleil, lui-même centre de l'univers ?

a) Ptolémée

b) Galilée

c) Copernic

54. Dans *l'Iliade*, lequel de ces personnages n'est pas un chef grec ?

a) Achille

b) Hector

c) Ulysse

55. Dans quel pays se trouve la majeure partie de la Mésopotamie ?

a) En Turquie

b) En Irak

c) En Égypte

56. Lequel de ces monuments ne fait pas partie des sept merveilles du monde de l'Antiquité ?

a) Les jardins suspendus de Babylone
b) La bibliothèque de Celsius à Éphèse
c) Le phare d'Alexandrie

57. Laquelle de ces œuvres n'a pas été écrite par Jean-Paul Sartre ?

a) *La Nausée*
b) *Les Mains sales*
c) *Les Justes*

58. En quelle année a eu lieu la révolution islamique en Iran ?

a) 1973
b) 1975
c) 1979

59. Lequel de ces présidents américains n'a pas été réélu pour un second mandat ?

a) Georges Bush
b) Ronald Reagan
c) Bill Clinton

60. Des tribunaux pénaux internationaux ont été créés pour juger des crimes commis dans les pays suivants, sauf un. Lequel ?

a) Le Rwanda
b) Le Liban
c) Le Darfour (Soudan)

61. Qui a écrit le texte de la chanson « Le Déserteur » ?

a) Georges Moustaki
b) Boris Vian
c) Léo Ferré

62. Où se situent les orgues basaltiques de la Chaussée des Géants ?

a) En Écosse
b) En Irlande du Nord
c) En Norvège

63. Comment sont élus les députés européens en France ?

a) Au scrutin uninominal majoritaire à deux tours

b) Au scrutin de liste à la représentation proportionnelle à un tour

c) Au scrutin de liste à la représentation proportionnelle à deux tours

64. En quelle année a été votée la loi de séparation des Églises et de l'État en France ?

a) 1901

b) 1905

c) 1907

65. Quel ministre de la Justice français a fait voter la loi sur l'abolition de la peine de mort ?

a) Alain Peyrefitte

b) Simone Veil

c) Robert Badinter

66. Laquelle de ces propositions ne constitue pas un critère de représentativité d'un syndicat ?

a) Les effectifs des adhérents

b) Les résultats lors des élections professionnelles

c) La participation active et importante aux manifestations de salariés

67. Quel journal n'est pas un hebdomadaire ?

a) *Le Point*

b) *L'Express*

c) *Libération*

68. Pourquoi l'aide juridictionnelle a-t-elle été créée ?

a) Pour permettre aux personnes ayant de faibles ressources d'avoir accès à la justice

b) Pour que tout le monde ait accès à la justice sans discrimination

c) Pour que la possibilité d'avoir recours à la justice soit permanente

69. Qui est l'épouse d'Ulysse dans *l'Odyssée* d'Homère ?

a) Rachel

b) Pénélope

c) Athéna

70. Pour quelle période historique parle-t-on de « Beau siècle » ?

a) L'Antiquité

b) La Renaissance

c) Le XVIIIe siècle

71. Qui écrivit *Les Contemplations* ?

a) Rimbaud

b) Hugo

c) Chateaubriand

72. Quel est le siècle du nouveau roman ?

a) XXe

b) XIXe

c) XVIIIe

73. Avec Gargantua, qui est le second personnage créé par Rabelais ?

a) Gusman

b) Télémaque

c) Pantagruel

74. Que se passe-t-il dans la nuit du 4 août 1789 ?

a) L'abolition des privilèges

b) La prise de la Bastille

c) La décapitation de Louis XVI

75. Dans quelle fable peut-on lire : « *La raison du plus fort est toujours la meilleure* » ?

a) « Le Lièvre et la Tortue »

b) « Le Loup et L'agneau »

c) « La Poule aux œufs d'or »

76. Dans le roman *Des Souris et des Hommes* de J. Steinbeck, quels noms portent les deux héros ?

a) Peter et Sue

b) John et Mary

c) George et Lennie

77. Parmi ces pays, lequel est le premier à accéder à l'indépendance ?

a) La Côte d'Ivoire
b) Le Mozambique
c) L'Inde

78. Qu'est-ce que la force de Coriolis ?

a) Le mouvement relatif à la force de rotation de la Terre
b) La force des marées
c) La force de l'expansion de l'univers

79. Quelle était la capitale de la RFA ?

a) Munich
b) Berlin
c) Bonn

80. Parmi ces rivières, laquelle est un important affluent de la Loire ?

a) Saône
b) Dordogne
c) Allier

Corrigé

1. Quelle est la capitale française de la coutellerie ?

a) Auxerre
b) Thiers
c) Dijon

2. Lequel de ces hommes politiques n'a jamais été Premier ministre de François Mitterrand ?

a) Lionel Jospin
b) Michel Rocard
c) Jacques Chirac

3. Lequel de ces romans n'a pas été écrit par Dostoïevski ?

a) *Crime et Châtiment*
b) *Guerre et Paix*
c) *Les Frères Karamazov*

4. Dans *l'Iliade* et *l'Odyssée*, combien de temps Ulysse reste-t-il éloigné de son royaume d'Ithaque et de sa femme Pénélope ?

a) 10 ans

b) 20 ans

c) 30 ans

5. Quelle est la capitale du Pérou ?

a) Lima

b) La Paz

c) Cuzco

6. Sur quel(s) continent(s) trouve-t-on des montagnes dépassant les 8 000 mètres d'altitude ?

a) L'Asie, l'Amérique du Sud et l'Afrique

b) L'Asie et l'Amérique du Sud

c) L'Asie

7. Quel nom donne-t-on au bureau du président de l'Assemblée nationale dans l'hémicycle ?

a) La tribune

b) Le nid

c) Le perchoir

8. Qui a succédé à Kennedy à la présidence des États-Unis ?

a) Jimmy Carter

b) Lyndon Johnson

c) Richard Nixon

9. En France, d'après la Constitution, qui doit assurer l'intérim du président de la République en cas de décès ou d'empêchement ?

a) Le Premier ministre

b) Le président de l'Assemblée nationale

c) Le président du Sénat

10. Qui a écrit les romans *Cent ans de solitude* et *L'Amour au temps du choléra* ?

a) Gabriel García Márquez

b) Mario Vargas Llosa

c) Isabel Allende

11. Eugène de Rastignac est le héros du roman :

a) *Le Rouge et le Noir*.

b) *L'Éducation sentimentale*.

c) *Le Père Goriot*.

12. Après la Russie, quel est le deuxième plus grand pays au monde en superficie ?

a) Les États-Unis

b) Le Canada

c) La Chine

13. Lequel de ces films n'a pas été réalisé par Pedro Almodóvar ?

a) *Vicky Cristina Barcelona*

b) *Talons aiguilles*

c) *La Mauvaise Éducation*

14. Qui fut l'architecte de la Sagrada Família de Barcelone ?

a) Dufau

b) Le Corbusier

c) Gaudi

15. En quelle année l'homosexualité est-elle définitivement rayée par l'OMS de la liste des maladies mentales ?

a) 1974

b) 1981

c) 1990

16. Depuis quand l'IVG est-elle autorisée en France ?

a) 1968

b) 1975

c) 1981

17. Dans quelle série de bande dessinée apparaît le personnage de « méchant » Olrik ?

a) *Tintin*

b) *Spirou et Fantasio*

c) *Blake et Mortimer*

18. Qui a écrit la saga *Harry Potter* ?

a) J. K. Rowling

b) Stéphanie Meyer

c) Patricia Cornwell

19. Quel est le nom donné aux différentes insurrections royalistes au moment de la Révolution française ?

a) La Jacquerie

b) La Chouannerie

c) Les sans-culottes

20. Qui prend le pouvoir au Chili le 11 septembre 1973 ?

a) Salvador Allende

b) Augusto Pinochet

c) Ernesto Che Guevara

21. Sur une carte IGN au 1/25 000e, de quelle différence d'altitude les courbes de niveau sont-elles distantes l'une de l'autre ?

a) 5 mètres

b) 10 mètres

c) 15 mètres

22. Lequel de ces pays n'est pas situé en Amérique centrale ?

a) Le Surinam

b) Le Nicaragua

c) Le Costa Rica

23. Lequel de ces « grands hommes » n'est pas enterré au Panthéon ?

a) Émile Zola

b) Jean Moulin

c) Charles de Gaulle

24. Qui a écrit le roman d'anticipation *1984* ?

a) George Orwell

b) H. G. Wells

c) Aldous Huxley

25. Lequel de ces joueurs de tennis a gagné le plus de tournois du Grand Chelem ?

a) Pete Sampras

b) Roger Federer

c) Rafael Nadal

26. Qui a écrit *À la recherche du temps perdu* ?

a) Marcel Proust

b) Émile Zola

c) Victor Hugo

27. Quelle est la capitale de la Hongrie ?

a) Bratislava

b) Bucarest

c) Budapest

28. Laquelle de ces colonies françaises a obtenu la première son indépendance ?

a) L'Algérie

b) Le Maroc

c) L'Indochine

29. Après la Chine et l'Inde, quel est le troisième pays le plus peuplé au monde ?

a) Les États-Unis

b) L'Indonésie

c) Le Brésil

30. Laquelle de ces bandes dessinées n'a pas été créée par le scénariste Jean Van Hamme ?

a) *Blueberry*

b) *Largo Winch*

c) *Thorgal*

31. Où habitent les Aztèques ?

a) Au Mexique

b) Au Pérou

c) Au Brésil

32. Lequel de ces pays ne fait pas partie de l'Union européenne ?

a) La Finlande

b) La Norvège

c) La Suède

33. Qui est aujourd'hui l'homme le plus rapide du monde sur 100 mètres ?

a) Maurice Green

b) Asafa Powell

c) Usain Bolt

34. Lequel de ces pays ne fait pas partie de l'espace Schengen ?

a) La Norvège

b) La Suisse

c) L'Irlande

35. Qu'est-ce qu'un euphémisme ?

a) Une maladie du rein

b) Une figure de style d'atténuation

c) Une forme de calcul mathématique

36. Quel pays n'a pas signé le statut de Rome, entérinant la création de la Cour pénale internationale ?

a) La Russie

b) Les États-Unis

c) La Chine

37. Quel ancien haut fonctionnaire français a été condamné en 1998 pour complicité de crimes contre l'humanité à l'époque du régime de Vichy ?

a) Maurice Papon

b) Paul Touvier

c) Klaus Barbie

38. Vilnius est la capitale de :

a) la Lettonie.

b) la Lituanie.

c) l'Estonie.

39. Laquelle de ces compétences ne relève pas de la Commission européenne ?

a) Elle établit le budget annuel de l'Union.

b) Elle veille à l'application du droit européen.

c) Elle propose des actes législatifs.

40. Par qui est élu le président de la République sous la IVe République ?

a) Les députés

b) Les membres du Conseil de la République

c) Les députés et les membres du Conseil de la République

41. Contre quel pays le Royaume-Uni est-il entré en guerre en 1982 pour la souveraineté sur les îles Malouines ?

a) L'Australie

b) La Nouvelle-Zélande

c) L'Argentine

42. Quelle est la préfecture du Tarn ?

a) Albi

b) Montauban

c) Carcassonne

43. Lequel de ces pays possède un débouché maritime ?

a) La Bolivie

b) L'Éthiopie

c) La Jordanie

44. Quand a eu lieu le dernier référendum en France ?

a) En 2002

b) En 2005

c) En 2007

45. Où s'est tenue la conférence marquant le début de la création du mouvement des pays non alignés ?

a) À Jakarta

b) À Bandung

c) À Rangoon

46. Que signifie le mot « subjuguer » ?

a) Placer sous l'autorité hiérarchique de quelqu'un

b) Recouvrir complètement

c) Séduire vivement

47. Lequel de ces chefs d'État n'a pas été renversé par les révolutions du Printemps arabe de 2011 ?

a) Hosni Moubarak

b) Abdelaziz Bouteflika

c) Zine el-Abidine Ben Ali

48. Qui a écrit les *Chants de Maldoror* ?

a) Charles Baudelaire

b) Arthur Rimbaud

c) Lautréamont

49. Lequel de ces films n'a pas été réalisé par Ken Loach ?

a) *Land and Freedom*

b) *Le Vent se lève*

c) *Les Virtuoses*

50. Qui a composé la *Symphonie du nouveau monde* ?

a) Schubert

b) Berlioz

c) Dvorak

51. Qui a composé la *Lettre à Élise* ?

a) Bach

b) Mozart

c) Beethoven

52. Laquelle de ces interventions internationales s'est faite sans l'accord de l'ONU ?

a) La guerre du Golfe

b) La guerre du Kosovo

c) La guerre en Afghanistan

53. Qui a le premier développé la théorie de la Terre tournant autour du Soleil, lui-même centre de l'univers ?

a) Ptolémée

b) Galilée

c) Copernic

54. Dans *l'Iliade*, lequel de ces personnages n'est pas un chef grec ?

a) Achille

b) Hector

c) Ulysse

55. Dans quel pays se trouve la majeure partie de la Mésopotamie ?

a) En Turquie

b) En Irak

c) En Égypte

56. Lequel de ces monuments ne fait pas partie des sept merveilles du monde de l'Antiquité ?

a) Les jardins suspendus de Babylone

b) La bibliothèque de Celsius à Éphèse

c) Le phare d'Alexandrie

57. Laquelle de ces œuvres n'a pas été écrite par Jean-Paul Sartre ?

a) *La Nausée*

b) *Les Mains sales*

c) *Les Justes*

58. En quelle année a eu lieu la révolution islamique en Iran ?

a) 1973

b) 1975

c) 1979

59. Lequel de ces présidents américains n'a pas été réélu pour un second mandat ?

a) Georges Bush

b) Ronald Reagan

c) Bill Clinton

60. Des tribunaux pénaux internationaux ont été créés pour juger des crimes commis dans les pays suivants, sauf un. Lequel ?

a) Le Rwanda

b) Le Liban

c) Le Darfour (Soudan)

61. Qui a écrit le texte de la chanson « Le Déserteur » ?

a) Georges Moustaki

b) Boris Vian

c) Léo Ferré

62. Où se situent les orgues basaltiques de la Chaussée des Géants ?

a) En Écosse

b) En Irlande du Nord

c) En Norvège

63. Comment sont élus les députés européens en France ?

a) Au scrutin uninominal majoritaire à deux tours

b) Au scrutin de liste à la représentation proportionnelle à un tour

c) Au scrutin de liste à la représentation proportionnelle à deux tours

64. En quelle année a été votée la loi de séparation des Églises et de l'État en France ?

a) 1901

b) 1905

c) 1907

65. Quel ministre de la Justice français a fait voter la loi sur l'abolition de la peine de mort ?

a) Alain Peyrefitte

b) Simone Veil

c) Robert Badinter

66. Laquelle de ces propositions ne constitue pas un critère de représentativité d'un syndicat ?

a) Les effectifs des adhérents

b) Les résultats lors des élections professionnelles

c) La participation active et importante aux manifestations de salariés

67. Quel journal n'est pas un hebdomadaire ?

a) *Le Point*

b) *L'Express*

c) *Libération*

68. Pourquoi l'aide juridictionnelle a-t-elle été créée ?

a) Pour permettre aux personnes ayant de faibles ressources d'avoir accès à la justice

b) Pour que tout le monde ait accès à la justice sans discrimination

c) Pour que la possibilité d'avoir recours à la justice soit permanente

69. Qui est l'épouse d'Ulysse dans *l'Odyssée* d'Homère ?

a) Rachel

b) Pénélope

c) Athéna

70. Pour quelle période historique parle-t-on de « Beau siècle » ?

a) L'Antiquité

b) La Renaissance

c) Le XVIIIe siècle

71. Qui écrivit *Les Contemplations* ?

a) Rimbaud

b) Hugo

c) Chateaubriand

72. Quel est le siècle du nouveau roman ?

a) XXe

b) XIXe

c) XVIIIe

73. Avec Gargantua, qui est le second personnage créé par Rabelais ?

a) Gusman

b) Télémaque

c) Pantagruel

74. Que se passe-t-il dans la nuit du 4 août 1789 ?

a) L'abolition des privilèges

b) La prise de la Bastille

c) La décapitation de Louis XVI

75. Dans quelle fable peut-on lire : « *La raison du plus fort est toujours la meilleure* » ?

a) « Le Lièvre et la Tortue »

b) « Le Loup et l'Agneau »

c) « La Poule aux œufs d'or »

76. Dans le roman *Des Souris et des Hommes* de J. Steinbeck, quels noms portent les deux héros ?

a) Peter et Sue

b) John et Mary

c) George et Lennie

77. Parmi ces pays, lequel est le premier à accéder à l'indépendance ?

a) La Côte d'Ivoire

b) Le Mozambique

c) L'Inde

78. Qu'est-ce que la force de Coriolis ?

a) Le mouvement relatif à la force de rotation de la Terre

b) La force des marées

c) La force de l'expansion de l'univers

79. Quelle était la capitale de la RFA ?

a) Munich

b) Berlin

c) Bonn

80. Parmi ces rivières, laquelle est un important affluent de la Loire ?

a) Saône

b) Dordogne

c) Allier

5 | RAPPELS SUR LES INSTITUTIONS FRANÇAISES ET EUROPÉENNES

Les points suivants seront traités :

- le président de la République ;
- le Premier ministre et le gouvernement ;
- le Parlement ;
- l'administration de l'État dans le département et la région ;
- les notions de base sur les institutions judiciaires ;
- les institutions européennes.

LE PRÉSIDENT DE LA RÉPUBLIQUE

Le président de la République et la Constitution de la Ve République

Depuis 1958, le régime politique de la France est la Ve République. Pouvant être définie comme la norme juridique supérieure organisant les institutions du pays, la Constitution de la Ve République a instauré un régime de type présidentiel.

Rédigée principalement par Michel Debré, la Constitution de la Ve République répond à la volonté du général de Gaulle de donner à l'exécutif les moyens d'assurer son rôle. Auparavant, entre 1946 et 1958, la IVe République, régime de type parlementaire, avait souffert d'une importante instabilité ministérielle.

En France, le président de la République occupe la plus haute fonction du pouvoir exécutif (qui est le pouvoir chargé de gérer la politique courante de l'État).

Le président de la République est ainsi le chef de l'État et des armées, ainsi que le garant de la Constitution.

Depuis 1962, le président de la République est élu au suffrage universel direct (il est élu directement par les Français), ce qui lui donne une incontestable légitimité nationale.

L'élection et le mandat du président de la République

La condition la plus importante pour être candidat à l'élection présidentielle est de recueillir au moins 500 signatures d'élus issus d'au moins 30 départements de France et d'outre-mer. Cette condition permet d'éliminer des candidatures fantaisistes ou trop minoritaires.

Le président de la République est élu pour un mandat de cinq ans (appelé quinquennat). Depuis 2002, le passage du septennat au quinquennat (ce qui entraîne l'organisation des élections présidentielles puis législatives à quelques semaines d'intervalles l'une de l'autre, rendant ainsi difficile l'hypothèse d'une nouvelle cohabitation) renforce encore son poids politique.

En cas d'empêchement ou de vacance de la présidence de la République, c'est le président du Sénat qui assurera l'intérim.

Le président de la République est irresponsable politiquement devant le Parlement : le Parlement ne peut lui demander de rendre compte de ses décisions et lui-même ne peut solliciter de vote de confiance de la part du Parlement (contrairement au Premier ministre).

Les pouvoirs du président de la République

Les attributions du président de la République sont principalement définies dans l'article 5 de la Constitution de 1958 : il « *veille au respect de la Constitution. Il assure par son arbitrage le fonctionnement des pouvoirs publics ainsi que la continuité de l'État. Il est le garant de l'indépendance nationale, de l'intégrité du territoire, du respect des accords de communauté et des traités* ».

Le président de la République nomme le Premier ministre.

Le président de la République promulgue les lois après leur adoption par le Parlement. Il préside également le Conseil des ministres, qui se tient généralement le mercredi à l'Élysée. Après la délibération au sein du Conseil des ministres, le président de la République signe les ordonnances et les décrets. Ce pouvoir réglementaire est partagé avec le Premier ministre.

À trois reprises au cours de la Ve République, il y a eu une cohabitation (le président de la République et le Premier ministre appartiennent à deux courants politiques différents, le Premier ministre appartenant au courant politique majoritaire au sein de l'Assemblée nationale), ce qui pose la question des pouvoirs propres du président de la République.

Sans avoir besoin de l'accord du Premier ministre, le président de la République peut :
- nommer le Premier ministre ;
- dissoudre l'Assemblée nationale ;
- saisir le Conseil constitutionnel ;
- présider le Conseil des ministres et le Conseil supérieur de la défense nationale.

Le président de la République peut décider également de consulter directement les Français sur une question précise (le référendum).

Le président de la République symbolise l'État français auprès des autres pays. Il est également le chef de la diplomatie : il accrédite les diplomates français et étrangers, il autorise la négociation et la ratification des traités internationaux.

Enfin, l'article 16 de la Constitution donne au président de la République des pouvoirs exceptionnels en cas de crise grave. Il peut prendre toutes les mesures qu'exigent les circonstances, mais celles-ci doivent être inspirées par la volonté d'assurer un retour à la normale dans les meilleurs délais. En période d'utilisation de l'article 16, le Parlement se réunit de plein droit et l'Assemblée nationale ne peut être dissoute. L'article 16 n'a été jusqu'ici utilisé qu'en 1961 par le général de Gaulle pendant la guerre d'Algérie.

Le président de la République et la justice

Le président de la République est garant de l'indépendance de l'autorité judiciaire. Il est, par ailleurs, le seul à disposer du droit de grâce.

Le président de la République est irresponsable pénalement et civilement. Ainsi, au cours de son mandat, sa responsabilité civile et pénale ne peut être engagée, sauf en cas de haute trahison. Dans ce cas, il sera jugé par la Haute Cour (composée de 11 sénateurs et de 11 députés). Jusqu'ici, cette situation hypothétique ne s'est jamais réalisée.

Les présidents de la Vᵉ République

- **1958 - 1965 :** premier mandat présidentiel du général de Gaulle
- **1965 - 1969 :** second mandat présidentiel du général de Gaulle (élection au suffrage universel direct en 1965, démission en 1969 à la suite de l'échec du référendum sur la réforme du Sénat et la régionalisation)
- **1969 - 1974 :** mandat présidentiel de Georges Pompidou (décès en cours de mandat)

- **1974 - 1981 :** mandat présidentiel de Valéry Giscard d'Estaing
- **1981 - 1988 :** premier mandat présidentiel de François Mitterrand (1986 - 1988 : cohabitation avec Jacques Chirac comme Premier ministre)
- **1988 - 1995 :** second mandat présidentiel de François Mitterrand (1993 - 1995 : cohabitation avec Édouard Balladur comme Premier ministre)
- **1995 - 2002 :** premier mandat présidentiel de Jacques Chirac (1997 - 2002 : cohabitation avec Lionel Jospin comme Premier ministre)
- **2002 - 2007 :** second mandat présidentiel de Jacques Chirac
- **2007 - 2012 :** Nicolas Sarkozy
- **2012 - 2017 :** François Hollande
- **Depuis 2017,** Emmanuel Macron est président de la République (il est réélu en 2022)

Entraînement : QCM

■ Questions

1. Le président de la République dispose de tous ces pouvoirs, sauf un :

a) chef des armées
b) pouvoir de dissolution de l'Assemblée nationale
c) nommer les présidents des conseils régionaux
d) droit de grâce

2. On définit la cohabitation par :

a) la coexistence d'un président de la République et d'un gouvernement appartenant à des courants politiques opposés.
b) le partage des signatures des décrets.
c) le fait que deux majorités politiques différentes existent au sein de l'Assemblée nationale et du Sénat.
d) le besoin d'une signature conjointe entre le Premier ministre et le président de la République pour certains textes de lois.

3. Qui assure l'intérim en cas de vacance de la présidence de la République ?

a) Le Premier ministre
b) Le président de l'Assemblée nationale
c) Le président du Sénat
d) Le président du Conseil constitutionnel

4. La résidence habituelle du président de la République est :

a) le Quai d'Orsay.

b) le palais Bourbon.

c) l'hôtel Matignon.

d) le palais de l'Élysée.

5. Qui a été le premier président de la Ve République ?

a) Guy Mollet

b) René Coty

c) Charles de Gaulle

d) Vincent Auriol

Réponses

1. Le président de la République dispose de tous ces pouvoirs, sauf un :

a) chef des armées

b) pouvoir de dissolution de l'Assemblée nationale

c) nommer les présidents des conseils régionaux

d) droit de grâce

2. On définit la cohabitation par :

a) la coexistence d'un président de la République et d'un gouvernement appartenant à des courants politiques opposés.

b) le partage des signatures des décrets.

c) le fait que deux majorités politiques différentes existent au sein de l'Assemblée nationale et du Sénat.

d) le besoin d'une signature conjointe entre le Premier ministre et le président de la République pour certains textes de lois.

3. Qui assure l'intérim en cas de vacance de la présidence de la République ?

a) Le Premier ministre

b) Le président de l'Assemblée nationale

c) Le président du Sénat

d) Le président du Conseil constitutionnel

4. La résidence habituelle du président de la République est :

a) le Quai d'Orsay.

b) le palais Bourbon.

c) l'hôtel Matignon.

d) le palais de l'Élysée.

5. Qui a été le premier président de la Ve République ?

a) Guy Mollet

b) René Coty

c) Charles de Gaulle

d) Vincent Auriol

LE PREMIER MINISTRE ET SON GOUVERNEMENT

Avec le président de la République, le Premier ministre et son gouvernement partagent le pouvoir exécutif.

On peut définir le pouvoir exécutif comme celui qui est chargé de mettre en œuvre la politique de l'État. À ce titre, le pouvoir exécutif doit :

- veiller à l'ordre public et au respect de la loi ;
- diriger les forces armées ;
- décider de la politique étrangère de la France ;
- représenter l'État ;
- diriger l'ensemble des services publics de l'État et l'administration d'État ;
- édicter les règlements.

La nomination du Premier ministre

Le Premier ministre sera choisi et nommé par le président de la République. Il est généralement choisi en considération du courant politique majoritaire à l'Assemblée nationale.

Le président de la République met fin aux fonctions du Premier ministre sur présentation par celui-ci de la démission du gouvernement.

Lorsque le président de la République et le Premier ministre appartiennent à deux courants politiques opposés, il y aura une cohabitation. Dans cette hypothèse, chacun des deux chefs du pouvoir exécutif agira dans son domaine de compétence respectif.

Les pouvoirs du Premier ministre

Le Premier ministre est le chef du gouvernement. Il est également le chef de l'Administration et le président de droit du Conseil d'État.

Le rôle du Premier ministre est essentiellement défini dans les articles 20 (« *Le gouvernement détermine et conduit la politique de la nation* ») et 21 (« *Le Premier ministre dirige l'action du gouvernement* ») de la Constitution de la Ve République. Le Premier ministre détient donc une mission d'impulsion et de direction de l'action gouvernementale.

Le Premier ministre peut saisir le Conseil constitutionnel sur une loi avant sa promulgation (le Conseil constitutionnel examinera la comptabilité entre la loi et les principes constitutionnels).

Le Premier ministre sera obligatoirement consulté si le président de la République souhaite utiliser les pouvoirs exceptionnels de l'article 16 de la Constitution.

Pour assurer l'exécution des lois et mener sa politique, le Premier ministre dispose de l'administration et de la force publique (l'armée, la police et la gendarmerie nationales).

De plus, le Premier ministre détient le pouvoir réglementaire, et nomme aux emplois civils et militaires, exception faite de ceux réservés au président de la République.

Le Premier ministre réside à l'hôtel Matignon.

Le gouvernement

Le gouvernement est composé du Premier ministre, des ministres et secrétaires d'État. Tous les membres du gouvernement sont nommés par le président de la République, sur proposition du Premier ministre. Les ministres et secrétaires d'État demeurent sous l'autorité du Premier ministre.

Les lois peuvent provenir des parlementaires (proposition de loi) ou du gouvernement (projet de loi). Les projets de loi sont délibérés en conseil des ministres.

Il est responsable politiquement devant l'Assemblée nationale. Cette responsabilité politique peut être engagée de deux manières :

• à l'initiative du gouvernement, et après discussion en conseil des ministres, lorsque le Premier ministre choisit d'engager la responsabilité politique de son gouvernement ;
• à l'initiative d'au moins 10 % des députés, qui décident de la mise au vote d'une motion de censure.

Si le Parlement vote majoritairement une motion de censure, il est logique que le gouvernement démissionne en raison du désaccord sur la politique qu'il entreprend.

Pour coordonner son action, le gouvernement se réunit en Conseil des ministres. Se tenant généralement le mercredi matin à l'Élysée, le Conseil des ministres est présidé par le président de la République.

Sur le plan pénal, les membres du gouvernement sont responsables des crimes et délits accomplis dans l'exercice de leur fonction. La juridiction compétente sera la Cour de justice de la République.

Liste des Premiers ministres de la Ve République

- **1958 - 1962 :** Michel Debré
- **1962 - 1968 :** Georges Pompidou
- **1968 - 1969 :** Maurice Couve de Murville
- **1969 - 1972 :** Jacques Chaban-Delmas
- **1972 - 1974 :** Pierre Messmer
- **1974 - 1976 :** Jacques Chirac
- **1976 - 1981 :** Raymond Barre
- **1981 - 1984 :** Pierre Mauroy
- **1984 - 1986 :** Laurent Fabius
- **1986 - 1988 :** Jacques Chirac (cohabitation avec François Mitterrand)
- **1988 - 1991 :** Michel Rocard
- **1991 - 1992 :** Édith Cresson
- **1992 - 1993 :** Pierre Bérégovoy
- **1993 - 1995 :** Édouard Balladur (cohabitation avec François Mitterrand)
- **1995 - 1997 :** Alain Juppé
- **1997 - 2002 :** Lionel Jospin (cohabitation avec Jacques Chirac)
- **2002 - 2005 :** Jean-Pierre Raffarin
- **2005 - 2007 :** Dominique de Villepin
- **2007 - 2012 :** François Fillon
- **2012 - 2014 :** Jean-Marc Ayrault
- **2014 - 2016 :** Manuel Valls

- **2016 - 2017 :** Bernard Cazeneuve
- **2017 - 2020 :** Édouard Philippe
- **2020 - 2022 :** Jean Castex
- **Depuis 2022,** Élisabeth Borne est Première ministre.

Entraînement : QCM

Questions

1. Comment est nommé le Premier ministre ?
a) Par un vote de l'Assemblée nationale
b) Par le gouvernement
c) Par le président de la République
d) Par un vote du Parlement réuni à cette occasion

2. Comment sont nommés les ministres composant le gouvernement ?
a) Par le Premier ministre
b) Par le président de la République, sur proposition du Premier ministre
c) Par l'Assemblée nationale
d) Par le Parlement

3. Qui jugera les ministres en cas de crime ou délit commis dans l'exercice de leur mandat ?
a) La Cour de cassation
b) Le Parlement
c) La Haute Cour de justice
d) La Cour de justice de la République

4. Une révision de la Constitution peut être proposée au président de la République par :
a) le gouvernement.
b) le ministre de la Justice.
c) le Premier ministre.
d) le ministre de l'Intérieur.

5. Où réside habituellement le Premier ministre ?
a) Au palais du Luxembourg
b) À l'hôtel Matignon
c) À l'hôtel de Lassay
d) Au Quai d'Orsay

Réponses

1. Comment est nommé le Premier ministre ?

a) Par un vote de l'Assemblée nationale

b) Par le gouvernement

c) Par le président de la République

d) Par un vote du Parlement réuni à cette occasion

2. Comment sont nommés les ministres composant le gouvernement ?

a) Par le Premier ministre

b) Par le président de la République, sur proposition du Premier ministre

c) Par l'Assemblée nationale

d) Par le Parlement

3. Qui jugera les ministres en cas de crime ou délit commis dans l'exercice de leur mandat ?

a) La Cour de cassation

b) Le Parlement

c) La Haute Cour de justice

d) La Cour de justice de la République

4. Une révision de la Constitution peut être proposée au président de la République par :

a) le gouvernement.

b) le ministre de la Justice.

c) le Premier ministre.

d) le ministre de l'Intérieur.

5. Où réside habituellement le Premier ministre ?

a) Au palais du Luxembourg

b) À l'hôtel Matignon

c) À l'hôtel de Lassay

d) Au Quai d'Orsay

LE PARLEMENT

En France, le Parlement est composé de deux chambres : l'Assemblée nationale et le Sénat. On qualifie ce système parlementaire de bicaméralisme.

Le pouvoir législatif est principalement détenu par le Parlement (le Parlement dispose du pouvoir de « faire la loi ») : l'article 34 de la Constitution prévoit que « *la loi est votée par le Parlement* ».

Le Parlement a également un rôle de contrôle de l'action du gouvernement.

Les parlementaires (députés et sénateurs)

L'Assemblée nationale est considérée comme la représentation nationale : les députés représentent directement le peuple. Les députés sont choisis par les électeurs d'une circonscription (chaque département compte plusieurs circonscriptions). Les 577 députés disposent d'un mandat renouvelable d'une durée de cinq ans. Depuis 2002, le passage du septennat au quinquennat entraîne l'organisation des élections législatives puis présidentielles à quelques mois d'intervalles l'une de l'autre, rendant ainsi difficile l'hypothèse d'une nouvelle cohabitation. L'Assemblée nationale choisit en son sein son président. En fin de mandat, toutes les circonscriptions sont renouvelées. L'Assemblée nationale siège au palais Bourbon. Le président de la République dispose du droit de dissoudre l'Assemblée nationale, ce qui provoquera de nouvelles élections législatives.

Les sénateurs sont élus au suffrage indirect dans chaque département. Le collège électoral les élisant est composé d'autres élus (ces « grands électeurs » sont les élus nationaux, régionaux, départementaux et des délégués des conseils municipaux). Depuis 2004, la durée du mandat des sénateurs a changé : ils sont élus pour six ans. Le Sénat se renouvelle par moitié tous les trois ans et se compose de 348 sénateurs. Le Sénat choisit en son sein son président (qui assurera l'intérim du président de la République en cas de vacance du pouvoir). Le Sénat siège au palais du Luxembourg.

Au sein de chaque assemblée, les parlementaires se réunissent dans des groupes en fonction de leur courant politique. L'examen des projets ou propositions de lois se fait au sein de commissions spécialisées (commissions des finances, de la défense...).

Sur le plan judiciaire, pendant toute la durée de leur mandat, députés et sénateurs bénéficient de l'inviolabilité parlementaire : ils ne peuvent faire l'objet d'une arrestation sans l'autorisation du bureau de l'assemblée dont ils font partie, sauf en cas de flagrant délit ou de condamnation définitive par un tribunal ; si l'Assemblée le demande, les poursuites peuvent être interrompues pour la durée de la session.

Enfin, mais de manière tout à fait exceptionnelle, les parlementaires peuvent exercer une fonction juridictionnelle éventuelle. En effet, l'Assemblée nationale et le Sénat élisent en leur sein les membres de la Cour de justice de la République (jugeant les crimes et délits commis par les membres du gouvernement dans l'exercice de leurs fonctions) et de la Haute Cour de justice (jugeant le président de la République en cas de haute trahison au cours de son mandat).

Le rôle du Parlement

La Constitution de la Ve République prévoit que l'initiative des lois appartient à la fois au Premier ministre et aux parlementaires. Le Premier ministre rédigera un projet de loi, et les parlementaires une proposition de loi.

Chaque chambre débat en son sein et vote la loi. En cas de désaccord entre les deux chambres sur le vote d'une loi, le gouvernement peut demander à l'Assemblée nationale de statuer définitivement sur le texte présenté. Représentant directement le peuple souverain, l'Assemblée nationale a ici le dernier mot.

En ce qui concerne la révision de la Constitution, le texte en question doit être voté par les deux chambres, puis soumis au référendum. Le président de la République peut aussi choisir de réunir l'Assemblée nationale et le Sénat - ce qui évite le référendum -, mais le texte devra être approuvé par les trois cinquièmes des parlementaires. La réunion de l'Assemblée nationale et du Sénat s'appelle le Congrès. Cette réunion se tiendra au château de Versailles.

Les relations entre le gouvernement et le Parlement

Le Parlement bénéficie de plusieurs moyens pour influer sur l'action du gouvernement :
- les parlementaires peuvent poser des questions écrites ou orales aux membres du gouvernement ;
- le budget de l'État est débattu et voté au Parlement chaque année ;
- le Premier ministre peut décider d'engager la responsabilité politique de son gouvernement devant l'Assemblée nationale (c'est la procédure du vote de confiance) ;
- l'Assemblée nationale peut décider du vote d'une motion de censure, qui doit être signée au préalable par au moins 10 % des députés souhaitant montrer leur désaccord avec la politique mise en œuvre par le gouvernement.

Le vote majoritaire d'une motion de censure ou le rejet du vote de confiance au gouvernement par l'Assemblée nationale peut conduire à la démission du Premier ministre et de son gouvernement.

Par ailleurs, le Parlement peut également contrôler l'action du gouvernement en mettant en place une commission d'enquête parlementaire.

Entraînement : QCM

Questions

1. Où siège l'Assemblée nationale ?

a) Au palais Bourbon
b) Au palais du Luxembourg
c) Au Quai d'Orsay
d) À l'hôtel de ville de Paris

2. Le système parlementaire français est qualifié de :

a) moniste.
b) dualiste.
c) bicaméral.
d) holiste.

3. Combien, au minimum, de députés doivent signer au préalable une motion de censure pour qu'elle soit débattue à l'Assemblée nationale ?

a) 5 %
b) 10 %
c) 20 %
d) 30 %

4. Une proposition de loi est un texte d'origine :

a) gouvernementale.
b) parlementaire.
c) judiciaire.
d) locale.

5. Les députés sont élus au sein :

a) d'un canton.

b) d'une région.

c) d'une circonscription.

d) d'une ville.

Réponses

1. Où siège l'Assemblée nationale ?

a) Au palais Bourbon

b) Au palais du Luxembourg

c) Au Quai d'Orsay

d) À l'hôtel de ville de Paris

2. Le système parlementaire français est qualifié de :

a) moniste.

b) dualiste.

c) bicaméral.

d) holiste.

3. Combien, au minimum, de députés doivent signer au préalable une motion de censure pour qu'elle soit débattue à l'Assemblée nationale ?

a) 5 %

b) 10 %

c) 20 %

d) 30 %

4. Une proposition de loi est un texte d'origine :

a) gouvernementale.

b) parlementaire.

c) judiciaire.

d) locale.

5. Les députés sont élus au sein :

a) d'un canton.

b) d'une région.

c) d'une circonscription.

d) d'une ville.

L'ADMINISTRATION D'ÉTAT DANS LE DÉPARTEMENT ET LA RÉGION

L'État est présent dans le département et la région de plusieurs manières. En premier lieu, les administrations de l'État sont déclinées dans les départements et régions. En second lieu, le préfet est le représentant direct de l'État dans les régions et départements.

Toutefois, avant d'examiner ces différents points, il convient de bien comprendre le concept de décentralisation. En effet, c'est notamment la décentralisation qui définit la répartition des compétences entre l'État et les collectivités territoriales.

Sur le plan de l'organisation générale des territoires, le Commissariat général à l'égalité des territoires (CGET) est l'autorité de pilotage. Il remplace la Délégation à l'aménagement des territoires (Datar), le Secrétariat général du Comité interministériel des villes (SG-CIV) et l'Agence nationale pour la cohésion et l'égalité des chances (ACSé).

La décentralisation

On peut définir la décentralisation comme le transfert des pouvoirs de l'État à des personnes morales (tandis qu'un État centralisé est un État où toutes les décisions sont prises au niveau central). Ces personnes morales peuvent être de deux natures :

- des collectivités territoriales (commune, département, région). C'est la décentralisation territoriale ;
- ou bien des établissements publics qui, contrairement aux collectivités territoriales, n'auront qu'une compétence spécifique. On parle alors de décentralisation fonctionnelle.

La décentralisation territoriale a pour but de donner aux collectivités territoriales des compétences spécifiques et distinctes de celles de l'État. Ces collectivités territoriales seront administrées par des représentants élus (conseil municipal pour la commune, conseil départemental pour le département, conseil régional pour la région). Ce processus de décentralisation a pour vocation de rapprocher le plus possible les politiques publiques des besoins de la population (exemple : la commune a la charge de l'entretien et de la construction des écoles primaires).

La décentralisation fonctionnelle est le phénomène de création par l'État ou les collectivités territoriales d'un établissement public chargé de la gestion d'une activité spécifique (exemples : le musée du Louvre ou l'Office national de l'eau sont des établissements publics).

Naturellement, dans le cas de la décentralisation territoriale comme dans celui de la décentralisation fonctionnelle, l'État accompagne le transfert de compétences de l'octroi de moyens financiers permettant à la collectivité territoriale ou à l'établissement public de remplir sa mission.

En France, dans les années 1980, la décentralisation a été considérablement développée, notamment par les lois Deferre. Désormais, la décentralisation est un principe à valeur constitutionnelle.

Les administrations d'État dans les régions et départements

L'État français est largement un État décentralisé. Pour autant, les administrations d'État sont largement présentes dans toutes les régions et tous les départements. Concrètement, cette présence se manifeste essentiellement par les déclinaisons départementales et régionales des différents ministères (exemples : direction départementale de l'équipement, direction régionale de l'agriculture, direction départementale des affaires sanitaires et sociales...).

Le rôle de ces directions régionales et départementales est de relayer et d'adapter au niveau local les politiques décidées à l'échelon ministériel.

Le rôle du préfet

Le préfet est le représentant de l'État dans le département et la région. Ce haut fonctionnaire est rattaché au ministère de l'Intérieur. Il est nommé par le président de la République sur proposition du Premier ministre. Sa mission principale est de coordonner l'action de l'État au niveau local dans tous les domaines (emploi, environnement, santé, sécurité...). Pour remplir cette mission, il a autorité sur toutes les administrations d'État de la région ou du département.

Par ailleurs, il appartient au préfet :
- de contrôler la légalité des actes des collectivités territoriales ;
- d'organiser les élections au niveau local ;
- de mettre en œuvre les plans d'urgence ou de secours (plan Orsec, plan grand froid...) ;
- de gérer et de répartir au niveau local les dotations de l'État.

Bien que n'étant pas officier de police judiciaire, le préfet joue un grand rôle en matière de sécurité. En effet, il peut prendre des arrêtés préfectoraux en matière de sécurité publique. Les policiers municipaux et gardes champêtres seront alors chargés de veiller au respect de ces arrêtés préfectoraux.

Il existe :

- le préfet de région qui représente l'État dans la région et est également le préfet du département du chef-lieu de région ;
- le préfet du département qui est le représentant de l'État dans le département ;
- le sous-préfet qui est présent dans chacun des arrondissements d'un département et est soumis à l'autorité du préfet de département. Il convient de noter que la réforme de la carte des sous-préfectures est un débat actuel, même si les modalités exactes n'ont pas encore été définies.

Entraînement : QCM

Questions

1. La décentralisation est un principe à valeur :

a) légale.
b) réglementaire.
c) constitutionnelle.
d) administrative.

2. En France, les principales lois de décentralisation remontent au début des années :

a) 1960.
b) 1970.
c) 1980.
d) 1990.

3. Il y a un sous-préfet par :

a) région.
b) département.
c) arrondissement.
d) canton.

4. Le préfet est rattaché :

a) au ministère de l'Intérieur.
b) au ministère des Armées.
c) directement au Premier ministre.
d) directement au président de la République.

5. Le préfet est :

a) élu.

b) officier de police judiciaire.

c) nommé par le président de la République.

d) magistrat.

Réponses

1. La décentralisation est un principe à valeur :

a) légale.

b) réglementaire.

c) constitutionnelle.

d) administrative.

2. En France, les principales lois de décentralisation remontent au début des années :

a) 1960.

b) 1970.

c) 1980.

d) 1990.

3. Il y a un sous-préfet par :

a) région.

b) département.

c) arrondissement.

d) canton.

4. Le préfet est rattaché :

a) au ministère de l'Intérieur.

b) au ministère des Armées.

c) directement au Premier ministre.

d) directement au président de la République.

5. Le préfet est :

a) élu.

b) officier de police judiciaire.

c) nommé par le président de la République.

d) magistrat.

NOTIONS DE BASE SUR LES INSTITUTIONS JUDICIAIRES

Il existe en France trois types différents de juridictions :
- les juridictions civiles ;
- les juridictions pénales ;
- les juridictions administratives.

Les juridictions civiles

Les juridictions civiles sont compétentes pour statuer sur les litiges opposant deux particuliers, qu'il s'agisse de personnes morales ou de personnes physiques. Il existe des juridictions civiles de droit commun et des juridictions civiles d'exception.

Les juridictions civiles de droit commun

Les juridictions civiles de droit commun connaissent une triple hiérarchie : le tribunal judiciaire, la cour d'appel puis la Cour de cassation.
Le tribunal judiciaire est issu de la fusion des tribunaux de grande instance et des tribunaux d'instance. Le tribunal de grande instance et le tribunal d'instance existants situés dans la même commune sont devenus une seule juridiction : le tribunal judiciaire. Son ressort territorial correspond, en principe, au département.
Désormais, le tribunal judiciaire devient la seule juridiction de droit commun de première instance en matières civile, pénale et commerciale compétente pour les litiges n'ayant pas été attribués à une autre juridiction.
Le tribunal d'instance précédemment situé dans une commune différente du tribunal judiciaire devient une chambre détachée du tribunal judiciaire dénommée « tribunal de proximité ».
La cour d'appel sera la juridiction d'appel des jugements rendus par le tribunal judiciaire.
La cour d'appel sera saisie des jugements de plusieurs tribunaux judiciaires.

La Cour de cassation occupe le sommet de l'ordre judiciaire. Son rôle est de s'assurer du respect de la loi et de contrôler son application par les juges de la cour d'appel. Il faut noter que la Cour de cassation ne statue pas sur les faits, mais uniquement sur l'application de la loi par les autres juridictions. Comme pour la cour d'appel, les décisions de la Cour de cassation sont des arrêts.

Les juridictions civiles d'exception

Le tribunal de proximité est compétent pour juger des litiges dont le montant est inférieur à 10 000 euros et des litiges relatifs portant sur les baux d'immeubles (à l'exception des baux commerciaux).

Les juges des tribunaux de commerce sont des commerçants élus par leurs pairs. Pour l'essentiel, ils jugent les litiges liés aux activités commerciales (actes de commerce, baux commerciaux, liquidation judiciaire des entreprises en difficulté...).

Le conseil des prud'hommes est une juridiction professionnelle composée de magistrats professionnels et de juges élus (représentant en nombre égal les salariés et les employeurs). Ceux-ci se prononceront sur les litiges relatifs à l'exception d'un contrat de travail (licenciements...).

D'autres juridictions civiles d'exception connaîtront des litiges spécifiques : le juge de l'expropriation, le tribunal des affaires de la Sécurité sociale ou le tribunal paritaire des baux ruraux.

Entraînement : QCM

Questions

1. La fusion du tribunal d'instance et du tribunal de grande instance, situés dans une même commune, s'appelle :

a) le tribunal de droit commun.
b) le tribunal civil.
c) le tribunal judiciaire.
d) le tribunal général.

2. Le tribunal d'instance précédemment situé dans une commune différente du tribunal judiciaire est dénommé :

a) le tribunal de petite instance.
b) le tribunal de proximité.
c) le tribunal ordinaire.
d) la juridiction de proximité.

3. Les juges du tribunal de commerce sont des magistrats professionnels.

a) Vrai
b) Faux

4. Les décisions rendues par la cour d'appel et la Cour de cassation sont des :

a) jugements.

b) verdicts.

c) arrêts.

d) ordonnances.

5. Qui occupe le sommet de l'ordre judiciaire ?

a) Le Conseil d'État

b) La Cour de cassation

c) Le Tribunal des conflits

d) La cour d'appel de Paris

Réponses

1. La fusion du tribunal d'instance et du tribunal de grande instance, situés dans une même commune, s'appelle :

a) le tribunal de droit commun.

b) le tribunal civil.

c) le tribunal judiciaire.

d) le tribunal général.

2. Le tribunal d'instance précédemment situé dans une commune différente du tribunal judiciaire est dénommé :

a) le tribunal de petite instance.

b) le tribunal de proximité.

c) le tribunal ordinaire.

d) la juridiction de proximité.

3. Les juges du tribunal de commerce sont des magistrats professionnels.

a) Vrai

b) Faux

4. Les décisions rendues par la cour d'appel et la Cour de cassation sont des :

a) jugements.

b) verdicts.

c) arrêts.

d) ordonnances.

5. Qui occupe le sommet de l'ordre judiciaire ?

a) Le Conseil d'État

b) La Cour de cassation

c) Le Tribunal des conflits

d) La cour d'appel de Paris

Les juridictions pénales

Les juridictions pénales traitent et répriment les infractions.

Au sein des juridictions pénales, la société sera représentée par le ministère public (appelé également parquet). Le ministère public est chargé de mettre en œuvre les poursuites et, devant le tribunal, de demander au nom de la société l'application de la loi.

Il existe à la fois des juridictions pénales de droit commun et des juridictions pénales d'exception.

Les juridictions pénales de droit commun

La hiérarchie des juridictions pénales de droit commun est la suivante : le tribunal de police (qui statuera sur les contraventions), le tribunal correctionnel (compétent en matière de délits) et la cour d'assises (qui jugera des crimes).

Le tribunal de police traitera des contraventions, qui ne sont pas uniquement liées au code de la route. Dans chaque chef-lieu d'arrondissement, on trouve un tribunal de police. Le ministère public est représenté par le commissaire de police.

Le tribunal correctionnel est la formation pénale du tribunal judiciaire. Il est compétent en matière de délits. Il existe différentes fonctions pour les magistrats du tribunal correctionnel : les juges du tribunal correctionnel (également appelés magistrats du siège), le juge d'instruction (chargé de diligenter auprès des officiers de police judiciaire de la police ou de la gendarmerie nationales des enquêtes judiciaires), le juge de l'application des peines (chargé de suivre les condamnés à l'intérieur et à l'extérieur des prisons), le juge des libertés et de la détention (compétent en ce qui concerne la détention au cours de l'instruction) et les magistrats du ministère public (le procureur de la République et ses substituts).

Le rôle du procureur de la République est à la fois de diriger la police judiciaire (il reçoit les plaintes des particuliers, il exerce une autorité judiciaire sur les officiers de police judiciaire de la police nationale et de la gendarmerie nationale) et de représenter la société devant le tribunal correctionnel.

Dans le cadre de cette dernière mission, il peut décider de mettre en œuvre des poursuites pénales ou bien de les classer sans suite, ou encore de les orienter vers une médiation. À l'occasion des audiences du tribunal correctionnel, il prononcera un réquisitoire (qui propose aux juges une peine en fonction de l'affaire jugée).

La cour d'assises, elle, est compétente en matière de crimes. Cette juridiction départementale se réunit par intermittence, en fonction des affaires à juger. La cour d'assises est composée à la fois de magistrats professionnels (le président de la cour d'assises et deux juges) et de six jurés (qui sont des citoyens tirés au sort sur les listes électorales). Depuis 2001, le jugement de la cour d'assises peut faire l'objet d'un appel devant une autre cour d'assises (qui sera alors composée de neuf jurés).

Les décisions du tribunal de police et du tribunal correctionnel sont susceptibles d'appel devant la chambre des appels correctionnels. En dernier ressort, il existe la chambre criminelle de la Cour de cassation.

■ Les juridictions pénales d'exception

Les principales juridictions pénales d'exception sont compétentes pour juger les mineurs :
• le juge des enfants est juge des mineurs délinquants et peut prononcer des mesures d'assistance éducative ;
• juridiction du tribunal judiciaire, le tribunal pour enfants juge les mineurs de moins de 16 ans qui ont commis des faits qualifiés pénalement de contraventions de cinquième classe, de délit ou de crime ;
• la chambre spéciale de la cour d'appel statuera sur les appels formés contre les jugements du tribunal pour enfants ;
• la cour d'assises des mineurs jugera des mineurs entre 16 et 18 ans ayant commis des faits qualifiés de crimes.

■ Entraînement : QCM

Questions

1. On trouve une cour d'assises dans chaque :
a) chef-lieu d'arrondissement.
b) ville de plus de 100 000 habitants.
c) département.
d) région.

2. Devant le tribunal de police, le ministère public est représenté par :

a) le colonel de gendarmerie.

b) le procureur de la République.

c) le premier substitut du procureur de la République.

d) le commissaire de police.

3. Combien y a-t-il de jurés en cour d'assises en appel ?

a) 6

b) 7

c) 8

d) 9

4. Comment sont choisis les jurés d'une cour d'assises ?

a) Ils sont choisis par les magistrats de la cour d'appel.

b) Ils sont nommés par le procureur de la République.

c) Ils sont volontaires.

d) Ils sont tirés au sort sur les listes électorales.

5. Qui dirige la police judiciaire ?

a) Le juge d'instruction

b) Le juge de l'application des peines

c) Les magistrats du siège

d) Le procureur de la République

Réponses

1. On trouve une cour d'assises dans chaque :

a) chef-lieu d'arrondissement.

b) ville de plus de 100 000 habitants.

c) département.

d) région.

2. Devant le tribunal de police, le ministère public est représenté par :

a) le colonel de gendarmerie.

b) le procureur de la République.

c) le premier substitut du procureur de la République.

d) le commissaire de police.

3. Combien y a-t-il de jurés en cour d'assises en appel ?

a) 6

b) 7

c) 8

d) 9

4. Comment sont choisis les jurés d'une cour d'assises ?

a) Ils sont choisis par les magistrats de la cour d'appel.

b) Ils sont nommés par le procureur de la République.

c) Ils sont volontaires.

d) Ils sont tirés au sort sur les listes électorales.

5. Qui dirige la police judiciaire ?

a) Le juge d'instruction

b) Le juge de l'application des peines

c) Les magistrats du siège

d) Le procureur de la République

Les juridictions administratives

Les juridictions administratives ont pour vocation de juger et de contrôler l'action de l'Administration, ainsi que de statuer sur les litiges opposant les personnes privées à l'Administration.

■ La compétence des juridictions administratives

Les juridictions administratives seront compétentes pour juger les actes de l'Administration lorsque celle-ci met en œuvre des prérogatives de puissance publique (qui sont les pouvoirs spécifiques dont dispose l'Administration afin d'assurer ses missions, comme celui de lever des impôts ou d'exproprier pour des raisons d'utilité publique). Devant les juridictions administratives, la procédure est essentiellement écrite.

Cependant, en matière de compétence, dans la pratique, il est parfois difficile de savoir si un litige doit être jugé par une juridiction administrative ou bien par une juridiction judiciaire. Pour trancher un conflit de compétence, c'est le Tribunal des conflits qui déterminera la juridiction compétente.

Les différentes juridictions administratives

À la base de l'ordre administratif, on trouve les tribunaux administratifs, puis les cours administratives d'appel et, au sommet de l'ordre administratif, le Conseil d'État est juge de cassation et, dans certains cas, d'appel.

Les tribunaux administratifs sont juges de droit commun du contentieux administratif. Il faut préciser que ce type de contentieux a fortement augmenté au cours des dernières années.

Les cours administratives d'appel seront compétentes pour statuer sur les appels formés contre les décisions rendues en première instance par les tribunaux administratifs.

Le Conseil d'État est à la fois une autorité administrative consultative et une juridiction administrative. Le Conseil d'État est la juridiction administrative de dernière instance. D'autre part, de manière consultative, le Conseil d'État participe à l'élaboration de textes administratifs et réglementaires.

Entraînement : QCM

Questions

1. Qui est le président de droit du Conseil d'État ?
a) Le ministre de la Justice
b) Le ministre de l'Intérieur
c) Le Premier ministre
d) Le président de la République

2. Les décisions du tribunal administratif sont susceptibles d'appel devant :
a) la cour d'appel.
b) la cour administrative d'appel.
c) le Tribunal des conflits.
d) le Conseil d'État.

3. Qui se prononcera lors d'un conflit de compétence entre juridictions judiciaires et administratives ?
a) La cour de cassation
b) Le Tribunal des conflits
c) Le Conseil d'État
d) La cour d'appel de Paris

4. Ces dernières années, le contentieux administratif a tendance à :

a) diminuer.

b) rester stable.

c) augmenter.

d) disparaître.

5. Le Conseil d'État est :

a) une juridiction administrative.

b) une juridiction judiciaire.

c) une autorité administrative consultative.

d) à la fois une juridiction administrative et une autorité administrative consultative.

Réponses

1. Qui est le président de droit du Conseil d'État ?

a) Le ministre de la Justice

b) Le ministre de l'Intérieur

c) Le Premier ministre

d) Le président de la République

2. Les décisions du tribunal administratif sont susceptibles d'appel devant :

a) la cour d'appel.

b) la cour administrative d'appel.

c) le Tribunal des conflits.

d) le Conseil d'État.

3. Qui se prononcera lors d'un conflit de compétence entre juridictions judiciaires et administratives ?

a) La cour de cassation

b) Le Tribunal des conflits

c) Le Conseil d'État

d) La cour d'appel de Paris

4. Ces dernières années, le contentieux administratif a tendance à :

a) diminuer.

b) rester stable.

c) augmenter.

d) disparaître.

5. Le Conseil d'État est :

a) une juridiction administrative.

b) une juridiction judiciaire.

c) une autorité administrative consultative.

d) à la fois une juridiction administrative et une autorité administrative consultative.

■ LES INSTITUTIONS EUROPÉENNES

Les grandes dates de la construction européenne

- **1957 :** création, par le traité de Rome, de la Communauté économique européenne. Celle-ci met en place un marché commun entre la France, l'Allemagne de l'Ouest, la Belgique, le Luxembourg, les Pays-Bas et l'Italie.
- **1973 :** le Royaume-Uni, l'Irlande et le Danemark intègrent la CEE.
- **1981 :** entrée de la Grèce dans la CEE.
- **1986 :** intégration dans la CEE de l'Espagne et du Portugal.
- **1990 :** la convention de Schengen instaure une suppression progressive des contrôles frontaliers au sein de l'espace européen (principe de libre circulation des personnes).
- **1992 :** ratification du traité de Maastricht (à une très courte majorité lors du référendum français). La monnaie unique, la mise en place d'une politique étrangère et de sécurité commune (PESC), ainsi que la coopération en matière de justice et d'affaires intérieures sont les principaux points de ce traité.
- **1995 :** l'Autriche, la Suède et la Finlande rejoignent l'Union européenne (ex-CEE).
- **1997 :** le traité d'Amsterdam met en place de manière effective l'espace Schengen.
- **2004 :** la Slovaquie, Chypre, l'Estonie, la Hongrie, la Lettonie, la Lituanie, Malte, la Pologne, la Tchéquie et la Slovénie intègrent l'Union européenne.
- **2007 :** le traité de Lisbonne développe la coopération policière et judiciaire, ainsi que la politique en matière d'immigration.
- **2007 :** la Roumanie et la Bulgarie rejoignent l'Union européenne.
- **2013 :** la Croatie rejoint l'Union européenne, qui compte désormais 28 États membres.
- **2016 :** le Royaume-Uni décide, par référendum, d'une sortie progressive de l'Union européenne (« Brexit »), ce qui porte désormais l'Union européenne à 27 États membres.
- **2020 :** le Brexit est officiellement prononcé après un vote au Parlement britannique (358 voix « pour »).

La Commission européenne

Chaque État membre est représenté par au moins un commissaire européen. Les États importants, comme la France ou l'Allemagne, en ont deux. Leur mandat dure cinq ans renouvelables. Ils sont chacun chargés d'un domaine particulier (sécurité, transport, agriculture, santé...).

Les commissaires européens forment la Commission européenne. Celle-ci est un organe permanent qui a pour rôle de mettre en œuvre les actions relevant de l'intérêt général de l'Union européenne, notamment à la suite des politiques mises en place par les différents traités.

Les décisions de la Commission sont prises à la majorité des membres et de manière collégiale.

Le président de la Commission européenne est désigné par le Conseil européen et cette nomination doit être validée par le Parlement européen lors d'un vote. Son mandat dure cinq ans.

Les États membres ne peuvent influer sur la Commission européenne. Celle-ci peut cependant subir une motion de censure du Parlement européen, qui peut conduire le cas échéant à sa démission et à son remplacement.

Le Parlement européen

Le rôle du Parlement européen est de représenter les populations des différents États membres. Le Parlement européen siège à la fois à Strasbourg (le plus souvent) et à Bruxelles. Le nombre de députés varie en fonction de l'importance de la population des États membres (exemple : il y a 79 députés français au Parlement européen). Le mandat des députés européens dure cinq ans et, dans le cas de la France, les députés au Parlement européen disposent des mêmes immunités que les députés à l'Assemblée nationale.

Le président du Parlement européen est élu au sein de cette institution pour un mandat de deux ans et demi.

Les principaux domaines de compétence du Parlement européen sont :
• la ratification des accords d'adhésion des nouveaux États membres au sein de l'Union européenne, des accords d'association ayant des répercussions financières ou des accords commerciaux de l'Union européenne avec des pays tiers (exemples : accords du Gatt ou de l'Organisation mondiale du commerce) ;
• le vote du budget de l'Union européenne et la modification éventuelle des dépenses communautaires ;

• le vote des règlements communautaires, notamment en matière de nationalité, d'immigration, de droit d'asile, de politique étrangère et de sécurité ;
• le contrôle de l'action de la Commission européenne, qui est responsable politiquement devant le Parlement européen.

Le Conseil européen

Le Conseil européen est la réunion des chefs d'État ou chefs de gouvernement des 27 États membres de l'Union européenne et d'un président.

Chaque année, il y a au moins quatre Conseils, à la fin de chaque présidence tournante du Conseil des ministres de l'Union européenne.

Le rôle du Conseil européen est de décider des axes majeurs de la politique de l'Union européenne. La politique étrangère de l'Union européenne est ainsi définie lors de ces réunions.

Le Conseil de l'Union européenne

Selon les différents traités européens, le Conseil de l'Union européenne doit donner « *les impulsions nécessaires à son développement et en définir les orientations politiques générales* ». Le Conseil de l'Union européenne est parfois appelé Conseil des ministres.

Le Conseil de l'Union européenne est l'organe institutionnel exécutif. Il décide notamment des actes législatifs et budgétaires au sein de l'Union européenne. Il partage une partie de ses prérogatives avec le Parlement européen (au titre de la codécision). En fonction de l'ordre du jour, les ministres des États membres de l'Union européenne siégeront (exemple : ministres des Finances en matière de budget, ministres de l'Intérieur en matière de sécurité...). Le rôle du Conseil de l'Union européenne est également de préparer le projet de budget communautaire et de fixer les orientations générales de la politique de change en matière monétaire.

La Cour de justice de l'Union européenne

Ancienne CJCE, la CJUE siège à Luxembourg. Son rôle est de veiller à l'application du droit communautaire et à l'uniformité de son interprétation. À ce titre, la CJUE assure le contrôle de légalité des actes des institutions de l'Union européenne et statue sur le respect par les États membres des obligations découlant des traités communautaires. Enfin, à la demande des juges nationaux, la CJUE assure l'interprétation du droit communautaire.

La Banque centrale européenne

La Banque centrale européenne (BCE) a pour rôle d'émettre l'euro comme monnaie unique et de définir les grandes orientations de la politique monétaire de la zone euro. La BCE siège à Francfort.

La Cour des comptes européenne

Siégeant à Luxembourg, la Cour des comptes européenne contrôle la gestion financière au sein de l'Union européenne et des institutions. Il s'agit d'un organe de contrôle indépendant. La Cour des comptes européenne est conduite à examiner la légalité et la régularité des recettes et des dépenses de l'Union européenne. Elle s'assure également de la bonne gestion financière des fonds communautaires.

Entraînement : QCM

Questions

1. La monnaie unique a été prévue par le traité de :
a) Rome.
b) Amsterdam.
c) Lisbonne.
d) Maastricht.

2. L'Espagne a rejoint la CEE en :
a) 1974.
b) 1982.
c) 1986.
d) 1990.

3. La Commission européenne est responsable politiquement devant le Parlement européen :
a) Vrai
b) Faux

4. La politique monétaire européenne est décidée par :
a) le Parlement européen.
b) la Commission européenne.
c) la Banque centrale européenne.
d) le Conseil de l'Union européenne.

5. Au sein du Parlement européen, la France compte :

a) 52 députés.
b) 64 députés.
c) 79 députés.
d) 84 députés.

Réponses

1. La monnaie unique a été prévue par le traité de :

a) Rome.
b) Amsterdam.
c) Lisbonne.
d) Maastricht.

2. L'Espagne a rejoint la CEE en :

a) 1974.
b) 1982.
c) 1986.
d) 1990.

3. La Commission européenne est responsable politiquement devant le Parlement européen :

a) Vrai
b) Faux

4. La politique monétaire européenne est décidée par :

a) le Parlement européen.
b) la Commission européenne.
c) la Banque centrale européenne.
d) le Conseil de l'Union européenne.

5. Au sein du Parlement européen, la France compte :

a) 52 députés.
b) 64 députés.
c) 79 députés.
d) 84 députés.

6| RAPPELS SUR LES COLLECTIVITÉS TERRITORIALES

L'organisation territoriale de la République est l'un des principaux chantiers actuellement engagés. Il est important d'en suivre régulièrement les derniers développements afin de pouvoir actualiser et compléter les simples rappels figurant dans ce manuel.

De manière schématique, les traits fondamentaux des réformes actuelles des collectivités territoriales sont les suivants :
- le renforcement des compétences et de la taille des intercommunalités ;
- l'effacement des départements, pouvant aller jusqu'à envisager leur suppression ;
- le renforcement des compétences et de la taille des régions ;
- plus généralement, la recherche d'une plus grande légitimité politique, transparence de gestion et responsabilité financière des collectivités territoriales.

LA COMMUNE ET LES ATTRIBUTIONS DU MAIRE

Présentation de la commune

La France compte actuellement près de 35 000 communes, ce qui représente le nombre de communes par pays le plus élevé d'Europe. Dans notre pays, les communes ont été créées lors de la Révolution de 1789 et sont les héritières des paroisses d'Ancien Régime. Depuis ces dernières années, on assiste à l'apparition ponctuelle de « communes nouvelles » qui sont un moyen pour les petites communes de retrouver des capacités d'investissement et de peser davantage auprès des intercommunalités. La commune nouvelle est destinée à unifier, si elles le décident, des communes contiguës ou bien toutes les communes membres d'un établissement public de coopération intercommunale (EPCI).

La commune est le territoire administré par une municipalité, seule dépositaire de l'état civil et du cadastre. Elle est donc l'échelon de base des divisions administratives du territoire.

Les trois plus grandes villes françaises (Paris, Lyon et Marseille) ont été découpées en arrondissements municipaux, mais l'essentiel des pouvoirs a été laissé aux trois municipalités centrales sous l'autorité du maire de la ville.

Les organes de la commune sont le conseil municipal, le maire et, le cas échéant, un ou plusieurs adjoints.

Une commune est une collectivité territoriale, une personne morale de droit public, et dispose d'un budget propre. Son budget est constitué essentiellement des transferts de l'État (notamment la dotation globale de fonctionnement, la DGF) et des impôts directs locaux : taxes foncières (portant sur les propriétés bâties et non bâties), d'habitation et professionnelles (acquittées par les artisans, les commerçants et les entreprises).

La commune est propriétaire d'un domaine public (écoles publiques, routes communales, parcs et jardins...) et d'un éventuel domaine privé. Le domaine public est protégé par des règles d'inaliénabilité et son régime juridique prévoit des sanctions destinées à le protéger.

La compétence de la commune

À l'exception de Paris, Lyon et Marseille, toutes les communes ont la même structure administrative et les mêmes domaines de compétence, quelle que soit l'importance de la commune.

Pour l'essentiel, les compétences des communes sont régies par les parties législative et réglementaire du code général des collectivités territoriales (CGCT).

Il appartient à la commune d'administrer son domaine municipal (jardins, terrains, voirie, travaux publics...). La commune peut également être amenée à gérer un certain nombre de services publics municipaux (piscines, bibliothèques, centres de loisirs, crèches...). Ces services publics municipaux seront assurés au quotidien par des employés municipaux, qui seront eux aussi gérés par la commune.

Les différentes lois de décentralisation ont défini les domaines de compétence de la commune :
- elle peut intervenir dans le domaine économique et social (aide aux personnes en difficulté par le biais du centre communal d'action sociale, maintien des commerces en milieu rural...) ;
- la commune doit établir également le plan local d'urbanisation (PLU) sur son territoire ;
- elle est enfin chargée de l'entretien et de la construction des écoles maternelles et primaires.

Les moyens financiers de la commune proviennent à la fois de la dotation de fonctionnement de l'État et des impôts locaux.

Le centre communal ou intercommunal d'action sociale est un établissement public communal. Il intervient essentiellement dans trois domaines :
- l'aide sociale légale (qui demeure sa seule attribution obligatoire) ;

• l'aide sociale facultative, pour laquelle le centre communal d'action sociale (CCAS) dispose d'une grande liberté d'intervention et pour laquelle il réalise la politique sociale décidée par les élus locaux ;
• la mise en œuvre des activités sociales.

Malgré cette spécialisation, le CCAS dispose d'une réelle autonomie de gestion.

LE CONSEIL MUNICIPAL

Le conseil municipal est l'assemblée délibérante élue de la commune. Il se compose du maire, des adjoints au maire et des conseillers municipaux. Le nombre de conseillers municipaux est fonction de la population de la commune, le minimum étant de neuf.

À l'exception de Paris, Lyon et Marseille, qui sont scindés en plusieurs mairies d'arrondissement, l'organisation municipale est identique pour toutes les communes.

Le conseil municipal est élu par les électeurs de la commune au suffrage universel direct pour une durée de six ans. Deux modes de scrutin existent :
• pour les communes de moins de 1 000 habitants, le conseil municipal est élu au scrutin majoritaire de liste (scrutin de liste majoritaire plurinominal à deux tours, avec possibilité de créer une liste qui pourra subir un panachage) ;
• pour les communes de plus de 1 000 habitants, le conseil municipal est élu au scrutin proportionnel de liste (scrutin de liste proportionnel bloqué avec une prime majoritaire de 50 % à deux tours).

Le conseil municipal élit en son sein le maire, puis ses adjoints. Le maire et les adjoints au maire forment la municipalité. Le maire accorde à ses adjoints une délégation : sous la surveillance et la responsabilité du maire, les adjoints peuvent exercer une partie des fonctions dévolues au maire.

Dans le cas particulier de Paris, Lyon et Marseille (on parle de statut PLM), ces villes sont divisées en arrondissements. Chaque arrondissement dispose d'un maire d'arrondissement et d'un conseil d'arrondissement. Le maire de la commune est alors élu par les conseils d'arrondissement. À Paris, le maire n'est pas officier de police judiciaire. Par conséquent, la totalité des pouvoirs de police habituellement dévolus au maire est confiée au préfet de police.

Le conseil municipal est présidé par le maire. Il dispose collectivement du pouvoir délibérant sur le territoire de la commune. Le conseil municipal est tenu de se réunir au moins une fois par trimestre.

Dans la pratique, il se réunit généralement une fois par mois. Le conseil municipal fixe son règlement intérieur dans le respect de la loi. C'est le maire qui va réunir le conseil municipal à chaque fois qu'il le juge nécessaire.

Le conseil municipal a une compétence générale d'attribution pour gérer les affaires intéressant la commune par ses délibérations. Il décide également de l'usage des biens de la commune. Le conseil municipal vote notamment le budget communal et les taux d'imposition locale, crée et supprime les emplois des agents communaux, autorise les acquisitions et les cessions des biens communaux, approuve les emprunts de la commune et accorde les subventions, fixe les tarifs des services communaux et du stationnement sur la voie publique... Le conseil adopte le plan local d'urbanisme, détermine l'implantation des écoles primaires et maternelles publiques...

Les décisions des conseils municipaux et des maires peuvent être contestées devant le tribunal administratif, notamment par le biais du recours pour excès de pouvoir.

L'élection du maire

Le maire est le président du conseil municipal. Il est élu à scrutin secret parmi les conseillers municipaux, au cours de la première réunion du conseil. Si aucun candidat n'a obtenu la majorité absolue après deux tours de scrutin, l'élection se déroule au troisième tour à la majorité relative. En cas d'égalité de suffrages, le plus âgé est déclaré élu. Comme les autres conseillers municipaux, le maire doit être âgé de 18 ans révolus lors de son élection à ce mandat. Il doit être de nationalité française. Les conseillers municipaux (à l'exception des maires et adjoints) peuvent eux être citoyens d'un des pays membres de l'Union européenne.

Les pouvoirs du maire

Les attributions du maire sont principalement de quatre ordres :
- sous l'autorité du préfet, il représente l'État dans sa commune. Il lui appartient donc d'assurer le respect des lois et règlements dans la commune. Le maire est également chargé de l'organisation des élections, ainsi que de la publication des lois et règlements ;
- il est officier d'état civil (célébration de mariages, rédaction des actes d'état civil liés au mariage, au divorce, au décès, à la naissance...), sous le contrôle du procureur de la République ;
- le maire est officier de police judiciaire (sauf dans le cas du maire de Paris) et, à ce titre, il dispose de pouvoirs de police dans sa commune (voir *infra*) ;
- il assure l'exécutif de la commune : pour cela, il dispose de pouvoirs spécifiques, notamment en matière de police municipale (voir *infra*). Il préside le conseil municipal, décide de l'ordre du jour du

conseil municipal et prépare ses travaux. À ce titre, le maire et les services municipaux préparent le budget de la commune. Il est l'ordonnateur des dépenses et des recettes de la commune. En outre, le maire peut prendre des arrêtés municipaux et est chargé de l'application des décisions prises par le conseil municipal. Le maire est également le responsable hiérarchique des agents municipaux.

En matière d'urbanisme, le maire délivre au nom de la commune les permis de construire et autres autorisations d'urbanisme dans les communes dotées d'un document d'urbanisme, comme un plan local d'urbanisme.

En tant qu'agent exécutif du conseil municipal, le maire est chargé de l'exécution des décisions du conseil municipal, et agit sous le contrôle de ce dernier. Ses missions consistent notamment à représenter la commune en justice, passer les marchés publics, signer des contrats, exécuter le budget communal, gérer le patrimoine communal...

Les pouvoirs de police du maire

Le maire est chargé, sous le contrôle administratif du préfet, de la police municipale, de la police rurale ainsi que de l'exécution des actes de l'État qui y sont relatifs. À ce titre, le maire dispose de larges pouvoirs en matière de police administrative générale afin d'assurer la sécurité, la tranquillité publique et la salubrité des habitants de sa commune.

Le maire détient aussi certains pouvoirs de police spéciale attachés à des domaines particuliers (police des funérailles et des lieux de sépulture, circulation et stationnement, édifices menaçant ruine, activités nautiques et de bain...). Le maire peut également agir en qualité d'officier de police judiciaire.

Dans le cas particulier des mineurs, la jurisprudence du Conseil d'État admet, sous réserve du respect de certaines conditions, que le maire puisse utiliser certains des pouvoirs de police que lui confère le code général des collectivités territoriales, pour limiter la circulation nocturne de mineurs de 13 ans non accompagnés par une personne majeure.

En tant qu'officier de police judiciaire, un maire (ou un adjoint) est tenu de signaler sans délai au procureur de la République les crimes et délits dont il a connaissance dans l'exercice de ses fonctions. Dans le respect des dispositions de l'article 11 du code de procédure pénale, le maire est informé sans délai, par les responsables locaux de la police ou de la gendarmerie nationales, des infractions causant un trouble grave à l'ordre public commises sur le territoire de la commune (articles L. 2211-2 et 2211-3 du CGCT). En pratique, ces missions sont surtout confiées aux maires des communes où il n'existe pas d'autres officiers de police judiciaire (absence d'officiers de police judiciaire de la police ou de la gendarmerie nationale).

Dans l'exercice de l'ensemble de ses pouvoirs de police, le maire reste soumis au contrôle du préfet, mais pas à celui du conseil municipal.

Enfin, il faut noter que le maire joue un grand rôle dans la prévention de la délinquance dans sa commune : il est amené à agir et à coordonner l'action de prévention de la délinquance au niveau local.

L'INTERCOMMUNALITÉ

L'émiettement communal est une spécificité française au sein de l'Europe. Avec 34 839 communes en métropole, cet éparpillement explique le succès des formules de regroupement de communes permettant de leur donner une structure collective afin de pouvoir satisfaire certains besoins. Ce phénomène a débuté avec les communautés urbaines et les différentes lois de décentralisation ont mis en place des transferts de compétence impliquant une association des communes afin de pouvoir répondre à leurs nouvelles missions. Les établissements publics de coopération à fiscalité propre sont devenus la forme la plus répandue d'intercommunalité, jusqu'à englober en leur sein la quasi-totalité des communes. Toutefois, l'opacité des règles de fonctionnement et de gestion budgétaire, ainsi que l'absence de transparence vis-à-vis des citoyens de l'action et du fonctionnement des différentes intercommunalités sont des problématiques requérant une évolution de l'intercommunalité.

Compte tenu de certaines contraintes budgétaires et pratiques, les communes peuvent choisir de transférer certaines de leurs compétences à des structures intercommunales. Ces structures peuvent mutualiser leurs moyens financiers, matériels et humains afin d'assurer au mieux leurs missions. Ce phénomène s'appelle l'intercommunalité.

Les EPCI sont la dénomination juridique de l'intercommunalité. Les EPCI peuvent prendre différentes formes :
- les syndicats intercommunaux (à vocation unique : SIVU, ou à vocation multiple : SIVOM) qui ont un fonctionnement souple et ne bénéficient pas d'une fiscalité propre ;
- ou bien les structures disposant d'une fiscalité propre : communauté urbaine, communauté d'agglomérations et communauté de communes.

Le champ spatial de l'intercommunalité tend à s'élargir et à s'inscrire dans un double couplage (commune - intercommunalité, département - région). De manière croissante, les communautés tendent à se rapprocher du mode de fonctionnement de collectivités de plein exercice : généralisation de leur mise en place, ressources fiscales propres et pouvoir fiscal important, large domaine de compétences, organes délibérants composés d'élus au suffrage universel.

Les solutions positives apportées par l'intercommunalité

Le niveau intercommunal demeure ainsi le cadre privilégié de l'action publique, pour des raisons de cohérence, d'intérêt commun et d'efficience budgétaire. Dans une période de budgets fortement contraints, intercommunalité et mutualisation offrent des économies d'échelle et une rationalité de la dépense publique que personne ne saurait contester dans leurs principes. En effet, elles visent toutes deux à assurer des services (loisirs, éducation, transport, santé...) qu'une collectivité ne peut pas ou plus assumer seule.

Le succès des établissements publics de coopération intercommunale (EPCI) à fiscalité propre démontre l'utilité de ce type de structure. En effet, la quasi-totalité des communes françaises est couverte par le réseau de ces établissements publics. La mutualisation de certains équipements et services publics (écoles, centres de loisirs, stades, piscines...) et l'intérêt commun face à certains enjeux (par exemple des communes situées en secteur de montagne) peuvent être satisfaits au sein d'une structure intercommunale.

La coopération de gestion entre communes se concrétise par la mise en place de syndicats de communes, à vocation unique ou multiple. La coopération de projet repose sur un projet commun à plusieurs communes de développement économique et social. Ce type de coopération peut prendre la forme d'établissements publics de coopération intercommunale à fiscalité propre. La coopération de projet a connu un très important développement depuis plus d'une vingtaine d'années. Afin de renforcer la légitimité démocratique de ces structures, le législateur a imposé en 2010 de faire élire au suffrage universel les conseillers communautaires dans les communes de plus de 1 000 habitants.

Les limites rencontrées par l'intercommunalité

La complexité des structures et des règles est la principale difficulté rencontrée en matière d'intercommunalité. Cette complexité se retrouve à de multiples niveaux. En premier lieu, au fil du temps, il y a eu un indéniable phénomène de multiplication des formules de regroupement. La volonté de perfectionner et d'améliorer les structures a parfois conduit à un empilement de structures.

La dualité assemblée délibérante - exécutif unipersonnel est partout la même, mais les compétences des structures sont très variables. Il est ainsi possible de constater des contentieux liés à la question de la répartition des compétences entre la structure intercommunale et les communes membres.

Sur le plan financier et comptable, il est également délicat d'identifier et d'évaluer clairement les flux. En effet, entre communes et structures intercommunales, les flux financiers sont à double sens et il peut arriver qu'une commune soit membre de plusieurs structures intercommunales. Cette opacité financière pose, en outre, la question de la transparence démocratique vis-à-vis des citoyens. C'est également un des éléments expliquant la réticence de certains élus face aux formes les plus intégratrices d'intercommunalité et le choix fréquent pour des formules leur laissant la plus grande marge de manœuvre.

L'enchevêtrement de structures, ainsi que le manque de visibilité et d'efficacité en matière de compétences, implique que l'intercommunalité doive évoluer.

L'essor des métropoles

Les métropoles entendent répondre aux besoins de situations urbaines complexes, notamment dans les plus importantes zones urbaines. Il convient de souligner que 60 % de la population française vit dans une aire urbaine de plus de 100 000 habitants.

Ces métropoles ont été initiées par la loi du 27 janvier 2014 relative à la modernisation de l'action publique territoriale et à l'affirmation des métropoles. La métropole a ainsi été jugée comme un cadre pertinent de l'action publique. La métropole dispose d'une fiscalité propre. L'unicité territoriale urbaine implique l'élaboration commune d'un projet d'aménagement et de développement économique, écologique, éducatif, culturel et social. Sur le plan économique, la logique poursuivie est également d'accroître la compétitivité.

En raison de problématiques tout à fait spécifiques, le Grand Paris constitue une forme particulière de métropole.

LE DÉPARTEMENT

La division de la France en départements remonte à 1789 (les départements remplacent alors les anciennes provinces). La France métropolitaine compte 96 départements.

Parmi les subdivisions administratives françaises, le département est l'échelon intermédiaire entre la région et l'arrondissement.

Le conseil départemental

Avant les élections de mars 2015, le conseil départemental était appelé conseil général.

Le département est également une collectivité territoriale décentralisée. Cette collectivité locale est administrée par le conseil départemental.

Le conseil départemental est composé de conseillers départementaux. Ceux-ci sont élus pour six ans dans chacun des cantons du département.

Le conseil départemental élit en son sein le président du conseil départemental. Le président du conseil départemental est l'organe exécutif du département. C'est à lui qu'il appartient de préparer et d'exécuter les décisions du conseil départemental (assemblée délibérative). Pour la gestion des affaires courantes du département, le conseil départemental peut se réunir en formation restreinte : la commission permanente. Après l'élection du président, le conseil départemental fixe le nombre de membres de la commission permanente (dont fait de droit partie le président) et le nombre de vice-présidents (ce dernier nombre ne peut être supérieur à 30 % de l'effectif du conseil).

Par ailleurs, le président du conseil départemental est le chef des services départementaux rattachés au conseil départemental et administre le domaine départemental propre au conseil départemental.

La compétence du département

Les lois de décentralisation ont renforcé les attributions du conseil départemental. Le département a plusieurs domaines principaux de compétence :
- la gestion des routes départementales et des routes nationales d'intérêt local, ainsi que des voies navigables ;
- la construction et l'entretien des collèges ;

• l'aide sociale et la santé : le département prend en charge les aides sociales, sauf celles dépendant directement de l'État. Il s'agit de la protection de l'enfance (dont la protection maternelle et infantile, l'aide sociale à l'enfance et la prévention spécialisée), l'insertion des personnes en difficulté, le revenu de solidarité active (RSA), l'aide aux personnes handicapées et âgées, ainsi que de la prévention sanitaire ;
• des services départementaux d'incendie et de secours (SDIS : les sapeurs-pompiers) ;
• la culture (gestion des archives départementales, patrimoine...) ;
• le développement local ;
• le tourisme.

La loi du 13 août 2004 a développé le processus de décentralisation. Les conseils départementaux se voient attribuer de nouvelles compétences en matière :
• de transport : gestion du réseau routier national transféré en grande partie (devenu réseau routier départemental ou national d'intérêt local), gestion des ports maritimes de pêche et de commerce ;
• d'action sociale : programmes de prévention et de santé, utilisation d'un schéma gérontologique, suivi de l'élimination des déchets ménagers ;
• de logement social : gestion du fond solidarité pour le logement (FSL) et du fonds d'aide à l'énergie ;
• d'éducation : le recrutement et la gestion des personnels TOS (techniques, ouvriers et de services) et la restauration scolaire des collèges ;
• de culture : transferts de certains domaines patrimoniaux, archives départementales, musées, bibliothèques ; schémas départementaux des enseignements artistiques.

Comme la région, le département peut apporter son soutien aux communes, en particulier sous forme de coopération avec les communes et les établissements publics intercommunaux, ou bien le conseil départemental peut œuvrer en faveur du maintien des commerces et des services publics en milieu rural.

Afin de mener à bien les missions dont la compétence est transférée, l'État reverse aux départements les moyens financiers, humains et matériels nécessaires.

En raison des transferts de compétences des départements opérés au profit des métropoles et des nouvelles grandes régions, les conseils départementaux se recentreront sur ses compétences de solidarité : solidarité territoriale et sociale.

Le président du conseil départemental

Le président est l'organe exécutif du conseil départemental :
- il ordonne les dépenses et impute les recettes ;
- il est chargé de l'administration du conseil départemental ;
- il gère le domaine du département et dispose à ce titre de pouvoirs de police ;
- il este en justice au nom du département (avec l'accord du conseil départemental) ;
- il peut recevoir certaines délégations du conseil départemental.

Les départements d'outre-mer (DOM)

Il existe cinq départements d'outre-mer (ceux-ci sont organisés comme les départements métropolitains) :
- la Guadeloupe ;
- la Martinique ;
- la Réunion ;
- la Guyane ;
- Mayotte, qui est passée depuis 2009 du statut de collectivité départementale à celui de département français (le 101e).

À côté de ces cinq DOM, plusieurs collectivités territoriales d'outre-mer bénéficient d'un statut particulier (depuis la révision constitutionnelle du 28 mars 2003, les collectivités d'outre-mer ont remplacé les territoires d'outre-mer) :
- la Polynésie française est un « pays d'outre-mer » disposant d'une large autonomie ;
- les îles de Wallis-et-Futuna sont une collectivité d'outre-mer disposant d'une large autonomie (le droit français et le droit coutumier s'y appliquent tous les deux) ;
- dans l'Atlantique nord, Saint-Pierre-et-Miquelon et, dans les Antilles, Saint-Martin et Saint-Barthélemy sont des collectivités d'outre-mer administrées par des conseils territoriaux ;
- la Nouvelle-Calédonie jouit d'un statut particulier et dérogatoire lui accordant une très large autonomie.

LA RÉGION

Depuis 2014, la France est divisée en 18 régions, dont 13 en métropole (en comptant la collectivité territoriale de Corse). Cette réduction du nombre de régions vise à réduire les déficits publics.

En 2016, les noms des nouvelles régions ont été officiellement déterminés :

- Auvergne-Rhône-Alpes ;
- Bourgogne-Franche-Comté ;
- Grand Est (anciennes régions Alsace, Champagne-Ardenne et Lorraine) ;
- Hauts-de-France (anciennes régions Nord-Pas-de-Calais et Picardie) ;
- Nouvelle-Aquitaine (anciennes régions Aquitaine, Limousin et Poitou-Charentes) ;
- Occitanie (anciennes régions Languedoc-Roussillon et Midi-Pyrénées) ;
- Normandie (anciennes Haute et Basse-Normandie).

La Bretagne, le Centre-Val de Loire (dénommé Centre avant janvier 2015), la Corse, l'Île-de-France, la Provence-Alpes-Côte d'Azur et les Pays de la Loire n'ont pas vu leurs périmètres modifiés et conservent leurs anciennes appellations.

Les lois de décentralisation de 1982 et de 1983 ont consacré la région comme une collectivité territoriale à part entière, disposant de compétences et d'un budget spécifiques.

La région est une collectivité territoriale, à savoir une personne morale de droit public distincte de l'État et bénéficiant à ce titre d'une autonomie juridique et patrimoniale. La région est dotée d'un organe délibérant (le conseil régional élu), d'un organe exécutif (le président, élu par l'assemblée) et d'un organe consultatif (le conseil économique, social et environnemental régional, dont les membres sont désignés).

À l'instar du conseil départemental, l'action du conseil régional s'exécute sous le contrôle *a posteriori* du préfet de région.

Le conseil régional

Comme le département, la région est à la fois une subdivision administrative et une collectivité territoriale. En tant que collectivités territoriales, les régions sont administrées par un conseil régional. La Corse, elle, est administrée à la fois par l'assemblée de Corse (organe délibératif) et par le conseil exécutif de Corse (organe exécutif). Il convient également de rappeler qu'il existe un préfet de région, qui représente l'État dans la région (il s'agit du préfet du département où se situe la préfecture de région).

Les conseillers régionaux sont élus pour un mandat de six ans. Ils sont élus par département au suffrage universel direct dans un scrutin de liste.

Le conseil régional élit en son sein le président du conseil régional. Le président du conseil régional est l'organe exécutif de la région, sous le contrôle *a posteriori* du préfet de région (ce contrôle existe également pour le président du conseil général). C'est au président du conseil régional qu'il appartient de préparer et d'exécuter les décisions du conseil régional (qui est l'assemblée délibérative). Pour la gestion des affaires courantes intéressant la région, le conseil régional peut se réunir en formation restreinte : la commission permanente.

À l'instar du conseil départemental, la commission permanente est une émanation du conseil régional. Elle est composée du président et des vice-présidents du conseil régional ainsi que d'un ou plusieurs autres membres. Le conseil régional peut décider de lui déléguer une partie de ses fonctions, à l'exception de celles concernant le vote du budget, l'approbation du compte administratif (budget exécuté). La commission permanente remplace de fait le conseil régional entre ses réunions plénières.

Le conseil régional se réunit en réunions plénières au moins une fois par trimestre à l'initiative du président ou à la demande de la commission permanente ou du tiers des membres sur un ordre du jour déterminé.

La mission du conseil régional est de délibérer des affaires intéressant la région, notamment en votant le budget de la région qui permet la mise en œuvre pratique de la politique décidée par l'assemblée régionale.

La compétence de la région

Les différentes lois de décentralisation ont très fortement renforcé les attributions du conseil régional. Ainsi, la région dispose de plusieurs domaines principaux de compétence :
- l'éducation : la formation professionnelle et l'apprentissage, l'entretien et la construction des lycées, la recherche scientifique, le développement culturel de la région ;
- l'aménagement de son territoire : développement des grands axes routiers, des transports publics interrégionaux, développement économique local, aide au développement de certains aéroports et voies navigables, élaboration du contrat de projet État-région avec l'État et du schéma régional d'aménagement et de développement du territoire (SRADT), schémas interrégionaux de littoral et de massif ;
- l'environnement et la transition énergétique : politiques relatives à la biodiversité, à la qualité de l'air, au climat et à l'énergie. Le conseil régional est chargé d'élaborer le schéma régional climat air énergie (SRCAE), le schéma régional de cohérence écologique (SRCE) et le plan régional pour la

qualité de l'air. Le conseil régional participe également à la gestion des parcs naturels régionaux et des réserves naturelles régionales ;
- les transports et « ramassages » scolaires.

La région peut également apporter son soutien aux communes, en particulier sous forme de coopération avec les communes et les établissements publics intercommunaux, ou bien œuvrer en faveur du maintien des commerces et des services publics en milieu rural. Pour mener à bien ses missions, la région dispose d'un budget, provenant à la fois d'une dotation de l'État et de sommes prélevées au titre des impôts locaux. La chambre régionale des comptes peut être amenée à contrôler l'usage de son budget par le conseil régional.

Par ailleurs, la région est valorisée par les institutions de l'Union européenne. En effet, les politiques européennes en matière économique et sociale sont mises en œuvre le plus souvent au niveau régional.

Enfin, depuis 2014, le processus de décentralisation en faveur des régions s'est renforcé :
- le soutien à l'innovation, à l'internationalisation des entreprises et à l'enseignement supérieur et à la recherche est de la compétence de la région depuis la loi du 27 janvier 2014, dite loi MAPTAM ;
- il en est de même de la gestion des fonds structurels européens (fonds FEDER, FEADER et FSE) ;
- ainsi que de l'organisation des transports ferroviaires régionaux (TER) et de l'intermodalité et de la complémentarité entre les modes de transport (depuis la loi dite MAPTAM).

Il convient de noter que certaines compétences, comme la préservation de l'environnement, le développement économique ou le soutien à l'innovation sont des compétences partagées entre l'État et la région. On considérera alors que la région est chef de file dans ce domaine, sans que cette notion de chef de file ait une définition juridique précise.

Les régions d'outre-mer

Les cinq départements d'outre-mer (DOM) sont également des régions mono-départementales : la Guadeloupe, la Martinique, la Guyane, la Réunion et Mayotte.

Entraînement : QCM n° 1

Questions

1. En tant que chargé des actes de naissance, de mariage et de décès, le maire est :

a) officier ministériel.
b) officier d'état civil.
c) responsable civil.
d) chargé des bans.

2. Sur le plan juridique, les décisions du maire sont des :

a) lois.
b) arrêtés.
c) directives.
d) ordonnances.

3. À Paris, qui exerce les pouvoirs de police ?

a) Le maire
b) Le préfet d'Île-de-France
c) Le préfet de police
d) Le procureur de la République

4. Quel est l'organe délibératif de la commune ?

a) Le maire
b) Le conseil municipal
c) Le maire et ses adjoints
d) L'opposition municipale

5. Qui contrôle les pouvoirs de police du maire ?

a) Le préfet
b) Le conseil municipal
c) Les adjoints au maire
d) Le juge d'instruction

6. Comment est choisi le maire de la commune ?

a) Il est élu au suffrage universel par les électeurs.

b) Il est nommé par le préfet.

c) Il est élu par le conseil municipal parmi ses membres.

d) Il est désigné par le président du conseil général.

7. Qui est l'organe exécutif de la commune ?

a) Le maire

b) Le conseil municipal

c) Le préfet

d) Les adjoints au maire

8. Quel terme désigne les communautés de communes, les communautés urbaines et les syndicats de communes ?

a) La décentralisation

b) L'intercommunalité

c) La déconcentration

d) La subsidiarité

9. Combien existe-t-il de communes en France métropolitaine ?

a) Moins de 4 000

b) Moins de 17 000

c) Moins de 35 000

d) Moins de 48 000

10. En application des lois de décentralisation, la commune est chargée de la construction et de l'entretien des :

a) crèches.

b) écoles maternelles et primaires.

c) collèges.

d) lycées.

11. À l'exception de Paris, quelles autres villes sont divisées en arrondissements ?

a) Toulouse, Lille et Strasbourg

b) Lyon et Marseille

c) Nantes, Lyon et Marseille

d) Nice, Marseille et Toulon

12. Les membres du conseil municipal sont élus pour un mandat d'une durée de :

a) 4 ans.

b) 5 ans.

c) 6 ans.

d) 7 ans.

Réponses

1. En tant que chargé des actes de naissance, de mariage et de décès, le maire est :

a) officier ministériel.

b) officier d'état civil.

c) responsable civil.

d) chargé des bans.

2. Sur le plan juridique, les décisions du maire sont des :

a) lois.

b) arrêtés.

c) directives.

d) ordonnances.

3. À Paris, qui exerce les pouvoirs de police ?

a) Le maire

b) Le préfet d'Île-de-France

c) Le préfet de police

d) Le procureur de la République

4. Quel est l'organe délibératif de la commune ?

a) Le maire

b) Le conseil municipal

c) Le maire et ses adjoints

d) L'opposition municipale

5. Qui contrôle les pouvoirs de police du maire ?

a) Le préfet

b) Le conseil municipal

c) Les adjoints au maire

d) Le juge d'instruction

6. Comment est choisi le maire de la commune ?

a) Il est élu au suffrage universel par les électeurs.

b) Il est nommé par le préfet.

c) Il est élu par le conseil municipal parmi ses membres.

d) Il est désigné par le président du conseil général.

7. Qui est l'organe exécutif de la commune ?

a) Le maire

b) Le conseil municipal

c) Le préfet

d) Les adjoints au maire

8. Quel terme désigne les communautés de communes, les communautés urbaines et les syndicats de communes ?

a) La décentralisation

b) L'intercommunalité

c) La déconcentration

d) La subsidiarité

9. Combien existe-t-il de communes en France métropolitaine ?

a) Moins de 4 000

b) Moins de 17 000

c) Moins de 35 000

d) Moins de 48 000

10. En application des lois de décentralisation, la commune est chargée de la construction et de l'entretien des :

a) crèches.

b) écoles maternelles et primaires.

c) collèges.

d) lycées.

11. À l'exception de Paris, quelles autres villes sont divisées en arrondissements ?

a) Toulouse, Lille et Strasbourg

b) Lyon et Marseille

c) Nantes, Lyon et Marseille

d) Nice, Marseille et Toulon

12. Les membres du conseil municipal sont élus pour un mandat d'une durée de :

a) 4 ans.

b) 5 ans.

c) 6 ans.

d) 7 ans.

Entraînement : QCM n° 2

Questions

1. Il existe un conseil départemental dans chaque :

a) communauté de communes.

b) région.

c) département.

d) arrondissement.

2. Dans le cadre de la décentralisation, le département est chargé de l'entretien et de la construction des :

a) crèches.

b) lycées.

c) écoles primaires.

d) collèges.

3. Quelle est la durée d'un mandat de conseiller départemental ?

a) 4 ans

b) 5 ans

c) 6 ans

d) 7 ans

4. Il existe un conseiller départemental par :

a) ville de plus de 5 000 habitants.

b) arrondissement.

c) canton.

d) département.

5. La France métropolitaine compte :

a) 84 départements.
b) 93 départements.
c) 96 départements.
d) 103 départements.

Réponses

1. Il existe un conseil départemental dans chaque :

a) communauté de communes.
b) région.
c) département.
d) arrondissement.

2. Dans le cadre de la décentralisation, le département est chargé de l'entretien et de la construction des :

a) crèches.
b) lycées.
c) écoles primaires.
d) collèges.

3. Quelle est la durée d'un mandat de conseiller départemental ?

a) 4 ans
b) 5 ans
c) 6 ans
d) 7 ans

4. Il existe un conseiller départemental par :

a) ville de plus de 5 000 habitants.
b) arrondissement.
c) canton.
d) département.

5. La France métropolitaine compte :

a) 84 départements.
b) 93 départements.
c) 96 départements.
d) 103 départements.

Entraînement : QCM n° 3

Questions

1. La région est chargée de la construction et de l'entretien des :

a) crèches.
b) écoles primaires.
c) collèges.
d) lycées.

2. Les conseillers régionaux sont élus dans chaque :

a) canton.
b) département.
c) région.
d) communauté de communes.

3. Qui est l'exécutif de la région ?

a) L'assemblée de la région
b) Le président du conseil régional
c) Le préfet de la région
d) La commission permanente de la région

4. Qui est compétent en matière d'apprentissage et de formation professionnelle ?

a) La commune
b) Le département
c) La région
d) L'État

5. Qui est le représentant de l'État dans la région ?

a) Le président de la région
b) Le préfet de région
c) Le ministre en charge des collectivités territoriales
d) Le maire de la préfecture de région

Réponses

1. La région est chargée de la construction et de l'entretien des :

a) crèches.

b) écoles primaires.

c) collèges.

d) lycées.

2. Les conseillers régionaux sont élus dans chaque :

a) canton.

b) département.

c) région.

d) communauté de communes.

3. Qui est l'exécutif de la région ?

a) L'assemblée de la région

b) Le président du conseil régional

c) Le préfet de la région

d) La commission permanente de la région

4. Qui est compétent en matière d'apprentissage et de formation professionnelle ?

a) La commune

b) Le département

c) La région

d) L'État

5. Qui est le représentant de l'État dans la région ?

a) Le président de la région

b) Le préfet de région

c) Le ministre en charge des collectivités territoriales

d) Le maire de la préfecture de région

ANNEXES

1| SITES INTERNET

- www.sengager.fr
- www.devenir-aviateur.fr
- www.etremarin.fr

2| LE MANUEL DE PRÉPARATION À L'ORAL

***Recrutements de l'armée – Tout pour l'oral*, Marc Dalens, Studyrama.**

L'étape d'admission est décisive et le passage des épreuves orales est souvent particulièrement redouté des candidats. Voilà pourquoi il est nécessaire de dédramatiser ces épreuves afin de les aborder plus sereinement. La logique de l'épreuve orale et le comportement à adopter à l'égard du jury font notamment partie des points abordés dans cet ouvrage. Ce guide donne, par ailleurs, toutes les clés pour se préparer efficacement et réussir l'oral de recrutement de l'armée. Des exercices pratiques et des simulations vous permettront de progresser efficacement.

3 | LE MANUEL DE PRÉPARATION AUX TESTS D'APTITUDES, PSYCHOTECHNIQUES ET DE PERSONNALITÉ

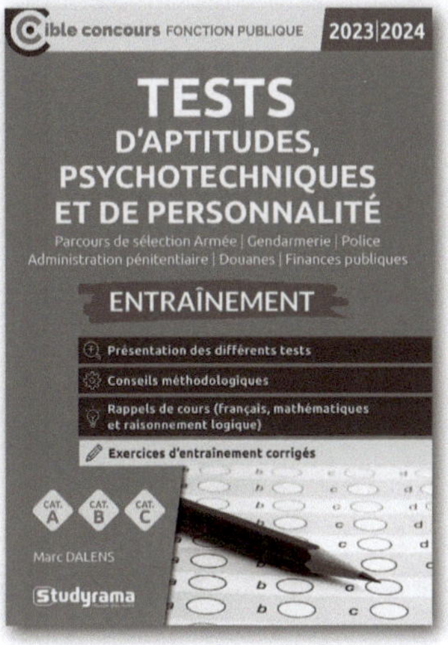

***Tests d'aptitudes, psychotechniques et de personnalité*, Marc Dalens, Studyrama**

Cet ouvrage s'adresse aux candidats préparant les concours de recrutement de la police, de la gendarmerie, de l'armée, de l'administration pénitentiaire, des douanes et des finances publiques. Ces concours sont de plus en plus nombreux à proposer une épreuve de tests de sélection, qui est souvent redoutée par la plupart des candidats.

Ce guide propose une présentation détaillée des différents types de tests d'aptitudes, psychotechniques et de personnalité (ou inventaires de personnalité) qui s'avèrent très variés et avec les exigences desquels vous devez être parfaitement familiarisé. Des rappels de cours et de nombreux exercices corrigés vous permettent de consolider vos connaissances en français, mathématiques et raisonnement logique, mais aussi de préparer efficacement l'épreuve afin de pouvoir l'affronter en toute sérénité.

Les tests de personnalité font l'objet d'une présentation détaillée et des conseils pratiques vous sont donnés afin d'appréhender le mieux possible ces tests.

Des exercices d'entraînement, de difficulté croissante et chronométrés, vous aideront à être fin prêt pour le jour J.

4| LE MANUEL DE PRÉPARATION AU CONCOURS DE LA DGSE

***Concours de la DGSE – Tout-en-un*, Marc Dalens, Studyrama**

Cet ouvrage s'adresse aux candidats aux concours de la Direction générale de la sécurité extérieure (DGSE).

Outre les informations indispensables qu'il contient sur les différents métiers, les conditions d'admission et l'environnement professionnel, il permet de préparer efficacement les épreuves d'admissibilité et d'admission des concours d'attaché, de contrôleur et secrétaire administratif ou de surveillant.

Des sujets d'annales corrigés et des exercices comprenant anglais, rédaction de note de synthèse et de compte rendu, QCM et test psychotechniques vous permettent de vous entraîner aux épreuves d'admissibilité.

Des conseils pratiques et des rappels de cours vous sont proposés afin d'aborder sereinement les entretiens d'admission de chaque concours.

5 | AIDE-MÉMOIRE DU CANDIDAT

Ce petit aide-mémoire vous permettra de ne pas risquer d'oublier un élément important avant de vous présenter le jour J au concours.

QUELQUES CONSEILS PRATIQUES AUX FUTURS CANDIDATS

- Lire et conserver la notice jointe au dossier.
- En toute hypothèse, les candidats veilleront à remplir soigneusement leur dossier de candidature et à joindre l'intégralité des pièces demandées.
- Ne pas attendre le dernier moment pour expédier son dossier, et en garder une photocopie.
- Ne pas oublier que tout dossier incomplet est un dossier rejeté.
- Vérifier l'affranchissement.
- Conserver en lieu sûr sa convocation et bien la lire (le jour J, l'heure H, le lieu L).

POUR TOUTES LES ÉPREUVES

La veille des épreuves

- Pensez à vérifier le chemin et le temps nécessaire pour vous rendre sur les lieux du concours (en prévoyant une assez large marge de sécurité).
- Pensez à prendre avec vous votre convocation et une pièce d'identité (carte nationale d'identité ou passeport, en cours de validité et dans un état présentable).
- Prenez le temps de vous détendre.

Le jour des épreuves

- Pensez à vous munir d'au moins une trentaine d'euros en argent liquide (pour régler votre déjeuner, pour pouvoir prendre éventuellement un taxi si les transports en commun sont en grève ou en retard le jour du concours...).
- Garnissez votre sac de quelques en-cas (barres chocolatées ou de céréales, fruits...).

POUR LES TESTS DE SÉLECTION

La veille des épreuves

Prévoyez dans votre sac le matériel : stylos noir ou bleu (prenez-en plusieurs par sécurité), crayon, calculatrice avec des piles en état de fonctionnement (sous réserve qu'elle soit autorisée), règle plate graduée.

Le jour des épreuves

- Pensez à vous rendre aux toilettes avant d'entrer dans la salle d'examen.
- Faites bien attention à ne pas signer votre copie et à ne pas y porter de signe distinctif.

POUR LES ÉPREUVES DE SPORT

La veille des épreuves

- Ne faites pas de sport la veille du concours, pour ne pas risquer de vous blesser.
- Préparez votre sac : affaires de sport, blouson pour rester au chaud entre les épreuves, serviette et tongs pour la douche.

Le jour des épreuves

Entre chaque épreuve, pensez à vous étirer pour vous relaxer et minimiser les risques de blessures.

POUR LES DIFFÉRENTS ENTRETIENS

La veille des épreuves

- Préparez sur un cintre la tenue que vous allez porter le lendemain.
- Cirez vos chaussures.

Le jour des épreuves

- Avant de vous rendre à l'épreuve d'entretien avec le jury, écoutez une station de radio donnant des informations et munissez-vous d'un journal quotidien afin d'être informé des derniers événements de l'actualité.
- Pensez à vous rendre aux toilettes et à couper votre téléphone portable avant d'entrer dans la salle d'examen.

© GROUPE STUDYRAMA

34/38, rue Camille-Pelletan - 92309 Levallois-Perret cedex
Imprimerie Evoluprint - 31151 Fenouillet cedex
Imprimé en France - 1er trimestre 2023

Service éditorial : Thomas Beddok, Benjamin Dias Pereira,
Deborah Lopez, Eva Nouzille, Myriam Pasek, Frédéric Vignaux
Conception graphique : Catherine Aubin

Dépôt légal à parution
ISBN 978-2-7590-5212-7